JESPER JUUL
Liebende bleiben

JESPER JUUL

Liebende bleiben

Familie braucht Eltern,
die mehr an sich denken

Herausgeber: Mathias Voelchert
Die Namen der Gesprächspartnerinnen und -partner wurden geändert

Das Werk einschließlich aller seiner Teile ist urheberrechtlich geschützt. Jede Verwertung ist ohne Zustimmung des Verlags unzulässig. Das gilt insbesondere für Vervielfältigungen, Übersetzungen, Mikroverfilmungen und die Einspeicherung und Verarbeitung in elektronische Systeme. Die im Buch veröffentlichten Hinweise wurden mit größter Sorgfalt und nach bestem Gewissen vom Autor erarbeitet und geprüft. Eine Garantie kann jedoch weder vom Verlag noch vom Verfasser übernommen werden. Trotz sorgfältiger inhaltlicher Kontrolle können wir auch für den Inhalt externer Links keine Haftung übernehmen. Für den Inhalt der verlinkten Seiten sind ausschließlich deren Betreiber verantwortlich. Die Haftung des Autors bzw. Verlages und seiner Beauftragten für Personen-, Sach- oder Vermögensschäden ist ausgeschlossen.

Dieses Buch ist erhältlich als:
ISBN 978-3-407-86440-6 Print
ISBN 978-3-407-86454-3 E-Book (EPUB)

3. Auflage 2020
© 2017 in der Verlagsgruppe Beltz · Weinheim Basel
Werderstraße 10, 69469 Weinheim
Alle Rechte vorbehalten

Umschlaggestaltung: www.anjagrimmgestaltung.de, Stephan Engelke (Beratung)
Bildnachweis Umschlag: © plainpicture/Bildhuset
Bildnachweis Innenteil: © plainpicture/fStop/Halfdark
Lektorat: Sylvia Gredig, Petra Dorn
Herstellung: Antje Birkholz
Gesamtherstellung: Beltz Bad Langensalza GmbH, Bad Langensalza
Printed in Germany

Weitere Informationen zu unseren Autoren und Titeln finden Sie unter:
www.beltz.de

Inhalt

Vorwort 7

Beziehungsglück ist Familienglück 11
»Hilfe, wir sind uns in Erziehungsfragen überhaupt
nicht einig« 13
»Arbeiten, Kinder und auch noch lieben – das ist einfach
zu viel!« 35
Jesper Juul: Wut ist gut 59

Gemeinsam an Schwierigkeiten wachsen 67
»Uns trennen Welten – wie kommen wir wieder
zusammen?« 69
»Mir fällt es schwer, für meine Partnerin und die Kinder
da zu sein« 86
Jesper Juul: Wenn es bei den Eltern stimmt, stimmt es auch
bei den Kindern 99

**Zwischen uns passt kein Blatt – Die intuitive Verbindung
und was sie mit der Partnerschaft macht** 103
»Ich bin mit meinem Sohn zusammengewachsen –
mein Mann mit seinem Büro« 105
Jesper Juul: Mehr als verbunden – wenn ein Elternteil
mit dem Kind eine ganz besondere Nähe teilt 121

Wann ist eine Trennung der bessere Weg? 173
»Als Paar waren wir ein richtig gutes Team, aber seit
die Kinder da sind, streiten wir nur noch« **175**
»Unsere Trennung hat unsere Paarkonflikte reduziert,
aber wir sind immer noch völlig überlastet« **203**
Jesper Juul: Trennungskinder und das Kindeswohl **219**

Epilog 233
Danke 241
Bücher & DVDs 243
Über Jesper Juul 247
familylab 249

Vorwort

»Jetzt wird alles anders«, sagen erfahrene Eltern denen, die gerade Familie werden. Und tatsächlich verändert sich alles. Mit der Geburt eines Kindes stehen von heute auf morgen dessen Bedürfnisse im Zentrum des neuen Zusammenlebens. Plötzlich ist man zu dritt, zu viert ... Aus der Frau wird auch die Mutter, aus dem Mann auch der Vater. Das, was als Paar noch selbstverständlich war, findet nun nur noch wenig Raum. Jedes Paar, das Kinder bekommt, durchlebt eine Verwandlung zur Familie. Doch wie ist eine moderne Familie heute überhaupt beschaffen? Die Paare der letzten zehn bis 15 Jahre haben nicht nur die Kindererziehung, sondern auch ihre Partnerschaft neu zu erfinden. Das fällt vielen schwer, und darum soll es in diesem Buch gehen. Es ist meine tiefe Überzeugung: Zweisamkeit ist Elternrecht. Das Beste, was Mütter und Väter für ihre Kinder tun können, ist, gut auf ihre Beziehung als Paar aufzupassen.

Die Sehnsucht, ein Kind zu bekommen, Familie zu werden, ist immer auch ein bisschen die romantische Sehnsucht eines Paars nach beständigem Glück und Zusammengehörigkeit. Und wer sich liebt, freut sich, seine Liebe an seine Kinder weitergeben zu können. Doch im Familienalltag verliert sich, bei der einen Familie mehr, bei der anderen weniger, das Romantische. Manche Eltern erleben dann irgendwann nur noch wenig Freude, weil sie sich mit der Kindererziehung überfordert fühlen und mit dem Partner immer häufiger in Auseinandersetzung geraten oder sich vom anderen alleingelassen fühlen. Erschöpft und verzweifelt fragen sie: »Geht das nicht anders?« – »Ja, es geht anders«, kann ich dann sagen. Aber das heißt nicht, dass sich alles Schwierige sofort in Wohlgefallen auflöst: Eine lebendige Familie kann ohne Konflikte nicht wachsen. Wir müssen uns an Situationen reiben, um zu spüren, dass sie uns nicht guttun. Wir reiben uns im Alltag mit den Kindern, mit dem Partner, an dem wir nun auch ganz neue Seiten kennenlernen.

Aber wie können Paare Liebende bleiben, wenn das Familienchaos erst einmal ausgebrochen ist? Das ist die zentrale Frage. Es gibt hier kein Geheimrezept, leider. Wie im Zusammenleben mit den Kindern ist auch für uns Erwachsene entscheidend, welche Art von Beziehung wir haben: Interessieren mich die Gefühle, Gedanken und Absichten meines Partners, meiner Partnerin? Begegne ich ihm oder ihr mit Offenheit und Verständnis? Und bin ich bereit, mir die Bedürfnisse und Grenzen meines Gegenübers und vor allem auch meine eigenen klarzumachen? Oder stellen wir fest und entscheiden – gemeinsam oder jeder für sich –, dass wir zwar als Paar eine gute Beziehung hatten, aber dies als Eltern nicht funktionieren will? Familie zu bleiben ist immer eine emotionale und existenzielle Wahl. Manchmal ist am Ende eine Trennung der bessere Weg für die Erwachsenen, um weniger unglücklich zu sein oder glücklich zu werden. Aber dann gibt es oft erst recht Unsicherheiten. Wie können wir uns als getrennte Partner dennoch freundschaftlich unterstützen und den Kindern in dieser für sie schweren Situation helfen? Das ist sicher nicht leicht. Wenn Eltern weiterhin für die Kinder da sind und Verantwortung übernehmen und die Kinder in ihrem unumgänglichen Schmerz über den Verlust der Familie begleiten, können Mütter und Väter ihren Kindern helfen. Und für Kinder, gleichgültig ob die Eltern zusammenleben oder auch nicht, ist es immer wichtig, dass es den Erwachsenen gut geht und diese achtsam sind mit sich selbst, auch in schwierigen Zeiten. Stimmt es bei den Eltern, stimmt es auch bei den Kindern, und sie können von den Erwachsenen dann sogar lernen, dass man an Krisen auch wachsen kann.

Beratungsgespräche, wie ich sie schon oft mit Familien geführt habe, haben mir immer wieder gezeigt, wie wichtig es für die ganze Familie sein kann, dass sich beide Elternteile mit der jeweils eigenen Kindheit und Ursprungsfamilie, mit der Beziehung zu den Kindern und besonders auch zum Partner beschäftigen. Zu den Gesprächen, die im Zentrum dieses Buches stehen, kamen die Familien fast alle zusammen mit ihren Kindern. Denn auch sie waren eingeladen, damit sie bei den Gesprächen dabei sein und zuhören können. So erleben sie mit, dass ihre Eltern versuchen, mit einer schwierigen Situation zurechtzukommen. Das belastet die Kinder nicht, wie viele meinen, sondern im Gegenteil: Ich beobachte oft, dass die Kinder während des Gesprächs, meist spielen sie, leiser und ruhiger werden und gern und aufmerksam zuhören.

Sieben dieser Münchner Gespräche sowie viele weitere Gedanken zu Themen rund um Familie und Partnerschaft finden Sie in diesem Buch. Sie eröffnen allen Eltern und denen, die es werden wollen, einen konstruktiven Austausch über die wesentlichen Punkte, um die es bei der Verwandlung vom Paar zur Familie geht. Denn manchmal ist es wichtig, dass Eltern zuerst an sich denken, statt immer nur das Beste für die Kinder zu wollen. Und fast immer profitiert schließlich die ganze Familie davon.

Beziehungsglück ist Familienglück

Wenn Mütter und Väter sagen, Eltern zu sein sei anstrengend, kann ich ihnen nur zustimmen. Ja, so ist es. Hierfür gibt es auch keine Lösung. Wenn sie dann erzählen, dass ihnen alles über den Kopf wächst, dass es einem oder mehreren Familienmitgliedern nicht gut geht, dass sie etwas vermissen oder sich das eigene Verhalten oder das des Kindes oder Partners anders wünschen, dann hilft es, genauer hinzuschauen und sich zu fragen: Was steckt hinter meiner Unzufriedenheit? Warum kommt es immer wieder zu Spannungen zwischen mir und einem Kind oder der Partnerin oder dem Partner? Warum empfinde ich bestimmte Situationen als unangenehm? Welche Beziehung habe ich zu meinem Kind, zu meiner Partnerin oder zu meinem Partner? Was erwarte, vermisse oder wünsche ich mir? Und schließlich: Was kann ich selbst tun oder lassen, um eine Veränderung der ungewünschten Familiensituation herbeizuführen?

Die Familien mit Kindern, die ich zu einem Beratungsgespräch eingeladen habe, erleben den Familienalltag und das Erziehen ihrer Kinder ausnahmslos als sehr anstrengend. Sie äußern aber auch, dass sie vermuten, die Atmosphäre zu Hause habe viel mit ihrem eigenen Agieren und ihrer eigenen Stimmung zu tun. Und das stimmt. Wenn ein Kind die Familie durch Wutausbrüche tyrannisiert, braucht es meist ein anderes Verhalten der Eltern, damit sich auch das Verhalten des Kindes und die Gesamtsituation verändern können. Und dabei geht es überhaupt nicht um die Frage, wer Schuld an der Familiensituation hat. Eltern müssen nur erst einmal wahrnehmen, was ihr erzieherisches Verhalten leitet. Und außerdem erkennen: Die Qualität ihrer Paarbeziehung entscheidet über die Stimmung und die Atmosphäre in der Familie.

Manche Erwachsene sind sich ihrer eigenen Bedürfnisse und Grenzen gar nicht bewusst und müssen selbst erst noch lernen, diese klar zu vermitteln. Kinder lernen aber nun mal am meisten durch das Verhalten der Eltern – und auch den Umgang der Eltern miteinander – und nicht durch noch so kluge Erziehungsmaßnahmen oder allgemeine Hinweise von Eltern und Erziehenden, was richtig und was falsch ist.

Nur weil man Vater oder Mutter geworden ist, hat man ja nicht plötzlich eine andere Persönlichkeit. Wer vor der Geburt seines Kindes selbst noch nicht erwachsen geworden ist, der wird es jetzt nicht automatisch. Mutter zu werden, Vater zu werden, Familie zu werden kann ein großes Glück sein und ist immer auch ein Arbeiten – an sich selbst und auch an seiner Liebesbeziehung. Ich lade Sie herzlich ein, in den folgenden Gesprächen mit mir zu entdecken, wie sich Eltern verhalten und was ihr Denken und Tun leitet. Und fühlen Sie sich zwischen den Zeilen dazu ermuntert, selbst zu fragen: Wer bin ich? Und wohin möchte ich – nicht nur als Mutter oder Vater, sondern auch als Frau und Mann und mit meinem Partner oder meiner Partnerin?

12

»Hilfe, wir sind uns in Erziehungsfragen überhaupt nicht einig«

Die Willensstärke und Wutausbrüche von Tochter Lara sind auch Ausgangspunkt für Streit zwischen den Eltern Yvonne und Tobias. Yvonne versucht, sich in ihre Tochter hineinzuversetzen, und ist eher geduldig, aber bestimmte Familiensituationen eskalieren trotzdem immer wieder. Yvonne macht sich außerdem Sorgen, dass Tobias' Art, mit Lara in Konfliktsituationen zu sprechen, der Tochter schadet. Sie wünscht sich mit ihrem Partner mehr Konsens in Erziehungsfragen. Tobias kommt mit Lara schneller an seine Grenzen als seine Frau und greift früher in Situationen ein. Er möchte seine Haltung nicht verändern, weil er es wichtig findet, Lara zu vermitteln, welches Verhalten von ihr in konkreten Situationen nicht geht bzw. welche Konsequenz es hat.

Das Gespräch

Yvonne und Tobias
sind die Eltern von Lara, 5, und Ben, 1

Yvonne: Wir sind eine Familie mit einem Kind, das am liebsten alles selbst bestimmen möchte. Wir haben zwei Kinder, aber unsere ältere Tochter Lara ist diejenige, die genau weiß, was sie möchte. Das finde ich grundsätzlich auch nicht schlecht, dass sie weiß, was sie will. Wir haben das sicher auch mit Fragen wie »Was möchtest du anziehen? Was magst du essen?« gefördert. Und es hat auch gut funktioniert. Nicht gut läuft es, wenn Lara keine Wahl hat – und Autorität greifen soll. Das kommt ja regelmäßig vor, zum Beispiel morgens, wenn man Zeitdruck hat. Oder ein ganz großes Thema ist, seit wir das zweite Kind haben, Rücksichtnahme. Ich sage zu Lara etwa: »Sei nicht so laut. Ben schläft noch.« Wenn überhaupt, klappt das für zwei Minuten, dann ist es mit der Rücksicht schon wieder vergessen. Ich sage es also noch mal, und noch mal und noch mal. Irgendwann platzt mir dann der Kragen, und ich werde laut. »Mensch, ich habe es dir doch schon tausendmal gesagt, jetzt sei mal leise!«, schimpfe ich dann. Funktioniert aber auch nicht. Und dann überrascht sie uns plötzlich und spricht ganz von allein im Flüsterton. Weil: »Ben schläft ja noch, Mama.« Dann denke ich: Boah, was habe ich denn jetzt anders gemacht, warum funktioniert das jetzt einfach so? Wahrscheinlich, weil es nicht verlangt war.

Jesper: Also, wenn man vier Jahre alt ist und eine kleine Schwester oder einen kleinen Bruder bekommt, dann braucht man ja auch Zeit, um sich an die neue Familiensituation zu gewöhnen. »Mein ganzes *Leben* war ich allein und konnte genau so laut sein, wie ich wollte. Und jetzt geht das nicht mehr!« So empfindet sie das. Das dauert nun mal.

Yvonne: Ja, ich frage mich auch immer: »Wie viel kann ich verlangen?« Ich mache mir viele Gedanken. Ich würde auch behaupten – und das ist unser nächstes Thema –, dass ich stärker versuche, mich in die Kinder hineinzuversetzen. Mein Mann sagt eher: »So geht das nicht, jetzt müssen wir hier mal einen härteren Weg einschlagen.« Aber das geht für mich gar nicht. In Erziehungsfragen sind mein Mann und ich uns nicht einig. Das belastet unsere Beziehung! Und ich versuche zwar, vor den Kindern meinen Mund zu halten, wenn ich Tobias' Art, mit den Kindern umzugehen, nicht für richtig halte, aber ab und zu halte ich das nicht aus und grätsche voll rein. Ich sage zum Beispiel: »Boah, das kannst du so aber gar nicht machen. Das geht nicht.«

Jesper: Kann ich ein Beispiel haben für so einen Konflikt, bei dem ihr unterschiedliche Meinungen habt?

Yvonne: Ja. Wir sind vor Kurzem zu Oma und Opa zum Faschingfeiern gefahren, von Samstag bis Sonntag. Auf der Hinfahrt hat Lara dann mal wieder ständig gegen den Fahrersitz getreten, und mein Mann sagte irgendwann aufgebracht: »Wenn das jetzt dahinten nicht aufhört, dann fahren wir sofort wieder nach Hause!« Ich fand das nicht richtig und habe ihn gefragt: »Das meinst du doch nicht ernst, oder? Wir fahren doch jetzt nicht wieder nach Hause.« Aber er blieb dabei und sagte noch mal laut: »Ich würde das jetzt machen.« Und da habe ich gesagt: »Ich würde aber nicht mitmachen.«

Jesper: Und warum?

Yvonne: Weil … weil ich den Konflikt nicht stark genug fand, um so eine Konsequenz anzudrohen und die ganze Familie darunter leiden zu lassen. Ich finde, das muss eine realistischere Konsequenz für Lara sein. Da sind wir aber nicht im Konsens. Und finden ihn auch nicht.

Jesper: Okay, aber ich meinte etwas anderes. Deine Reaktion ist ganz eindeutig die einer Mutter, ich würde gern wissen, was deine Reaktion als Partnerin ist.

Yvonne: Ich glaube, das verstehe ich nicht ganz.

Jesper: Nein, das glaube ich auch nicht. (*Jesper und Yvonne lachen.*) Mütter sind ja immer damit beschäftigt: Was ist gut für mein Kind?

Yvonne: Ja.

Jesper: Das sind aber nur 50 Prozent der Welt – dazu kommt: Was ist gut für meinen Partner?

Yvonne: Das heißt, ich habe den Weg nicht gefunden, was gut für beide ist?

Jesper: Das weiß ich nicht.

Yvonne: Oder ich suche den Weg nicht.

Jesper: Ja, das ist ein bisschen näher dran, glaube ich. *(Jesper lacht.)*

Yvonne: Ja, da fühle ich mich jetzt ertappt.

Jesper: Für mich ist das aber der einzige Weg. Man kann ja ganz schnell das Verhalten oder die Sprechweise eines anderen beurteilen und sagen: »Das ist zu hart, wie du reagierst.« Aber das wissen wir ja nicht, ob es wirklich zu hart ist. Das ist genauso, wenn man sagt: »Mein Kind überreagiert immer.« Wie willst du das wissen? Du weißt doch gar nicht, was im Inneren deines Kindes vor sich geht. Und genauso ist es mit dieser Reaktion deines Mannes, also, von außen gesehen ist dein Mann frustriert, er hält die Situation nicht mehr aus und hat nur eine Lösung: Wir fahren wieder nach Hause.

Yvonne: Ich bin mir aber nicht sicher, ob das wirklich seine Lösung ist.

Jesper: Das ist nicht wichtig. Das Wichtige im Familienmiteinander ist: Wo geht deine Empathie hin? Sonst wäre es nur eine intellektuelle Auseinandersetzung über Erziehung. Und das wäre sinnlos, Zeitverschwendung. *(Jesper lacht.)* Also, dein Mann sagt – jetzt darfst du, Tobias, mich auch korrigieren: »Ich bin am Ende, ich will das nicht. So will ich nicht mit meiner Familie ins Wochenende fahren. Wenn es so ist, dann fahren wir wieder nach Hause.«

Tobias: In dem Fall war es so, dass wir schon fünf, sechs, sieben, acht Mal gesagt hatten: »Hör das jetzt bitte auf.« Und irgendwann kam der Punkt, wo ich sagen musste: »Okay, bis hierhin und nicht weiter.« Und ich setze den Punkt früher als meine Frau. Die wartet wesentlich länger und explodiert aber später bei Situationen, die das aus meiner Sicht nicht rechtfertigen. Und ich sehe dann, wie vor allem die Große, also Lara, erschrickt und überhaupt nicht weiß, warum jetzt geschimpft wird. Ich finde, wir müssen generell früher schon etwas sagen – das sieht meine Frau aber anders. Doch wie soll ein Kind das verstehen, wenn etwas zehnmal in Ordnung war, beim elften Mal aber nicht mehr in Ordnung ist?

Jesper: Ja, da ist etwas dran. Aber es hilft weder der Situation noch euch als Partnern, wenn ihr euch gegenseitig kritisiert. Sage deinem Partner, deiner Partnerin: »Was kann ich für dich tun?«, und nicht: »So kann man nicht mit einem Kind umgehen.« Denn wir haben ja als Eltern verschiedene Meinungen und Haltungen und Philosophien und Erfahrungen usw. – und diese Idee, es sollte ähnlich oder dasselbe sein, ist unrealistisch. So etwas gibt es nicht. Interessant ist auch gar nicht, was richtig und was falsch ist – interessant ist, was erfolgreich ist und was nicht. Also, das, was *du* machst, Tobias: Ist das erfolgreich? Das, was *du* machst, Yvonne: Ist das erfolgreich? Das ist entscheidend. Ob es von der einen oder der anderen Philosophie herrührt, ist nicht so wichtig.

Yvonne: Aber wäre es nicht auch wichtig, dass wir *gemeinsam* erziehen?

Jesper: *Gemeinsam*, das heißt bei den meisten Familien, dass einer führt. Und das muss nicht falsch sein! Also in der Art: »Ich überlasse dir die Führung, und dann gebe ich keinen Kommentar ab. Du bist jetzt verantwortlich, und wenn irgendetwas nicht passt für mich, dann können wir *nachher* darüber reden, oder so was.« Wirklich gemeinsam ist selten.

Yvonne: Okay …

Jesper: Es ist ein alter Mythos, dass Eltern sich einig sein sollen. Diese Haltung kommt aus einer Zeit, in der Erziehung als Machtkampf betrachtet wurde. Und da war klar, die beiden Direktoren müssen zusammenhalten, wie aus einem Mund reden, weil die Kinder sonst Guerillabewegungen gründen. Und Machtsplitting droht und und und ... Aber Tatsache ist, Eltern sind nicht gleich und haben ihre eigene Art und Weise, sich zu verhalten. Und es ist für Kinder sogar stimmig. Eure Kinder lernen dadurch auch, dass Menschen verschieden sind, das ist doch hervorragend. Mit meinem Vater kann ich so umgehen und so nicht. Mit meiner Mutter kann ich so umgehen und so nicht. Opa, Oma sind wieder anders, Kindergarten ist etwas Drittes. Das ist eine sehr, sehr gute Erfahrung.

Yvonne: Aber was können wir tun, wenn Lara so einen heftigen Wutausbruch hat? Das passiert ja immer dann, wenn wir bestimmen: »Jetzt geht es aber nur so!« Dann beschimpft sie einen: »Du bist blöd!«, und was weiß ich nicht alles ...

Tobias: Kraftausdrücke.

Yvonne: Ja, extreme Kraftausdrücke. Mein Mann sagt dann: »Da fahren wir jetzt die harte Masche.« Und ich sage: »Na ja ... ich schicke sie erst mal auf ihr Zimmer.« Dort kann sie schimpfen, solange sie will. Bis sie sich beruhigt hat. Und dann kann sie wiederkommen.

Jesper: Das sind aber nur zwei verschiedene Tonarten, sonst ist es genau dasselbe. Ihr zeigt Lara: Wir Erwachsenen sind frustriert, du bist schuld, also musst du weg.

Yvonne: Stimmt ...

Jesper: Das ist aber erstens nicht wahr (*Jesper lacht*), und zweitens kommt, bei egal welcher harten Linie, immer viel Widerstand. Da kommt ein Konflikt auf. Aber nur die beiden, die den Konflikt gerade haben, sollten ihn auch austragen.

Yvonne: Okay …

Jesper: Du hast nichts damit zu tun, wenn Tobias und Lara in einen Konflikt geraten. Du bist dann Beobachter und kannst mit den beiden später darüber reden, du kannst zum Beispiel zu deiner Tochter sagen: »Jetzt hast du versucht, dies oder jenes von deinem Papa zu bekommen … Ist es dir gelungen?« Und sie sagt: »Nein.« Oder: »Du hast jetzt versucht, für Ruhe zu sorgen … Ist es dir gelungen? … Kann ich dich beim nächsten Mal irgendwie unterstützen?« Darauf kommt es nämlich an … Ich spitze es jetzt noch mal zu, reden wir mal nicht über die harte oder weiche Tour oder konsequentes oder inkonsequentes Erziehen, sondern über *Gewalt*. Auch da gibt es zwei Möglichkeiten: Es gibt Eltern, die meinen, Gewalt ist nicht nur ab und zu notwendig, sie ist auch gut, und sie schadet nicht. Wenn man so denkt, macht man das ohne schlechtes Gewissen. Und es gibt diejenigen, die das anders sehen – und mit so einem anderen sind diese Menschen, die Gewalt hin und wieder okay finden, oft verheiratet … *(Jesper lacht.)*

Yvonne: Der bin dann ich. *(Tobias und Yvonne lachen.)*

Jesper: Die anderen meinen, Gewalt ist völlig falsch, schadet, darf nicht sein usw. Aber Tatsache ist, niemand kann wissen, ob es richtig oder falsch ist. Man kann nur wissen, dass Gewalt für Kinder sehr, sehr unangenehm ist. Es ist aber auch sehr, sehr unangenehm für Kinder, wenn die beiden Eltern sich immer über mich streiten. Weil das heißt: »Ich bin eigentlich das Problem. Wäre es nicht wegen mir, wären meine Eltern glücklich miteinander. Jetzt streiten die sich immer – oder oft –, und ich bin schuld.« Wenn man wirklich sehr, sehr verschieden ist, dann sollte man lieber beobachten: Was ist *erfolgreich*? Und die eigene Maßnahme, wenn sie nicht erfolgreich ist, hinterfragen: »Habe ich denn überhaupt ein genaues Ziel oder nicht?« Mir fällt gerade ein gutes Beispiel ein: Ich war vor ein paar Wochen auf dem Weg zum Bahnhof, und da ging eine Familie mit zwei Kindern vor mir her, die Größere wie eure Lara, ungefähr fünf Jahre alt, und ein Kleines. Der Vater ging vorneweg, die Mutter mit dem Nachwuchs und so einem kleinen Schlitten für Kinder dahinter. Auf einmal wollte das größere Mädchen den Schlitten selbst ziehen. Die Mutter sagte: »Das ist nicht gut, wenn wir gleich im Bahnhof sind, kannst du da sowieso nicht mehr mit fahren, der Schlitten fährt ja nur über Schnee.« Das Mädchen ließ aber nicht locker, und die Mutter versuchte noch einmal sehr geduldig, dem Mädchen die Sache zu erklären. (*Jesper lacht.*) Das Mädchen sagte aber nur laut: »Ich will es aber, ich will es aber!« Die Mutter gab schließlich auf, die Tochter lief mit dem Schlitten zum Vater. Der Vater nahm ohne einen Blick zum Kind das Fahrgerät und sagte: »Ich nehme ihn.« Und die Tochter widersprach nicht, sondern war zufrieden. Jetzt kann man darüber reden, was das Ziel der Eltern war: »Sollte der Schlitten nicht über den Boden im Bahnhof gezogen werden? Oder sollte die Tochter lernen, dass man mit so einem Schlitten nur draußen spielt, aber nicht in einem Gebäude? Oder ...« Man kann ja alle möglichen Ziele haben. Mein Fokus richtet sich aber auf die Beziehung. Die Beziehung zwischen Mutter und Kind funktionierte nicht. Die waren beide frustriert, es kam zu einem Konflikt. Die Beziehung zwischen Vater und Tochter funktionierte wunderbar.

Yvonne: Mhm, okay ...

Jesper: Die Beziehung zwischen Vater und Tochter war harmonisch. Der Vater hat nur das gemacht, was man machen *muss* – als Führungskraft sozusagen. Und es steht nicht zur Disposition, es gibt keine Wahl: So ist es. Und er macht das mit Selbstverständlichkeit, er muss seine Tochter nicht mal anblicken. Nur: So ist das. Die Tochter kann sich entspannen und sagen: »Hm, bin ich froh.« Und dann können wir es von außen betrachten und fragen: »Was war das für eine Philosophie von der Mutter, was war das für eine Philosophie vom Vater?« Für mich ist diese Fragestellung aber uninteressant. Interessant ist: Was der Vater gemacht hat, hat funktioniert. In einer Art und Weise, dass er und die Tochter zufrieden waren. Bei der Mutter funktionierte es nicht, da waren beide unzufrieden. Und so würde ich auch meinen Partner oder meine Partnerin beobachten oder meinen Sohn und meine Schwiegertochter oder wen auch immer. Die machen etwas, das ich so vielleicht nicht gemacht hätte. Aber mein Blick darauf ist nicht philosophisch, nicht wertend, ich frage bloß: Hat es funktioniert?

Yvonne: Das heißt aber, ich muss bei jeder Situation neu ausprobieren, oder? Ich mache es, so wie ich denke, nach bestem Wissen und Gewissen, und entweder ich habe Erfolg oder nicht. Und wenn ich keinen Erfolg habe, versuche ich es beim nächsten Mal auf eine andere Art.

Jesper: Ja.

Yvonne: Okay. Aber wir haben noch keine Strategie, keinen Weg gefunden, etwas, was uns bei diesen Wutausbrüchen hilft, was auch Lara hilft, mit ihrem Zorn umzugehen. Der ist so extrem … und das Verwunderliche ist, dass sie das im Kindergarten gar nicht hat. Ich habe bei den Erziehern mal nachgefragt, als wir zu Hause eine sehr extreme Phase hatten. Die Erzieherin sagte: »Nee, so kennen wir Lara nicht.«

Jesper: Das zeigt, dass es bei diesen Wutausbrüchen um eure Beziehung geht und nicht um das Kind oder falsche oder richtige Erziehungsstrategien.

Yvonne: Okay ...

Jesper: Es gibt keine Schraube, die man irgendwie korrigieren muss. *(Jesper lacht.)* Und es ist auch nichts Kriminelles, dass das bei euch so ist. Es zeigt nur: So ist das. Und ihr könnt fragen: »Wie können wir ihr, wenn sie wütend ist, in so einer Art und Weise begegnen, dass sie wieder ihr Gleichgewicht findet und dass wir unsere Ziele erreichen können?«

Yvonne: Klar, wir wollen beide nicht so hochgeschaukelt werden ...

Tobias: Zum Glück schafft sie es meistens nur, *einen* von uns beiden hochzuschaukeln.

Yvonne: Ja.

Tobias: Der andere ist in der Regel dann ...

Yvonne: ... der Gegenpol.

Jesper: Und es ist ja klar, eure Tochter ist ein bisschen ihrem Vater ähnlich, hm?

Yvonne: Nee, der hat keine Wutausbrüche. Das habe ich noch nie erlebt. Also, erst seitdem wir ein Kind haben, vorher habe ich das noch nie erlebt. *(Alle lachen.)*

Jesper: An Fasching, das war ein Wutausbruch!

Yvonne: Jaaa ... aber nur ein kleiner ...

Jesper: Es war ein Wutausbruch.

Yvonne: Okay.

Jesper: Das kommt von Wut. *(Jesper lacht.)*

Yvonne: Also, sonst ist er die Ruhe selbst.

Jesper: Das denkst du von außen draufschauend, das ist deine intellektuelle Version. Seine persönliche Version ist aber viel mehr: »Ich komme schnell an meine Grenzen. Und dann bin ich frustriert oder wütend oder was weiß ich. Und ich bin nicht so geduldig, oder ich habe nicht so viel Zeit wie du.« Wenn das intellektualisiert wird, dann wird alles falsch. Du bist möglicherweise anders. Oder hast eine andere Art von Selbstdisziplin, vielleicht auch eine Fähigkeit, nach deiner Philosophie auch zu handeln – und mehr, als deine eigenen Grenzen wahrzunehmen. Aber so sind nicht alle, wir sind unterschiedlich ... Also, eure fünfjährige Tochter ist ja eindeutig nicht so geduldig wie ihre Mutter, oder?

Yvonne: Stimmt.

Jesper: Dann gibt es also nur eine andere Möglichkeit. *(Jesper lacht.)*

Yvonne: Ja.

Jesper: Und das heißt, es muss zur Auseinandersetzung kommen, weil der Vater stößt an ihre Grenzen, sie stößt an die Grenzen des Vaters, und so knallt es eben auch öfters. *(Jesper lacht.)* Ich möchte aber, dass wir nicht mehr so viel über diese Unterschiede reden – also: Was ist richtig, was ist falsch? –, sondern: Wie kann man als Mutter oder als Vater am besten mit seiner Tochter umgehen? So, dass man sich wohlfühlt.

Yvonne: Und wie kann man es für das Zweite auch gleich richtig machen? Vielleicht kommt es dann gar nicht so weit.

Jesper: Ja, das weiß ich nicht. Ich weiß nur: Für Kinder ist es unheimlich wichtig, dass es den Erwachsenen gut geht. Und wir reden jetzt nicht über Egoismus. Wir reden darüber, wie wichtig eure Beziehung für eure Tochter ist, also: »Ich habe einen Konflikt mit Papi gehabt, und nachher kommt Mama und umarmt meinen Papa, gibt ihm einen Kuss, und alles ist wunderbar. Das freut mich als Kind. Wenn die in den Garten gehen und sich eine Stunde lang streiten – das passt mir nicht. Weil ich nicht die Ursache sein will, ich will nur *ich* sein.«

Yvonne: Okay ... Können wir vielleicht auch noch mal über eine konkrete Situation sprechen? Also morgens haben wir immer Stress. Wenn es darum geht, aus dem Haus zu kommen.

Tobias: Ja. Ich nehme Lara mit und fahre sie vor der Arbeit in den Kindergarten. Ich muss bis spätestens halb neun bei meiner Arbeitsstelle sein. Und oft, wenn wir eigentlich schon losmüssen, fängt sie noch mal an zu spielen, und dann sage ich: »So, jetzt hör auf zu spielen, wir müssen los.«

Yvonne: »... oder ich gehe allein.«

Tobias: Genau. Oder ich gehe dann allein. Ich kann meinem Chef ja nicht sagen, nur weil das Kind nicht fertig wird, komme ich eine Stunde später. Das geht nun mal nicht. Und dann entsteht Stress, klar, hauptsächlich für Yvonne ...

Yvonne: Klar, dann stehe *ich* da mit dem Kind! Dann muss ich alles neu planen und muss sie in den Kindergarten bringen. Mit Ben. Tobias löst den Konflikt dann für sich und auf seine Art, aber ich muss die Konsequenz tragen.

Jesper: Und wie oft ist das passiert?

Yvonne: Es ist noch nie passiert. Oder ganz selten, ich weiß es gerade nicht mehr.

Jesper: Okay. Weil, das ist ein interessanter Unterschied zwischen Männern und Frauen ... Du erlebst das als eine Drohung.

Yvonne: Ja ...

Jesper: Aber das ist es nicht, das ist nur eine Tatsache. Es ist tatsächlich so: »Wenn du nicht fertig bist, dann fahre ich.«

Tobias: Es ist schon mal vorgekommen, dass ich allein losgefahren bin. Ja, so ist das dann.

Jesper: Ja! So ist es. Das meine ich. Anders kann man es zum Beispiel in Supermärkten beobachten, wenn ein Kind irgendetwas entdeckt hat, die Mutter aber weitergehen möchte und sagt: »Komm mit.« – »Nein, ich will hier sein, ich will hier spielen«, sagt das Kind dann vielleicht. Und die Mutter erwidert: »Dann gehe ich allein.« – »Okay«, sagt das Kind. – Dann geht die Mutter vielleicht fünf Meter, schafft es aber nicht, weiterzugehen und das Kind allein in dem Supermarktgang zu lassen, kommt zurück und sagt: »Komm jetzt mit.« Und das Kind fragt: »Oder?« – »Ja, dann geh ich wirklich allein. Und dann kannst du ja sehen, wie das ist, dann bist du ja *auch* allein«, sagt die Mutter dann verärgert. Und das ist dann mit Drohen verbunden, das ist Manipulation.

Yvonne: Okay, so etwas haben wir auch.

Jesper: Ja, aber hier, in diesem Fall, steht der Papi da und sagt: »So ist die Welt.« Das wollte ich nur sagen. Es geht nicht um Erziehung. Es geht nicht um Unterschiede, es geht darum, dass dein Mann die Tatsachen vorstellt: »Es ist tatsächlich so, ich muss rechtzeitig auf meiner Arbeit sein, und wenn du nicht mitmachst, dann muss ich allein fahren.«

Yvonne: Okay, Drohung ist dann, wir fahren auf der Autobahn, und das Kind tritt von hinten gegen die Sitze, und Tobias sagt wütend: »Wenn du jetzt nicht aufhörst, dann fahre ich an die nächste Raststätte, und da bleibst du stehen.« Das hatten wir auch schon. Ist natürlich auch noch nie passiert. Weil ich ja mit im Auto sitze. *(Yvonne lacht.)*

Jesper: *(Jesper lacht auch.)* Der Rettungsdienst. Auf der Autobahn.

Yvonne: Ich weiß nicht, ob es passieren würde, wenn ich nicht dabei sein würde. Wahrscheinlich nicht, aber …

Jesper: Okay. Ich glaube, du kannst deiner Frau sagen: »Es geht nicht um Erziehungsphilosophie«, wenn du so etwas sagst.

Tobias: Ja, es geht einfach nur darum: Jetzt muss Ruhe sein, weil sonst passiert noch ein Unfall. Und das Auto ist ja kein Spielplatz. Und komischerweise habe ich sie noch nie irgendwo stehen lassen. Aber *du* bist neulich tatsächlich mal weggefahren und hast sie draußen stehenlassen. So viel dazu. Es heißt zwar immer, ich fahre die harte Linie, aber die Konsequentere in diesen Dingen bist dann schon du … Aber natürlich passiert das nur selten.

Jesper: Das glaube ich. Ich möchte euch beide aber noch einmal einladen, euch wieder als Partner zu sehen: Eltern können entweder miteinander schimpfen oder Auseinandersetzungen über diese verschiedenen Arten und Weisen haben – für immer –, oder sie können versuchen hinzuschauen: Gibt es etwas bei meiner Frau oder bei meinem Mann, das ich vom anderen lernen kann?

Tobias: Natürlich!

Jesper: »Und das eine, was er schafft, das will ich mir vielleicht gar nicht abschauen, aber das andere, das möchte ich gern lernen.« So ist es mit dem Elternsein. Du hast einen Vater für dein Kind ausgewählt, und er ist so, wie er ist. Und heute ist er konsequent, und in 30 Jahren hat er vielleicht Alzheimer oder … Also, was ich sagen will, ist: Jeder Mensch ändert sich. Und diese Vorstellungen, er soll lieber so sein oder so sein, die erzeugen nur Enttäuschung. Ich würde meine Wahrnehmungskraft und Sensibilität lieber anders verwenden und sagen: »Okay, mein Mann fährt diese Linie, und wenn ich ihn dafür kritisiere und sage: ›Das finde ich nicht richtig‹, dann stellt er trotzdem fest: ›So muss es sein.‹ Was kann ich dann sagen? Vielleicht: ›Okay, so funktioniert das für dich am besten, ich lasse dich in Ruhe. Es ist mir oft unangenehm, aber ich lasse dich in Ruhe und sage nichts. Nur, wenn ich beobachte, dass deine Beziehung zu unserer Tochter jetzt schlechter und schlechter wird, dann greife ich ein, denn das will ich nicht. Ich will für euch beide, dass ihr eine gute Beziehung habt.‹«

Yvonne: Sie war schon sehr schlecht.

Tobias: Ja, die war ganz schlecht.

Yvonne: Sie war sehr, sehr schlecht.

Jesper: Dann nutzt eure unterschiedlichen Zugänge zu eurer Tochter und eure unterschiedliche Praxis … Es gibt Anregungen, es gibt Möglichkeiten, es gibt eine Wahl usw. … Lara ist stark, aber was ich noch heraushöre, ist, sie möchte euch mit ihrer Wut sagen: »Ich bin überfordert. Es ist sehr freundlich, dass ich so oft wählen darf, was ich anziehen möchte, zum Beispiel, und eigentlich liebe ich das auch. Aber ich bin auch überfordert damit. Es ist mir zu viel.« Das Wichtigste für so eine Kämpferin ist, die Botschaft zu bekommen: »Was *ich* meine, ist meinen Eltern wichtig. Ich muss nicht immer *gegen* meine Eltern kämpfen, die sind nicht meine Feinde. Die sind interessiert. Also, der Papa … wenn wir Auto fahren, ist der ganz doof! Und die Mama ist so und so und so. Aber die sind nicht meine Feinde.« Und diese Botschaft ist zu vermitteln, darauf kommt es an, auch wenn das nicht unmittelbar alle Konflikte löst. Eltern können die Kinder auch einladen: »Uns ist dies oder jenes wichtig, aber wir können dich nicht allein erziehen, wir brauchen dich dazu. Wir brauchen deine Stimme, du kannst uns sagen, was dir wichtig ist.« Bis jetzt hat sie ja nur Demokratie erlebt – das ist eine Verteilung von Macht: »Was kannst du selbst bestimmen und was nicht.« Aber die Entscheidungen werden komplexer und schwieriger, da braucht sie Input von euch. Und es geht ihr gar nicht nur um Bestimmen oder Nicht-Bestimmen, es geht ihr nicht um Macht (Kinder sind nicht an Macht interessiert), es geht ihr darum, dass sie euer Leben bereichern möchte, stattdessen streitet ihr aber und sie fühlt sich schuldig. Und da kommt diese Frustration. Diese Anfälle sind Hilferufe: »Was soll ich machen?« Mein Enkel macht das körperlich. Er stellt sich mit hängendem Kopf hin, und dann weiß man genau: »Jetzt habe ich einen Fehler gemacht.« Ich habe viele Kinder in meinem Leben erlebt, die genau an dem Punkt Wutanfälle bekommen. Also, die stellen sich nicht hin und sagen: »Schau mich an, und denk drüber nach, was du gerade gemacht hast«, sondern brüllen los oder werfen sich auf den Boden oder …! – Es geht dann um Konfrontation. Wut ist kein Problem. Wut ist wunderbar, das ist mir wirklich wichtig.

Yvonne: Das heißt, ich begleite diese Wutattacken dann einfach nur, ja? Wir hatten letztens eine Situation beim Abholen vom Kindergarten – da hat sie mir einen Zettel gegeben mit einer Nachricht für die Eltern. Sie schimpfte voller Zorn: »Ich muss den blauen nehmen, und die anderen haben einen grünen gekriegt!« Ich wusste in dem Moment nicht, was ich ihr sagen soll. Ich habe dann beschwichtigt: »Du, das ist doch nicht so schlimm.« Und da ist sie richtig ausgeflippt. Letztendlich hat dann ein anderes Kind gesagt: »Du, wir haben einen grünen Zettel bekommen, wir können tauschen.« Das hat es dann gerettet. Aber ansonsten lass ich sie einfach zornig sein.

Jesper: Leider.

Yvonne: Ich weiß dann nicht, wie ich sie anders in ihrer Wut abholen könnte. Vielleicht gäbe es auch einen anderen Weg, einen besseren …

Jesper: Ja, den gibt es. Der andere Weg ist, sich zu ihr hinunterzubeugen und zu sagen: »Mein Gott, ist das traurig! Das ist ja furchtbar!«

Yvonne: Und dann?

Jesper: Und dann ist es vorbei.

Yvonne: Okay, versuche ich das nächste Mal.

Wut ist wunderbar, das ist mir wirklich wichtig!

Jesper: Ja, es geht um die Kinderperspektive, und wenn man meint, dass ein Zettel grün sein *muss*, dann geht es für das Kind um Leben und Tod! Und dann kann man nicht sagen: »Das ist egal«, oder: »Vielleicht kriegst du beim nächsten Mal einen grünen.« Da kann man entweder sagen: »Puh, ja, da musst du selbst durch. Das schaffe ich nicht«, oder man kann sagen: »Mein Gott, eine Katastrophe! Das ist furchtbar, wie kann so etwas passieren? Die ganze Welt weiß doch, du willst grün! Und jetzt hast du einen blauen Zettel bekommen!« Das heißt, man formuliert für das Kind, worin diese Katastrophe besteht, und dann kann die Wut darüber nachlassen.

Yvonne: Weil sie sich verstanden fühlt.

Jesper: Genau. »Ich habe zwar keinen grünen Zettel bekommen, aber meine Eltern haben mich wahrgenommen. Die wissen, dass es so ist. Ich bin fünf Jahre alt, ich weiß, dass andere Kinder das nicht so machen. Ich bin aber in dieser Sache verwundbar, und wenn jemand kommt und sagt: ›Du bist hysterisch‹, oder ›Das geht vorbei‹, oder ›Nächstes Mal bekommst du wahrscheinlich einen blauen Zettel‹, dann fühle ich mich abgelehnt.« Das heißt also nicht, dass wir uns darüber einigen müssen, oder: »Ich denke genauso wie du, meine Tochter.« Es heißt: »Ich weiß, was du meinst.« Die meisten Frauen kennen das im Zusammenleben mit uns Männern, wenn die Frau nach einen Treffen mit anderen zum Mann sagt: »So und so war es, und es war furchtbar, und ich habe dieses Problem gehabt und …« Und wir Männer sitzen da und wollen unsere Frau gern retten …

Yvonne: … verstehen es aber nicht.

Jesper: … verstehen alles Mögliche. Also fragt der Mann entweder: »Und wieso ist das ein Problem?« – Und das heißt: »Ich brauche jetzt Zeit, ich muss mich positionieren als der große Helfer.« – Oder er sagt: »Das ist doch kein Problem«, oder: »Warum machst du es nicht so oder so?« Und die Frau reagiert verärgert, weil sie sich jetzt auch noch wie die Dumme vorkommt, das ist doch unmöglich von uns Männern. Meine Frau hat es einmal ganz deutlich gesagt: »Hör mal, wenn ich mit dir rede, möchte ich gern mit meinem Mann reden. Wenn ich einen Psychologen brauche, buche ich einen.« (*Alle lachen.*) Und das ist genau das Gleiche: »Du musst mir nur zuhören, ich bin erwachsen, ich bin kompetent, ich schaffe es. Aber ich brauche jemanden, der mir zuhört. Du musst nicht die ganze Welt für mich lösen oder vorbereiten, aber du musst zuhören.« Und genau das braucht diese Fünfjährige, die wütend am Boden liegt und schreit: »Aaaaah! Ein blauer Zettel!!!« Genau deswegen ist diese mütterliche Fürsorge oft so grenzüberschreitend – das Kind fühlt sich hilflos oder doof, und dann kann es entweder entscheiden: »Okay, meine Mutter weiß es immer besser, ich *bin* hilflos.« Oder man kann *gegen* seine Mutter kämpfen und sagen: »Ich weiß es selbst am besten.« Ja, das war jetzt eine lange Geschichte … Also, was ich jetzt über Lara weiß, ist, dass sie temperamentvoll ist.

Tobias: Ja.

Yvonne: Ja.

Jesper: Ja. Also die kommt lieber mit 150 Stundenkilometern als mit 40. Aber sie kann sich auch anpassen.

Yvonne: Ja.

(Lara kommt in diesem Moment mit einem selbst gemalten Bild in der Hand aus dem Spielbereich herüber und sucht die Aufmerksamkeit ihrer Mutter.)

Jesper: Gerade kommt sie ja eher mit zehn Stundenkilometern rein.

Yvonne: Jetzt, im Moment?

Jesper: Ja. Sie hat also, wie wir sagen, Fingerspitzengefühl. Sie nimmt die Situation wahr, dass wir sprechen, und bringt sich leise ein. So ist das zwischen Kindern und Eltern und auch zwischen Erwachsenen, auch zwischen Liebespaaren: Wir haben dieses Fingerspitzengefühl, wir wissen, wie man sich benimmt – nur zu Hause ist das anders. Weil ich da so sein darf, wie ich bin, und da muss ich nicht immer aufpassen und immer nett sein usw. Eure Tochter hat die Wahl: Will ich mich anpassen oder versuche ich, mein Ding durchzusetzen? Und dann gibt es unterschiedliche Arten von Widerstand, es gibt den Vater, der ist so wie ein Berg, da pralle ich eher ab – und es gibt die Mutter, bei ihr finde ich immer ein paar Tunnel und komme oft auch durch. Das macht aber nicht den Vater zu einem guten Vater und die Mutter zu einer schlechten Mutter – das ist nur sehr, sehr unterschiedlich, und man sollte es meiner Meinung nach nicht vergleichen und sagen: »Was ist das Beste, und was ist nicht das Beste?« Das ist in beiden Fällen sehr, sehr hohe Qualität, aber sehr verschieden. Wie ein Sauvignon aus Frankreich und einer aus Australien – dieselbe Traube, aber ganz verschieden.

Yvonne: Okay.

Jesper: Aber was ich heraushöre, ist, dass ihr beide manchmal Hilfe, Unterstützung, Anregung von dem anderen braucht. Und das ist schwierig für die meisten von uns, wahrzunehmen und zu sagen: »Jetzt brauche ich Unterstützung.« Dabei ist das einer der großen Vorteile einer Partnerschaft: Mein Mann oder meine Frau beobachtet mich, dann merkt er oder sie: »Aha, jetzt ist der andere sehr laut oder sehr leise, das heißt, jetzt braucht er mich. Jetzt braucht er irgendeine Art von Hilfe. Das bedeutet nicht, dass er hilflos ist, sondern er muss nur wissen, dass ich da bin.« Und dann kann sich der andere manchmal auch ein bisschen öffnen, manchmal nicht. Manche aber haben nur ihre eigenen Ideen im Kopf, sodass sie überhaupt nicht zuhören und beobachten können.

Hier können wir gut zu dieser Perspektive gehen: »Das Beste, was wir für unser Kind tun können, ist, auf unsere Beziehung gut aufzupassen.« Das ist wirklich immer das Beste. Und dazu gehört, dass man auch mal sagt: »Du musst es so machen, wie du willst. Ich mache aber nicht mit. Das ist mir zu viel«, oder: »Ich war dreimal mit euch beiden Ski fahren, das tue ich nie mehr. Aber ihr beide könnt gern fahren. Also, ich meine nicht, dass du ein schlechter Vater bist – für mich ist Skifahren nur unangenehm.«

Yvonne: Okay.

Jesper: Oder umgekehrt: »Mein Gott, liebe Frau, du hast so viel Geduld, das kann ich mir überhaupt nicht vorstellen! Also, ich muss jetzt etwas tun, ihr beide könnt so weitermachen. Aber ich halte es so nicht aus, ich kann nicht nur Zuschauer sein, ich muss mich entweder einmischen oder weggehen.«

Das war ein bisschen lang, ich habe viel geredet. Aber ist es stimmig für euch?

Yvonne: Ja, also für mich auf jeden Fall.
Tobias: Ja.
Jesper: Okay, gut. Dann vielen Dank.
Yvonne: Danke auch.
Tobias: Danke.

Tipps von Jesper Juul an Yvonne und Tobias

- Akzeptiere, dass dein Partner anders ist als du, dass er sich anders verhält als du. Es ist völlig in Ordnung, dass Partner unterschiedlich sind, auch im Familiensystem. Frage also nicht: »Was ist richtig, und was ist falsch? Erziehe ich richtig und er falsch? Macht er es richtig und ich falsch?« Weder du noch dein Partner verhaltet euch richtig oder falsch. Jeder verhält sich anders, weil jeder seine eigenen Erfahrungen mit Erziehung und Familie gemacht hat und von seinem eigenen Temperament, seiner Persönlichkeit geleitet wird. Paare, die auch im Familienverbund Liebende bleiben, schauen mit Empathie auf ihren Partner – und nicht *nur* auf die Kinder. Dein Partner braucht keine Mutter, sondern eine Partnerin an seiner Seite. Frage ihn in einem ruhigen Gespräch, wie du ihn in einer bestimmten Situation beim nächsten Mal unterstützen kannst. Von Eltern, die der Partnerin oder dem Partner mit Empathie und Respekt begegnen, lernen Kinder, dass Menschen verschieden sind und dass das in Ordnung ist. Wir sind alle verschieden *und* gleichwürdig.
- Wenn sich Eltern vor den Kindern streiten, sich gegenseitig Vorwürfe machen, meinen die Kinder, sie sind schuld an dem Streit. Das Beste, was ihr für eure Kinder

tun könnt, ist, euch immer wieder mal nur auf eure Beziehung, eure Partnerschaft zu konzentrieren.

- Eine Tochter/ein Sohn hat zur Mutter eine andere Beziehung als zum Vater. Jede Beziehung ist einmalig. Manchmal sind sich ein Kind und die Mutter näher, manchmal braucht ein Kind mehr den Vater. Es ist wichtig, die Beziehungen, so wie sie sind, zu akzeptieren.

- Wut ist wunderbar, das ist mir wirklich wichtig! Sonst wüsstet ihr doch gar nicht, was in Lara vorgeht. Damit zeigt sie, dass man sie verletzt hat. Wenn ihr eurer Tochter zuhört, hilft sie euch, einen neuen Weg zu finden, bei dem es ihr *und* euch besser geht. Fragt euch, wie Lara eine bestimmte Situation erlebt hat. Und spürt, wie ihr sie empfindet. Finde heraus, wie du als Mutter oder du als Vater am besten mit ihr umgehen kannst, damit du dich wohlfühlst.

- Wut ist wunderbar, das gilt auch für euch Erwachsene. Wenn ihr wütend seid auf den anderen, redet darüber miteinander. So oft kümmert ihr euch um die Wut der Kinder, schaut genauso auch mal nach euch beiden. Frag deinen Partner, deine Partnerin: »Was kann ich für dich tun?« Frag dich selbst: Warum bin ich auf dich wütend? Was geht in mir vor? Was will ich von dir? Das ist wichtig!

»Arbeiten, Kinder und auch noch lieben – das ist einfach zu viel!«

Sarah und Maik erleben mit ihren Kindern Fabian und Pia immer wieder konfliktreiche Phasen, die das Familienleben stark belasten. Beide Erwachsenen arbeiten freiberuflich zu Hause, ein großes Thema für sie ist daher auch, dass sie sich für den Beruf nicht so leicht vom Familienleben abgrenzen können. Vor allem Sarah wird immer wieder von den Kindern bei der Arbeit gestört, und es fällt ihr schwer, ihnen zu vermitteln, dass sie ungestört arbeiten will. Sie versucht die Situation zu lösen, indem sie Maik hinzuzieht und ihm die Verantwortung überträgt, was die Situation aber meist nicht klären kann. Dadurch entstehen außerdem Spannungen in der Partnerschaft. Sarah fände es manchmal einfacher, wenn sie und ihr Mann oder wenigstens einer von beiden zur Arbeit aus dem Haus gingen, dann würden sie sich nicht den ganzen Tag aneinander reiben und Arbeits- und Auszeiten wären voneinander getrennt.

Im Beratungsgespräch erzählen sie dann zuerst von den Wutanfällen ihres dreijährigen Sohnes Fabian und dem ständigen Erziehungskampf, den sie führen. Sie haben den Eindruck, dass es in der Familie immer dann zu Konflikten kommt, wenn sie selbst unter Druck stehen oder es einem Elternteil nicht gut geht. Sie wünschen sich von diesem Gespräch Tipps, wie sie als Familie und in der Partnerschaft weniger Konflikte austragen und sich gegenseitig besser unterstützen können. Und beide geregelter ihrer Arbeit nachgehen können. Und sie wünschen sich mehr Raum für Zweisames, das ihnen mit Geburt des zweiten Kindes völlig verloren gegangen ist.

Das Gespräch

Sarah und Maik
sind die Eltern von Fabian, fast 3, und Pia, 1

Maik: Wir hatten nach Weihnachten eine richtig harmonische Phase, ich dachte schon, wir bräuchten gar keine Beratung. Aber dann war es bald wieder schwierig. Ich habe das Gefühl, das liegt eigentlich vor allem an uns Eltern. Solange wir aufmerksam sind und Energie haben, funktioniert alles. Doch sobald es nur einem von uns beiden nicht gut geht, läuft gar nichts mehr. Letztes Wochenende zum Beispiel war ich völlig erschöpft, und Sarah hat mit den Kindern einen Ausflug mit Übernachtung gemacht. Ich bin zu Hause geblieben ... Jetzt hatten wir die ganze Woche wieder diesen Kampf ums Erziehen. Jeden Moment müssen wir Eltern hellwach sein, müssen den Kindern sagen, was zu tun ist und was nicht geht. Das fängt sofort nach dem Aufwachen an. Und deshalb bin ich nun doch froh, dass wir hier sind ... Vielleicht machst du weiter, Sarah?

Sarah: Ja ... also, wenn so ein Kampf eskaliert, bekommt Fabian fast immer einen Wutanfall. Heute Morgen auch wieder, da haben er und Pia jeder für sich eine Zeit lang ruhig gespielt, aber auf einmal hat Fabian Pia in die Backe gebissen – das ist sogar jetzt noch ein bisschen rot. Ich wusste im ersten Moment gar nicht, wie ich darauf reagieren soll, ich bin auch richtig wütend geworden ... In mir brodelt es in solchen Momenten, und ich werde dann oft auch laut. In wünsche mir dann ein Kind, das seiner Schwester nicht wehtut. Ich weiß, er macht es nicht, weil er sie nicht mag, sondern er macht es, weil er sich wegen irgendetwas aufgeregt hat und so seine Wut ablässt. Diese Wutanfälle, die er hat, dauern manchmal eine halbe Stunde lang ...

Jesper: Mir ist noch nicht klar, ob das Beißen der Wutanfall war oder ob Fabian gebissen hat, und der Wutanfall kam danach.

Sarah: Der Wutanfall kam danach. Er hat zuerst zufrieden gespielt, dann hat er gebissen ...

Jesper: Und was hast du zu ihm gesagt?

Sarah: Ich hab gesagt, dass er das nicht darf, er darf seiner Schwester nicht wehtun. Und er soll es ihr sagen, wenn ihn etwas stört. Aber er hat mir nicht zugehört. Und dann habe ich es noch mal gesagt und noch mal, aber dreimal das Gleiche sagen bringt ja gar nichts. Trotzdem mache ich es so. Ich kann dann selbst auch nicht mehr ... Wie Maik gesagt hat, wenn wir Eltern schwächeln oder gestresst sind, dann schaukelt sich das sofort hoch. Und das ist dann alles sehr anstrengend, finde ich.

Jesper: Es ist sehr anstrengend, Eltern zu sein.

Sarah: Ja.

Jesper: Okay.

Sarah: Ja, das ist okay, dass es anstrengend ist. Aber es ist zurzeit mal wieder *sehr* anstrengend. Ich beschreibe am besten mal unsere Lebenssituation: Maik und ich sind beide Freiberufler, wir gehen zur Arbeit nicht aus dem Haus, sondern arbeiten zu Hause. Wir sind beide also viel zu Hause, mal arbeitet der eine, mal der andere, wir haben viel weniger Regelmäßigkeiten als andere Familien. Und es fällt uns oft auch schwer, zwischen uns Partnern zu klären, wer wann für die Kinder die Verantwortung hat, und die Kinder scheinen das auch nicht immer zu verstehen, wer jetzt zuständig ist. Na, jedenfalls können wir Erwachsene uns kaum abschirmen ... auch nicht, wenn wir mal mit dem Partner allein sein möchten, dann ist doch ganz schnell wieder ein Kind bei einem … Aber bei der Arbeit geht das ja gar nicht.

Jesper: Es muss dann trotzdem gearbeitet werden. (*Jesper lacht.*)

Sarah: Ja, genau. Irgendwie muss es gehen. (*Sarah lacht auch.*)

Jesper: Mit einem Dreijährigen an der Seite …

Sarah: Mhm.

Maik: Also, es ist nicht immer ein Problem. Ich gebe Klavierunterricht und Sarah Gesangsunterricht, und wenn im Kalender steht, dass um 15 Uhr ein Schüler kommt, dann können wir uns alle darauf einstellen. Dann ist klar, Sarah ist jetzt für eine Stunde oder zwei im Musikzimmer. Aber wenn wir üben müssen oder ich kreativ arbeiten will, ein neues Stück entwickeln, dann fällt mir das schwer, den Kindern zu vermitteln … Ich gehe dafür ja auch nicht fort …

Jesper: Du bleibst im selben Raum?

Maik: In der Wohnung und manchmal auch im selben Raum.

Jesper: Also, ich würde sagen, in einem Raum mit einem Dreijährigen ist konzentriertes Arbeiten unmöglich.

Maik: Ja. Wobei Fabian sich mit mir in einem Raum auch schon mal für eine halbe Stunde allein beschäftigt. Aber wenn Sarah mit ihm in einem Raum ist, ist sie sofort belagert.

Sarah: Ja. Sie kommen mir auch hinterher, wenn ich zum Arbeiten in den Musikraum gehe.

Maik: Stimmt. Bei mir läuft es etwas besser. Aber wahrscheinlich kann man das bei der Mutter auch nicht erwarten.

Jesper: Kannst du den Unterschied beschreiben?

Maik: Zwischen Sarah und mir, wenn wir arbeiten? Ja, wenn Sarah sich zum Arbeiten an den Computer setzt, läuft sofort mindestens ein Kind zu ihr. Fabian sagt dann auch: »Ich brauche dich.«

Sarah: Er will dann kuscheln. Das ist ja auch schön, aber es geht nun mal nicht immer.

Jesper: Und was sagst du dann?

Sarah: Ich sage: »Du musst warten, ich muss das noch fertig machen«, oder: »Ich bin beschäftigt, du musst ein bisschen warten.«

Jesper: Für diese konkrete Situation habe ich einen Vorschlag für dich. Das löst das Problem nicht sofort, aber es ist ein guter Anfang. Denn jetzt habe ich zweimal gehört, dass du in Konfliktsituationen zu Fabian sagst: »Das darfst du nicht – beißen«, oder: »Du musst jetzt warten.« So eine Ansprache schürt immer Gegenwehr. Es ist viel, viel besser, persönlicher zu sein und zu sagen: »Hör auf mit dem Beißen, das will ich nicht.« Fertig, kein Wort mehr. Keine Alternative anbieten, also dass er mit der Schwester reden soll. Oder sage: »Ich will jetzt nicht mit dir reden oder spielen. Ich will jetzt Ruhe haben.« Und nicht davon sprechen, dass er später kuscheln kann. Nur sagen: »So ist es.« Es dauert aber ein Jahr oder noch etwas mehr, bis Fabian gelernt hat: »Wenn mein Vater in sein Zimmer geht oder meine Mutter am Computer sitzt, dann wollen die Ruhe haben, und dann muss ich sie in Ruhe lassen.« Ab vier, fünf Jahre schaffen Kinder das, obwohl es ihnen auch dann noch schwerfällt.

Sarah: Sie halten die Trennung einfach noch nicht aus.

Jesper: Nein. Du machst die Trennung unklar.

Sarah: Kann gut sein, ja. Ich schiebe es dann auf Maik, er soll es regeln ...

Jesper: Ja. Das kenne ich. Das ist ein typischer Unterschied zwischen Männern und Frauen oder Vätern und Müttern. Ich habe solche Situationen mit meinem Sohn erlebt – damals gab es noch keine Computer –, ich konnte an der Schreibmaschine sitzen und schreiben, und er kam irgendwann und wollte bei mir sitzen und mitmachen, und dann habe ich in aller Ruhe Papier für ihn eingespannt usw. Dann hat er 10, 15 Minuten etwas geschrieben, und dann habe ich gesagt: »Jetzt will ich nicht mehr.« Punkt. Und habe ihn runtergesetzt. Nicht mehr. Und das hat funktioniert. Mit seiner Mutter war das anders ... Die hat höchstens eine Dreiviertelseite schreiben können, dann war der Sohn auch schon da, und ihr Geschriebenes wurde innerhalb von 30 Sekunden zerstört, und sie musste von vorn anfangen. Sie schaffte es nicht, zu sagen: »Jetzt will ich nicht mehr.« Sie sagte immer: »Jetzt musst du zu deinem Vater gehen ...« oder etwas Ähnliches. Und am Ende bekam ich immer zu hören: »Warum kannst du mich nie unterstützen?«

Sarah: Ja, das sage ich auch zu Maik. Und dann haben wir oft Streit.

Jesper: Aber wenn euer Projekt, zu Hause mit Familie leben und zu Hause arbeiten, gelingen soll, ist es wichtig, persönlich und klar mit den Kindern und mit dem Partner zu sprechen. Ein Beispiel, das es fürs Sprechen mit dem Kind gut verdeutlicht, ist folgendes: Eine Mutter telefoniert, das Kind, es ist vielleicht 14 Monate alt, kommt angelaufen und fragt die Mutter etwas. Diese sagt: »Ich bin am Telefon, ich rede mit Oma«, und dann noch mal, weil das Kind immer weiterfragt: »Ich bin am Telefon.« Aber die kleinen Kinder wissen ja noch gar nicht, was das bedeutet, zu telefonieren. Die sagen nur: »Ich will mit dir reden, und deswegen muss ich eine Antwort haben.« Besser ist es daher zu sagen: »Ich rede jetzt mit Oma, und ich will *nicht* mit dir reden.« Direkt. Aber für die meisten Frauen bedeutet so eine Ansprache Vernachlässigung, sie befürchten, dass sich das Kind abgelehnt fühlt. Und das ist ja auch der Sinn der Rede. Man kann nicht telefonieren und gleichzeitig mit dem Kind sprechen. Das Kind braucht persönliche und klare Worte, damit es verstehen kann, was der Mutter oder dem Vater wichtig ist. Und das Kind lernt das alles auch nicht von heute auf morgen, es wird ein paar Jahre dauern, bis es von selbst erkennt, dass die Mutter telefoniert und man mit einer Frage warten muss. Voraussetzung dafür aber ist, dass ihr beide persönlich seid und sagt: »Was will ich, und was will ich nicht.« Und das heißt auch, manchmal zu sagen: »Okay, eigentlich will ich jetzt arbeiten, aber ich sehe, dass du mich jetzt brauchst, also arbeite ich jetzt nicht mehr.« Und dann, wenn man wieder arbeiten will, muss es heißen: »Jetzt will ich wieder arbeiten, und du musst allein spielen.« Und dann geht man arbeiten. Aber ihr Erwachsenen müsst sehr, sehr, sehr klar sein. Auch miteinander. Das ist genauso eine Sache zwischen euch als Eltern wie zwischen jedem von euch und den Kindern. Ihr müsst euch miteinander abstimmen, und wenn gerade keiner von euch Zeit für die Kinder hat, dann sagt ihnen das klar und deutlich. Weil die armen Kinder ja keine Ahnung haben, was Arbeit bedeutet. Der Vater spielt ja nur Klavier und die Mutter ... was machst du noch? (*Jesper lacht.*)

Sarah: Singen. Ich bin Sängerin.

Jesper: Ja, das sind beides keine Tätigkeiten, bei denen Kinder sofort wissen: »Aha, das sind so Erwachsenen-Aktivitäten, das heißt Arbeit.« Und die Vermischung von Familien- und Berufsleben macht es noch schwieriger. Auch für euch. Eure Kleine scheint auch sehr gut darin zu sein, zu sagen: »Ich bin hier!«

Sarah: Also, mit Pia ist es nicht so ein Problem. Wenn, dann mit dem Großen.

Maik: Fabian ist sehr eifersüchtig auf Pia. Sobald Pia bei Sarah ist, bei mir ist er nicht so eifersüchtig, will er mit Mama kuscheln und versucht, die Kleine wegzudrängen. Wahrscheinlich sind Kinder so, aber es ist unangenehm, das so zu sehen, wie gemein er zu seiner Schwester ist. Und da weiß ich manchmal auch nicht, wie ich darauf reagieren soll, es ärgert mich ...

Sarah: Ich werde dann fast aggressiv, mir ist es auch schon mal passiert, dass ich Fabian gezwickt habe. Ich habe sozusagen das Gleiche mit ihm gemacht wie er mit Pia. Er ist dann völlig durchgedreht. Das war auch gemein von mir, und ich bin so ja auch kein gutes Vorbild ...

Jesper: Lasst uns mal ansehen, was man mit einer kleinen Schwester lernen muss. Fabian muss unbedingt lernen, so schnell wie möglich seine Grenzen zu definieren. Sonst kommt sie mit 7 auch in sein Zimmer, wenn er das nicht will, und mit 14 auch noch. *(Alle lachen.)* Das heißt also, Fabian muss das lernen. Und er kann das teilweise von seinem Vater lernen, aber auch von seiner Mutter. Und das heißt, die Mutter muss viel, viel klarer sein. Und meine Beobachtung – oder was ich von dir gehört habe – ist: Du würdest eigentlich gern alles machen können. Also, es gibt irgendwie Raum für alle, für die beiden Kinder, für Arbeit usw. Aber tatsächlich ist es nicht so. Und das hat nichts mit den Arbeitsumständen zu tun, das hat auch damit zu tun, dass eine klare Botschaft fehlt. Sage zu ihm: »Ich kuschele jetzt mit deiner Schwester und will nicht mit dir kuscheln.« Sage nicht: »Du musst warten.« Weil, wenn man einem anderen Menschen sagt: »Du musst warten«, dann sagt der andere Mensch immer: »Ich? Ich muss warten? Das sollst du entscheiden? Überhaupt nicht!« Man sollte nicht sagen: »Du musst ... du musst ...«, sondern: »Ich will …« oder: »Ich möchte …« – »Jetzt will ich Ruhe mit deiner Schwester haben.« Und dann sagt er: »Dann bist du eine dumme Mutter.« Da kann man nur sagen: »Ja, das verstehe ich. Aber so ist es, ich stehe nur teilweise zur Verfügung. Früher stand ich immer zur Verfügung. So ist es nicht mehr.« Und diesen Unterschied kann der Vater nicht ausgleichen. Man kann nicht sagen, okay, das Kind will Aufmerksamkeit, und deswegen kann bzw. muss der Vater übernehmen. Denn Fabian will in dieser Situation nicht Aufmerksamkeit – er will *deine* Aufmerksamkeit, das ist sehr persönlich. Und er kämpft nur für das, was er will. Er will deine maximale Aufmerksamkeit, Zeit, mit dir spielen … Und plötzlich, seit einem Jahr, gibt es Wartezeit, es gibt Konkurrenz. Daran muss er sich gewöhnen, und das dauert. Wie alt ist er noch, drei?

Sarah: Fast drei.

Jesper: Das braucht noch mindestens zwei Jahre. Dann weiß er: »Okay, ich kann nicht alles haben, aber wenn es wichtig ist, kann ich zu meiner Mutter gehen, und ich kann zu meinem Vater gehen.« Aber das funktioniert nur mit Klarheit. Sonst versucht dein Mund Nein zu sagen, aber dein Körper, dein ganzer Ausdruck verspricht ein Ja. Nicht nur die Südtiroler nennen das »Jein«. *(Jesper lacht.)* Nicht ja, nicht nein, und es ist nicht mal ein Vielleicht – es vermittelt dem Kind eher: »Ich möchte gern, es ist nicht mein Wille, es fühlt nicht mein Herz, es ist nicht so … Aber *leider* schaffe ich es nicht – du musst jetzt gehen.« Das kann ein Dreijähriger sich nicht vorstellen. Er glaubt ja auch: »Meine Mutter kann alles, mein Vater kann alles.« Dass die Begrenzungen haben, das ist unvorstellbar. Aber, wie gesagt, er muss diese Klarheit auch selbst lernen, seiner Schwester gegenüber. Seine

Schwester muss es lernen. Sie müssen beide lernen, sich anderen Menschen gegenüber abzugrenzen: »Das will ich, das will ich nicht.« Und du bist ihr Vorbild. Wie schwierig ist das für dich, was glaubst du?

Sarah: Ich habe schon das Gefühl, dass ich oft deutlich machen kann, was ich nicht will. Ich sage das Fabian schon.

Jesper: Zum Beispiel?

Sarah: Ein typisches Beispiel ist, wenn ich koche und irgendetwas schneide und er will auf meinen Arm. Dann sage ich: »Nein. Ich brauche jetzt beide Hände zum Kochen.«

Jesper: Das ist ein schönes Beispiel, weil, es ist ja auch richtig – also, mit beiden Händen im Wasser hast du ja dein Alibi. Und es ist *tatsächlich* so: »Ich kann nicht. Aber es kommt von meinen Umständen und nicht von mir.«

Sarah: Okay …

Jesper: Hört sich an wie: »Ich bin nicht überzeugt. Es ist aber noch nicht zu spät.« (*Beide lachen.*)

Sarah: Ja, Maik, sag *du* mal ein Beispiel. Vielleicht die Situation letzte Nacht.

Maik: Ja, das ist ein gutes Beispiel. Gestern Nacht, so um zehn oder halb elf vielleicht, höre ich beim Einschlafen auf einmal, dass Fabian leise anfängt zu schluchzen. Und dann wird es auch schon lauter und er weint. Sarah war natürlich sofort wach … Das ist jedes Mal eine sehr schwierige Situation, weil Fabian Pia nicht aufwecken soll, und wir Großen wollen schließlich auch schlafen. Mein erster Impuls war auch Groll, aber ich habe es dann irgendwie geschafft, ruhig zu bleiben. Ich habe ihm eine Geschichte erzählt, aber es hat nicht geholfen. Fabian hat nur immer lauter geschrien. Sarah hat auch versucht mit ihm zu kuscheln, aber …

Sarah: Das wollte er auch nicht.

Maik: Genau … Und da habe ich einfach gesagt: »Fabian, wenn jemand so laut schreit neben mir, kann ich nicht schlafen. Bitte sei leiser, damit wir alle schlafen können.« Oder so ähnlich.

Sarah: Ja, ja, das war so.

Maik: Da ging es …

Sarah: Ich fand das voll fies, dass er das gesagt hat.

Jesper: Ach ja? Wieso.

Sarah: Weil der Kleine doch einen Ärger in sich gehabt haben muss, sonst hätte er doch nicht so gebrüllt. Ich wollte rauskriegen, warum er schreit, denn er schläft ja eigentlich schon durch. Erst seit ein paar Wochen kommt das öfter vor, dass er aufwacht und dann im Bett sitzt und schreit. Ich wollte ihm helfen. Ich konnte ihm aber nicht helfen, er wollte nicht gekuschelt werden, er hat seine Decke fortgestoßen, wollte keine Berührung, gar nichts. Ich hab ihn ein paarmal gefragt, was los ist, dann hat Maik gesagt: »Diskutier nicht mit ihm, es bringt jetzt nichts.« Und dann habe ich ihn in Ruhe gelassen. Aber ich wollte eigentlich für ihn da sein.

Jesper: Und das ist auch die Antwort für diese Situation. Fabian wacht auf und weiß nicht, was los ist, schreit, möchte aber selbst wieder da rausfinden. Wenn ihr ihm vermitteln wollt: »Wir sind da«, erfordert das, dass ihr wirklich da seid. »Mit so viel Lärm kann ich nicht schlafen, und ich will schlafen.« Wenn er das hört, weiß er: »So ist mein Vater, da ist er. Meine Mutter will helfen, aber ich will keine Hilfe, ich will meine Mutter spüren.« Und das heißt, er möchte auch von dir diese klare Aussage haben. Zum Beispiel: »Wenn ich mit dir nicht kuscheln darf, dann weiß ich nicht, was ich tun soll. Also gehe ich wieder ins Bett, und wenn du etwas anderes willst, sag es mir.« Das wäre auch klar. »Klar« heißt nicht immer nur »nein« – es kann alles Mögliche sein. Aber es muss eurer Persönlichkeit entsprechen. Es gibt Menschen, die können sehr gut Noten spielen, aber nicht Musik. Und es ist genau dasselbe hier. Man kann nicht wie eine richtige Mutter sprechen, dann spielst du nur Noten ab. Wenn du sagst: »So bin ich. Ich kann nicht schlafen, und ich will schlafen«, dann ist es Musik. Und das macht auf Kinder Eindruck.

Sarah: Also ist es in Ordnung, zu einem Kind so etwas zu sagen, wie Maik es getan hat?

Jesper: Natürlich! Das ist wunderbar, weil Fabian daraus lernt. Und dann kann er seiner Schwester irgendwann ganz klar sagen: »Ich will jetzt allein spielen.« Und dann weiß er: Manchmal ist es so, dass man kriegt, was man will, und manchmal nicht. Aber man muss es wenigstens sagen: »Das will ich.« Und wenn es realistisch ist, dann hilft es auch. (*Jesper lacht.*) Natürlich sagt man nicht: »Im Moment stelle ich mir vor, ich lebe die nächsten 14 Tage ohne Kinder. Das wäre für mich das Beste.« So fühlen Eltern manchmal. Oder sollte ich Väter sagen, ich weiß nicht.

Sarah: Wahrscheinlich eher Väter …

Maik: Aber nicht 14 Tage …

Jesper: Nein, aber …

Maik: … ein Wochenende.

Jesper: Okay. Klarheit und Präsenz sind auch dafür wichtig, wenn ihr den Kindern sagt: »Papa braucht etwas Zeit für sich allein.« Oder auch: »Mama und Papa möchten jetzt gern allein sein.« Ein gutes Beispiel dafür ist folgendes: Wenn es sich die Eltern im Wohnzimmer gemütlich gemacht haben und ein Kind wacht noch einmal auf, weil es vielleicht einen Traum hatte oder erkältet ist, und kommt zu den Eltern ins Wohnzimmer, dann spürt es diese gemütliche Stimmung.

Und dann sagt es auf die ein oder andere Weise: »Warum soll ich allein in meinem Zimmer bleiben, wenn es im Wohnzimmer so gemütlich ist, ich will dabei sein.« *(Jesper lacht.)* Und da muss man als Eltern erwidern: »Geht nicht. Wir wollen

»Im Moment stelle ich mir vor, ich lebe die nächsten 14 Tage ohne Kinder. Das wäre für mich das Beste.« So fühlen Eltern manchmal.

Zeit für uns haben.« Das Kind gibt sicher nicht so schnell auf und versucht es noch einmal: »Ja, aber bei euch ist es so gemütlich, darf ich nicht doch mitmachen?« Und die Eltern müssen antworten: »Nein, darfst du nicht.« – »Warum nicht?«, fragt das Kind. »Weil das für uns ist.« – »Heißt das, dass ihr mich nicht liebt?« – »Nein, das heißt es nicht. Das heißt nur, wir lieben einander, und dafür brauchen wir auch Zeit. Gute Nacht.« Das ist sehr wichtig, dass ihr das dem Kind klar vermittelt: Ihr braucht Zeit für euch. Ich kenne euch beide ja nicht gut, aber normalerweise fällt es Frauen und Müttern schwerer, sich für die eigenen Bedürfnisse einzusetzen. Es liegt daran, dass es Frauen in der Vergangenheit nicht erlaubt war, Nein zu sagen, sich abzugrenzen und zu sagen: »Also, bis hier und nicht weiter!« Und das spüren Kinder natürlich: »Das ist Liebe, meine Mutter liebt mich, das heißt, sie steht immer zur Verfügung. Und das ist Liebe.« Für ein einjähriges Kind ist es leichter, sich auf einen anderen Stil einzustellen, wenn das Kind drei ist, braucht es länger! Denn dann denken die Kinder: »Uh! Mama steht nicht mehr immer zur Verfügung, jetzt liebt sie mich nicht mehr!« Und für viele Frauen *ist* es auch Liebe, dass sie immer da sind. Sie sagen sich: »Ich *muss* da sein. Ich muss für meine Kinder da sein, sonst bin ich egoistisch. Wie kann ich meinen Beruf oder meine Kunst oder meinen Mann oder was weiß ich über mein Kind stellen?« Und dazu kann ich nur sagen, dass ich glaube, dass es sehr, sehr, sehr wichtig ist, dass Kinder lernen, dass es für Menschen erlaubt ist, auch etwas anderes für so wertvoll zu halten, dass man sagt: »Das muss unbedingt sein.« Als ich das erste Mal in diesem Gespräch gesagt habe, dass ihr persönlicher und klarer mit euren Kindern sprechen müsst, da hat sich Pia von euch entfernt. Und das zeigt, dass es der richtige Ansatz ist. Für die Kinder wäre es auch viel zu viel Verantwortung, wenn sie schuld daran sein sollen, dass du nicht mehr singen und du nicht komponieren kannst und ihr Erwachsenen euch als Paar immer mehr auseinanderlebt. Und selbstverständlich kann man als Vater mit zwei kleinen Kindern nicht immer komponieren, wenn man will, und man hat nicht jeden Abend Zeit für Zweisamkeit. Aber es gibt einen Unterschied zwischen »immer, jeden Abend« und »nicht genug«. Wenn du dir vorstellst, du sagst in zehn Jahren: »Als Komponist usw. habe ich eigentlich zehn Jahre verloren, meine Kinder haben das zerstört.« Oder: »Meine Frau und ich sind getrennt, daran sind unsere Kinder schuld.« Das geht nicht! Das ist nicht fair, den Kindern diese Verantwortung zu geben. Alle Kinder wollen ja ihre Eltern zu 100 Prozent, immer. Es gibt kein Kind in diesem Alter, das sagt: »Mama, jetzt brauche ich dich nicht, du kannst also ruhig singen gehen ...« *(Jesper lacht.)* Die wollen ja ihre Eltern unbedingt. Und wenn die Eltern da sind, stehen die im Kinderbewusstsein auch zur Verfügung – natürlich! Und dass das nicht immer so ist, müssen sie lernen. Und ich möchte gern – so deutlich, wie ich kann – sagen, dass das wirklich sehr, sehr, sehr wichtig ist! Auch für eure Partnerschaft. Frauen beschweren sich oft, dass ihre Männer nicht ganz erwachsen sind. Zum Erwachsensein gehört aber auch dazu, dass man weiß, wie und wann man Nein sagen muss. Das lernt man bisher meist durch seinen Vater – das kann man selten durch seine Mutter lernen. Aber gerade als Mädchen ist es unheimlich wichtig, dass man sich abgrenzen kann. Und Mädchen lernen nun mal am besten durch ihre Mutter, dass es auch okay für Frauen ist, Nein zu sagen. *(Zu Pia gewandt:)* Ja, deine Mutter ist okay, du kannst ruhig weggehen. *(Jesper schaut Sarah und Maik an.)* Jetzt muss ich aber fragen, macht das alles überhaupt Sinn für euch?

Maik: Ich finde, ja. Es fällt uns wirklich schwer, den Kindern klar zu vermitteln: »Jetzt arbeite ich«, oder: »Jetzt bin ich für die Familie da«, oder: »Jetzt möchten wir Eltern allein sein.« Wir versuchen das schon, aber manchmal schaffen wir es nicht. Aber wir versuchen es.

Jesper: Das glaube ich. Das Schwierige mit »nein« ist – das kann man nicht versuchen, das kann man entweder sagen oder nicht sagen.

Maik: Ja, ich meine auch eher, dass, wenn ich etwas sage, dass ich versuche nachzuspüren, ob ich das wirklich will oder nicht. Also zu überlegen, wie ernst es mir mit der Sache ist, ob ich zum Beispiel wirklich durchdrücken will, mich drei Stunden ins Musikzimmer zurückzuziehen.

Jesper: Ja. Es wäre aber eine große Hilfe für alle, glaube ich – besonders für die Kinder –, wenn du deine Vereinbarungen viel klarer machst und zum Beispiel zu Sarah gehst und sagst: »Hör mal, ich möchte jetzt drei Stunden in Ruhe arbeiten. Ist das okay für dich?« Und dass die Kinder erleben, dass Sarah manchmal Ja und manchmal Nein sagt. Dann erkennen sie auch, dass diese unterschiedlichen Bedürfnisse nicht bedeuten: »Wir sind keine Freunde mehr.« Sondern, dass man manchmal nicht alles haben kann. Und manchmal kann man es haben. Und: »Mutter hat jetzt Ja gesagt, Papi kann arbeiten, und dann ist es viel einfacher für mich als Sohn und Tochter, meinen Vater in Ruhe zu lassen.« Weil es okay ist. »Es ist Teil unserer Familienkultur, und meine Mutter kann das auch machen und sagen: ›Ich will jetzt Zeit allein, oder ich will …‹«

Ich erinnere mich gerade an eine Frau, die mir gesagt hat: »Also, ich habe drei Kinder im Alter von zwölf, zehn und acht, und mein Mann ist fast immer auf Reisen. Und die Kinder sind immer überall, und die wollen alles von mir, und die wollen alle Aufmerksamkeit. Und ich bin am Ende!« Es war sehr deutlich für alle, dass diese Frau am Ende war. Sie hat dann eine falsche Frage gestellt: »Was macht man mit solchen Kindern?« Ich habe geantwortet: »Mit solchen Kindern kann man nichts machen. Aber hoffentlich können wir etwas für ihre Mutter tun! Weil die am Ende ist.« Und ich habe das Unmögliche vorgeschlagen, ich habe gesagt: »Geh heute um Mitternacht mal in die Kinderzimmer, weck die Kinder auf und sag: ›Küche, in fünf Minuten!‹ Schau den Kindern in die Augen und sag: ›Hört mal, ich muss euch was klarmachen: Meine Liebe ist meine Liebe, sie gehört mir, und ich verteile sie, wie ich will. Genauso ist es mit meiner Aufmerksamkeit, meiner Energie und allem anderen. Es gehört mir, ich entscheide.‹« Was diese Mutter vor allem schockiert hat, war: »Man kann doch nicht seine Kinder wecken, das geht doch nicht.« Ich habe gesagt: »Okay, man kann es auch Sonntagnachmittag sagen bei Kakao und Torte.« Und das hat sie tatsächlich gemacht, Es ist ihr nicht leichtgefallen, sie sagte später: »Es war wirklich, als hätte ich mir selber das Herz herausgerissen.« Aber die Kinder haben mit großer Empathie reagiert. Der Älteste war ein bisschen traurig und hat erst einmal geschwiegen. Der Mittlere hat seine Mutter umarmt und gesagt: »Wir lieben dich alle.« Und die Kleine war zufrieden. Und seitdem hat sich viel in dieser Familie geändert. Der Große kommt oft und sagt: »Mama, willst du nicht spazieren gehen, oder willst du nicht eine halbe Stunde schlafen oder Zeitung lesen oder so?« Der Mittlere ... die beiden Kleinen machen, was sie immer gemacht haben. Nur, sie fragen inzwischen: »Mama, hast du Zeit?«

Sarah: Krass.

Jesper: Und dann muss Mama, wenn es so ist, sagen: »Nein, ich habe keine Zeit.« Kinder können umlernen. Sie werden erst einmal frustriert reagieren, das gehört dazu. Sie sind klein, und sie sind unglücklich darüber, dass sie dieses Nein hören. Sie werden auf jeden Fall versuchen, dafür zu kämpfen, dass es so bleibt, wie sie es kennen. Es ist also nicht so, dass sie das gerade gehörte Nein sofort akzeptieren. Es dauert wahrscheinlich fünf oder zehn Minuten, und dann muss man persönlich und klar bei dem Nein bleiben. Kinder müssen 100 oder 200 Erlebnisse dieser Art haben, dann erst ist es integriert, dann wissen sie: »Ah, so ist es.« Und dann sind die mittlerweile auch älter geworden und verhalten sich anders. ... *(Zu Sarah gewandt:)* Stell dir mal vor, wenn du 50, 60 bist und deine Tochter spricht über ihre Kindheit und sagt: »Also, eigentlich war es gut. Wir haben eine gute Kindheit gehabt. Aber Mama, hör mal: Warum musstest du eigentlich immer arbeiten? Wir wollten viel mehr von dir, und du hast so oft Nein gesagt.« Darüber könntest du dich meiner Meinung nach freuen.

Sarah: Das verstehe ich nicht.

Jesper: Da kannst du dich freuen, weil deine Tochter bemerkt hat, was dir wichtig ist.

Sarah: Aber das wird sie nie sagen, glaube ich. Weil ich auch gar nicht so viel arbeite.

Jesper: Für ein Kind ist eine Stunde schon viel. Und sie lebt ja nicht in der Zukunft oder in der Vergangenheit, sie lebt hier und jetzt. Und da ist eine Stunde viel, und deswegen sagen Kinder ja auch: »Warum musst du *immer* arbeiten? Warum schimpfst du *immer*?« Die sagen immer »immer«. Und es ist natürlich nicht »immer«, aber so erleben Kinder das. Aber mit diesem »Jein« wissen Kinder nicht umzugehen und können resignieren. *Das* ist gefährlich, das wissen wir aus der Vergangenheit. In meiner Kindheit wussten wir Kinder: Wenn der Vater so aussieht und die Mutter so aussieht, dann bedeutet das ... Die mussten nichts sagen, wir wussten es genau und haben uns sofort angepasst. Ich glaube, das wünschen wir uns für unsere Kinder nicht, dass die sich selbst immer zurückhalten, immer als Nummer 2, 3 oder 4 einordnen. Aber so, wie das im Moment bei euch gestaltet ist, ist es auch für alle schwierig. Es sollte vielmehr ein Zusammenspiel mit eurer Lebenssituation und mit den Kindern sein – also was brauchen Kinder, was brauchen Eltern, was braucht ihr als Partner.

Maik: Ja, wir warten am besten noch zwei, drei Jahre. Und dann wird es leichter ... (*Sarah lacht.*)

Jesper: Ja. Dann wird es leichter, weil sich die Kinder an das Nein gewöhnt haben und sagen: »So ist es.« Wenn die Eltern sagen: »Wir möchten allein sein«, dann geht man nicht rein. Nur wenn das Haus brennt vielleicht. Das können Kinder ohne Probleme lernen, und das schadet niemandem. Aber es dauert, wenn sich die Wertvorstellungen, die Familienkultur und das Verhalten von beiden Eltern ändern. Manches kann schneller integriert werden, manches braucht länger, bis es für die Kinder klar ist. Erst mit vier, viereinhalb wissen sie: »Jetzt will ich etwas, das nicht sehr beliebt ist. Ich will es aber trotzdem.« Dann haben sie einen Überblick und können sagen, was bei Mama und Papa möglich ist, was bei Oma und Opa, was im Kindergarten.

Sarah: Also wenn man so eine Situation wie wir hat, dass man zu Hause leben und arbeiten muss, dann ist es wirklich schwierig. Besser wäre wohl doch, wir würden zum Arbeiten die Wohnung verlassen.

Jesper: Wenn ihr beide in eurem Musikraum abwechselnd arbeiten könnt, dann braucht ihr keinen räumlichen Wechsel. Nur die Kinder müssen ein klares Nein hören und lernen, was es bedeutet. Und wenn sie dann zwölf Jahre alt sind, schreiben sie das selbst auf ihre eigene Zimmertür. Ich habe es auch geschafft ... Ich habe auch sehr viel zu Hause gearbeitet, es ist kein Problem, auch nicht mit meinem Enkelkind. Zurzeit ist es ein Problem für meine Frau. Sie ist nicht die leibliche Großmutter von unserem Enkel, aber sie hat sich ja total in dieses Kind verliebt und hat viel zu viel gegeben. Und er erwartet das jetzt natürlich auch weiterhin.

Sarah: Mhm, klar.

Jesper: Er ist fünfeinhalb, und seit ein paar Wochen sagt sie auch Nein zu ihm, sie sagt: »Hör mal, so geht es nicht weiter. Ich schaffe es nicht mehr, mit dir auf dem Boden zu liegen und mit den Autos zu spielen.« Und er ist alt genug, er sagt:

»Hast du doch immer gemacht.« Sie sagt: »Ja, weiß ich. Ich habe einen Fehler gemacht. Tut mir leid. Ich hab es genossen, es war wunderbar, aber jetzt ist es das nicht mehr.« – »Aber warum nicht? Es macht doch Spaß, mit Autos zu spielen!« – »Ja, es macht mir auch Spaß, mit dir zu spielen. Aber meine Knie tun weh, und mein Körper tut weh. Ich bin mittlerweile zu alt geworden.« Und er guckt sie an, und er sagt: »Hm.« Und er hat seine Oma, wie er sie gekannt hat, verloren, aber er lebt wunderbar damit. Es ist kein Problem. Weil sie kein schlechtes Gewissen hat. Oder nicht so unheimlich viel schlechtes Gewissen. Und sie macht ihm keine Vorwürfe. Er sagt ihr natürlich immer noch, was er alles möchte. Und dann bleibt es beim Nein: »Das ist okay, das verstehe ich. Kann ich dir aber nicht geben.« – »Wieso?« »Weil ich nicht will. Dann tut mein Körper danach drei Tage lang weh, und das will ich nicht mehr.« – »Hm«, sagt mein Enkel dann. Das sagt er immer – seit er klein war –, wenn er nicht weiß, was man dazu sagen kann. Und da hat er völlig recht – man kann nichts dazu sagen, wenn ein Erwachsener so klar ist. Da gibt es nichts mehr zu sagen.

Aber denkst du, das wird schwierig für dich, Sarah? Oder es passt irgendwie nicht oder …

Sarah: Ich glaube, das Schwierigste ist, für sich selbst zu wissen, was man will.

Jesper: Oh, ja!

Sarah: Manchmal bin ich auch nicht ehrlich. Wenn wir schon eine halbe Stunde gespielt haben, und es macht mir aber noch eine halbe Stunde länger Spaß, dann sage ich auch schon mal aus Prinzip: »Nein, jetzt … Du spielst jetzt mal allein.« Und das spürt er natürlich, wenn ich das nicht ganz ehrlich meine.

Jesper: Ja.

Sarah: Aber wenn ich etwas wirklich nicht will, finde ich es auch sehr schwierig, wenn er dann an mir zieht und dann weint und traurig ist. Und wenn er Pia wegschiebt. Ich gehe dem Konflikt dann nicht aus dem Weg, aber es fällt mir schon schwer.

Jesper: Es gibt aber nur diese Möglichkeit, diese Botschaft zu formulieren – sozusagen durch das Verhalten zu sagen: »Hör mal, deine kleine Schwester ist nicht schuld – ich bin verantwortlich.«

Sarah: Ja.

Jesper: Also beiß nicht deine Schwester, beiß mich. *(Jesper lacht.)*

Sarah: Ja, ja.

Jesper: Das ist natürlich nur ein Beispiel, aber das sagt deutlicher als viele andere Beispiele: Mit Kindern lohnt es sich nie, strategisch zu sein. Weil Kinder riechen Strategie aus Kilometern Entfernung. Und das funktioniert nicht – Gott sei Dank! Wir gehen mit unseren Kindern viel, viel besser um als die Generationen vor uns. Die Kinder sehen sich heute mit einer großen Selbstverständlichkeit. Die glauben wirklich: »Hier in dieser Welt zu sein, ist mein Recht. Ich habe das Recht dazu.« Früher haben sich Zweijährige geschämt und gewusst, wenn die Erwachsenen in der Nähe sind, dann muss man leise sein oder muss man so und so. Das ist heute ein Riesenfortschritt, aber es ist natürlich auch furchtbar irritierend.

Sarah: Warum?

Jesper: Weil viele Eltern dieses klare Nein nicht sagen. Sie sagen: »Ja, aber wir waren den ganzen Tag bei der Arbeit, und unser Kind war acht Stunden im Kindergarten, und jetzt will es unsere Aufmerksamkeit, da kann ich doch nicht Nein sagen. Und das liegt daran, dass ich so viele Schuldgefühle habe.« Solchen Eltern muss man sagen: »Was du deinem Kind gibst, ist nicht Liebe – es sind Schuldgefühle.« – »Ich will jetzt eigentlich mit deinem Vater reden, aber du willst, dass ich dir ein Buch vorlese. Also lese ich dir ein Buch vor, weil ich Schuldgefühle habe.« Das ist ein Geschenk mit begrenztem Wert. Gerade Frauen haben sich generationenlang durch dieses Schuldgefühl unterdrücken lassen. Und haben sich einreden lassen: »Ich muss mich schuldig fühlen, wenn ich egozentrisch bin, wenn ich auf mich aufpasse.« Es ist also nicht so einfach: Es geht nicht nur um Kindererziehung, es geht auch darum, was für ein Mensch ich gern sein will. Und dazu haben wir Partner und Kinder, denn die machen uns darauf aufmerksam, was eigentlich wichtig ist und was nicht so wichtig ist. Wenn du allein wärst, könntest du singen, wann du willst. Das hat auch seine Vorteile. *(Jesper lacht.)* Und ich kann jetzt feststellen, dass – jetzt sitzen wir ja eine Stunde hier – die beiden Kinder viel Vertrauen in ihre Eltern haben und sich sehr, sehr sicher fühlen. Das heißt, sie haben beide genau das bekommen, was sie brauchen – und dann noch ein bisschen dazu, wie ich das sehe. Und das heißt, ihr könnt beide mit einem guten Gewissen Nein sagen. Wirklich!

Tipps von Jesper Juul für Sarah und Maik

- Es ist in Ordnung, dass einem der Beruf, die Arbeit zu bestimmten Zeiten wichtiger ist als die Kinder. Deshalb liebt man seine Kinder nicht weniger. Wenn ihr als Eltern dies klar vermitteln könnt, lernen eure Kinder von euch, dass es möglich ist, Nein zu sagen und sich abzugrenzen. Vor allem weil ihr zu Hause arbeitet, sind Klarheit und persönliches Sprechen besonders wichtig, damit die Kinder auch verstehen, was es bedeutet, wenn ihr arbeitet.

- Kinder brauchen klare Sätze wie: »Wir Erwachsenen wollen jetzt miteinander reden, wir wollen jetzt nicht mit dir reden.« Oder: »Ich will jetzt mal mit Papa allein kuscheln, lass uns einen Moment in Ruhe und geh spielen.« Die Kinder erleben das am Anfang als Frustration, aber je konsequenter man sich an eine persönliche und klare Sprache hält, erfahren sie, dass diese Worte sie nicht als Person zurückweisen, denn nach der Rede- oder Kuschelzeit der Eltern sind Mama und Papa ja wieder für es da. Die klaren Worte vermitteln, dass die Eltern für diese bestimmte Zeit nicht gestört werden möchten.

- Wenn ihr in der Familie klar miteinander sprecht, dann können sich eure Kinder von euch abschauen, wie man sich für seine eigenen Bedürfnisse, Wünsche, Belange einsetzt und sich von anderem abgrenzen kann – vielleicht auch vom Partner, denn das ist ja schließlich der zweite Dauerbrenner in jeder Familie. Sagt etwa der Vater: »Ich möchte jetzt zwei Stunden arbeiten«, kann die Mutter zustimmen – oder eben auch nicht. So begegnet ihr Eltern euch mit Respekt, und eure Kinder erleben dies und lernen von euch diesen Umgang.

- Es sorgt in einer Partnerschaft immer für Spannungen, wenn einer dem anderen die Verantwortung dafür zusprechen will, wofür er selbst die Verantwortung nicht übernimmt. Wenn ihr als Partner klar eure Bedürfnisse und Wünsche äußert, übernehmt ihr für euch selbst Verantwortung. Natürlich muss man dann gegebenenfalls noch mit dem Partner verhandeln oder auch schon mal akzeptieren, dass der andere einen Wunsch verneint. Das gehört dazu.

- Es gibt viele Frauen wie dich, Sarah, die den Anspruch haben, für alle immer da sein zu müssen, und darüber vergessen, was für sie selbst wichtig ist. Dabei ist es gar nicht möglich, immer an alle zu denken, alles im Blick und die Verantwortung für alles zu haben. Weil du diesem Anspruch gar nicht gerecht werden kannst, belasten dich Schuldgefühle. Die Schuldgefühle – und nicht die Liebe zu deiner Familie – leiten dann dein Handeln und Fühlen und verstärken womöglich den Impuls noch, alles kontrollieren zu wollen. Es ist *nicht* egozentrisch, sondern *wichtig*, dass du auf dich selbst aufpasst und es dir gut geht.

Jesper Juul: Wut ist gut

»Wir wünschen uns weniger Konflikte«, das sagen fast alle Eltern, mit denen ich Beratungsgespräche führe. »Weniger Konflikte mit den Kindern und weniger mit dem Partner.« Viele versuchen Konflikte zu vermeiden, bekommen dann aber oft die doppelte Anzahl und verzweifeln nur noch mehr.

Eine Familie mit zwei Kindern, das sind ja vier Menschen, die zusammen wohnen, da können jeden Tag um die 40 Konflikte aufkommen. Wenn es weniger sind, wunderbar. Wenn nicht, dann muss es wohl so sein, weil unterschiedliche Bedürfnisse oder Wünsche aufeinandertreffen. Und die Menschen in einer Familie sind nun mal nicht gleich, sondern haben individuelle Bedürfnisse und Wünsche, nicht nur die Kinder haben andere als die Eltern, sondern auch die Mutter andere als der Vater.

Dies anzuerkennen ist ein Fortschritt, denn früher war es noch so, dass man einem Kind, dass »Ich will aber …« sagte, antwortete: »Ja, ja, ja, du kleiner … Dein Wille ist hier in meiner Hosentasche. Und da bleibt er, bis du 18 bist. Dann kannst du selbst entscheiden.« Wenn man das heute zu einem Kind sagt, fragt es vermutlich voller Neugierde: »Darf ich den Willen mal sehen? Zeig doch mal.« Aber heißt das, damals sollten Kinder ihren Willen überhaupt nicht bekommen, heute jedoch immer? Nein, das heißt nur, eine Familie muss eine Arena sein, in der alle genau das sagen und äußern können, was sie wollen, was sie brauchen, welche Träume, Ziele und Bedürfnisse sie haben.

Besonders schwer fällt das oft Müttern. Frauen waren früher dazu aufgefordert, die eigenen Bedürfnisse und Wünsche zugunsten der Familie zurückzustellen, erst einmal an alle anderen zu denken und dann am Ende ganz vielleicht auch mal an sich. Und noch heute fühlen sich viele Frauen für alles Mögliche in der Familie verantwortlich und dadurch auch überlastet und vergessen oft, an sich selbst zu denken. Stattdessen werfen sie dem Partner gern vor: »Also dies oder jenes muss man doch mindestens erwarten können ...« – und da kann es gleichermaßen um Haushaltsdinge oder Kinderbetreuung gehen. Vorwürfe und unrealistische Erwartungen sorgen aber meist bloß für schlechte Stimmung und Streit in der Familie und in der Partnerschaft, sie verfehlen ihr eigentliches Ziel. Dabei wäre die Chance, zu bekommen, was man will, gar nicht mal so schlecht, würde man nur klar äußern, was man braucht oder sich wünscht. »Bitte räum du den Esstisch ab ...«, »Bitte bring du die Kinder ins Bett, ich brauche mal eine halbe Stunde Zeit für mich.« Und dann erfährt man: Ist das möglich oder nicht? Dass man sich äußern und seine Bedürfnisse benennen kann, heißt ja nicht, dass die jedes Mal wie selbstverständlich erfüllt werden. Es gehört dazu, dass wir auch ein Nein zu akzeptieren haben. So ist das nun mal.

Erwartungen sind Gift für Beziehungen

Bleibt man aber in seine Erwartungen verstrickt, sieht also nicht den Partner oder das Kind, sondern nur das Wunschbild, das man vom anderen hat, dann muss man zwangsläufig enttäuscht werden. Denn nur selten wird der andere dem Bild in uns entsprechen – er ist, wie er ist. Wird nun die Erwartung nicht erfüllt, gibt man meist gern dem anderen die Schuld. »Immer lässt du mich alles allein machen.« Doch für unsere Erwartungen sind wir selbst verantwortlich – nicht der Partner und nicht die Kinder: Ich bin verantwortlich. Wenn ich erwarte, dass meine Frau dies und jenes tun soll, dann muss ich mit ihr reden und sagen: »Das erwarte ich.« Und meine Frau kann sagen: »Hm, viel Glück!«, oder: »Mache ich aber nicht.«, oder: »Ja, meine ich auch.« Und dann werden wir sehen.

Diese Verantwortung für seine eigenen Wünsche und Bedürfnisse zu übernehmen ist besonders wichtig, wenn man Familie wird. Unsere Erwartungen täuschen uns bloß, und die Enttäuschung über den anderen – das Kind oder den Partner – macht im Grunde nur spürbar, dass der andere unserem Wunschdenken nicht entspricht.

Für unsere Erwartungen sind wir selbst verantwortlich – nicht der Partner und nicht die Kinder.

Also hören wir doch besser auf, unsere Beziehungen durch unausgesprochene Erwartungen zu vergiften. Besonders die zu unserem Partner oder der Partnerin. Unsere Mitmenschen so zu nehmen, wie sie sind, ist aber vielleicht das Schwierigste auf der Welt. Kinder können das. Sie sind uns darin Vorbilder.

Bezogen auf die Beziehung zwischen Eltern und Kindern, müssen wir fragen: Was können die Erwachsenen von zum Beispiel einem Dreijährigen erwarten? Na, im Grunde alles, was sie wollen. Sie müssen nur wissen, das sind *ihre* Erwartungen. Ihre Kinder sind nicht dafür verantwortlich. »Ja, aber man liest doch, Kinder sollen so und so und so in diesem Alter sein! Dann sollen sie allein einschlafen, dann sollen sie anfangen zu laufen, dann sauber sein …« Solche Argumente werfen Eltern gern ein. Stimmt, dass das in Büchern steht, aber darin wird immer über statistische Kinder und nicht über Menschen gesprochen. Man kann das alles nicht genau vorhersagen und wissen. Jeder Mensch ist anders und braucht *seine* Zeit. Erwartungen verhindern dann Entwicklung oft sogar mehr, als dass sie sie fördern.

So kam vor Kurzem eine schwedische Familie zu mir in die Beratung, deren Tochter zweieinhalb war und bis zu diesem Tag noch kein Wort gesprochen hatte. Kein einziges Wort. Und alle haben versucht – also nicht nur Eltern, auch die Erzieher und eine Logopädin, die armen Kinder müssen heutzutage ja immer gleich in Therapie, wenn etwas nicht nach der Norm abläuft – also alle haben versucht, das Kind zum Sprechen zu bewegen. Während ich mich nun mit den Eltern austauschte und nachfragte, hörte das Mädchen aufmerksam zu. Ich habe die Eltern zum Schluss des Gesprächs gefragt: »Was wollt ihr denn gern von ihr hören?« Sie zögerten und sagten dann: »Ja, wissen wir nicht.« Und als wir uns verabschiedeten, kam die Kleine zu mir und sagte laut und deutlich: »Tschüs!« Die Eltern standen fast unter Schock, weil sie zum ersten Mal ihre Tochter hatten sprechen hören. Und sie schauten mich an, als wollten sie fragen: Warum spricht sie mit dir, Jesper, aber nicht mit uns? Na, für dieses Mädchen war klar, dass ich keine Erwartungen hatte. Ich hatte ihr vermittelt: »Wenn du reden möchtest, dann bist du herzlich willkommen, wenn nicht, dann bist du genauso herzlich willkommen.«

Ich sage oft zu Eltern: »Schaut mal euer Kind an und stellt

euch vor, es wäre gestern aus Thailand hierhergekommen.«
So wie bei Eltern, die adoptieren. »Das Kind hat zwei Jahre in
Thailand gelebt, jetzt ist es hier. Was macht es? Es geht zum
Tisch, wo ihr sitzt, es setzt sich probeweise auch auf einen
Stuhl und versucht zu essen, aber das geht überhaupt nicht.
Also nimmt es sein Essen und setzt sich damit auf den Boden.
Weil, so kennt es das aus Thailand, so geht das. Braucht dieses
Kind Erziehung? Überhaupt nicht. Es braucht keine Erzie-
hung. Man kann entweder warten und sagen: »Okay, ein paar
Wochen, und dann sitzt es mit uns am Tisch.« Oder, wenn
man es eilig hat, dann kann man zum Kind sagen: »Hör mal,
ich weiß, so war es bei dir zu Hause, aber so ist es nicht bei uns.
Du bist herzlich willkommen am Tisch, wenn du möchtest.«
Das ist Begleitung. Das ist nicht Erziehung, das ist nicht Ma-
nipulation, das ist nur: »So ist das hier bei uns.«

In vielen Alltagssituationen, die Familien erleben, ist es
ein wichtiger Aspekt, wie eilig wir als Eltern es haben. Das
fängt ja schon morgens mit dem Aufstehen an. Wann muss
der Wecker klingeln, damit die Kinder pünktlich in die Kita/
die Schule kommen und man selbst zur Arbeit? Das Tempo der Kinder ist aber nun mal ein ganz anderes als das der
Erwachsenen. Man muss also entscheiden: »So wollen wir
das. Wir stehen um Viertel vor sechs auf – nach dem Kin-
dertempo müssten wir um vier Uhr aufstehen, das ist uns zu
früh. Also stehen wir später auf, und unsere Kinder müssen
damit leben, dass wir das so machen.« Diese Entscheidung
kann man treffen, und dann folgt der Konflikt. Und damit
muss man als Eltern leben, für diesen Konflikt am Morgen
ist man selbst verantwortlich. »Es ist meine Entscheidung,
ich habe es so gemacht, das führt zum Konflikt, den nehme
ich gern mit. Du, mein Kind, bist nicht falsch, du bist kein

schlechtes Kind, weil du diesen Konflikt mit uns hast, das ist unsere Entscheidung.« Das Kind, das lieber noch spielen will, anstatt sich anzuziehen, das beim Frühstücken trödelt, während die Mutter oder der Vater es immer wieder antreibt, noch einen Löffel oder Bissen zu nehmen, dieses Kind wird vielleicht sogar wütend oder schimpft über seine Eltern. Und es hat aus seiner Perspektive ja auch recht, wenn es selbst hätte entscheiden dürfen, würde es statt einer Stunde am einen Morgen vielleicht zwei und am nächsten sogar drei einplanen, bis es die Wohnung morgens verlassen will. Aber die Eltern haben anders entschieden. Das Kind denkt oder sagt womöglich: »Blöde Mama, blöder Papa!« Und was kann man dann erwidern? »Ja, natürlich, das ist ja auch furchtbar für dich, mein Kind! Wir handeln gerade nach unseren Bedürfnissen und Wünschen und gegen deine.«

Und wenn man das erst einmal verstanden hat, dann fällt es auch leicht, sich bei seinen Kindern auch mal zu entschuldigen und zu sagen: »Hör mal, ich weiß, dieses Tempo am Morgen nervt dich, aber heute müssen wir uns wirklich beeilen. Kannst du das für mich tun?« Und wenn ein Kind schlau ist, dann fragt es: »Und was bekomme ich dafür?«, und dann kann man sagen: »Einen glücklichen Vater/eine glückliche Mutter, das bekommst du.«

Natürlich kommen sich nicht nur Kinder und Erwachsene mit ihren Wünschen und Bedürfnissen in die Quere, auch zwischen den Erwachsenen gibt es im Zusammenleben immer wieder Anlässe für Enttäuschungen und Auseinandersetzungen.

Wenn etwa meine Frau 14 Tage lang darüber nachgedacht hat, dass wir am Dienstagabend mal wieder ins Theater gehen könnten, und am Dienstagmorgen dann ganz überraschend zu mir sagt: »Heute Abend gehen wir ins Theater, Jesper«, dann kann es passieren, dass ich erwidere: »Hm, geht nicht. Ich muss arbeiten.« Da ärgert sich meine Frau und findet mich wahrscheinlich genauso blöd wie das Kind die Mutter, die es am Morgen antreibt. Arbeiten zu wollen statt mit meiner Frau ins Theater zu gehen, das ist ja auch wirklich dumm. Umso mehr freue ich mich, wenn sie mich beim nächsten Mal wieder fragt – und dann hoffentlich auch mit etwas Vorlauf. Denn nur das zeigt die Situation ja, ich bin in diesem Moment nicht so spontan, wie es meine Frau erwartet hat.

In diesem Sinne sind Konflikte nützlich, denn sie machen uns darauf aufmerksam, was wir selbst, der Partner und/ oder die Kinder erwarten bzw. brauchen. Und wer hinschaut, wo es in der Familie oder Partnerschaft kriselt, und darüber nachdenkt und dem anderen sagt, wie es ihm dabei ergeht, hat immerhin eine reelle Chance, dass sich etwas ändern kann, dass er selbst und der andere die Konflikte nicht mehr so negativ erlebt und es womöglich sogar ein paar weniger werden.

Und wenn beide Partner es schaffen, sich endlich mal wieder auf die gemeinsame tiefe Verbindung zu konzentrieren und nicht immer nur zu schauen, dass es den Kindern gut geht oder die Wäsche gelegt ist oder der Chef zufrieden ist, dann hilft das nicht nur dem Beziehungsglück, sondern am Ende auch dem Familienglück.

Gemeinsam an Schwierigkeiten wachsen

In Familien gibt es immer viel Stoff für Konflikte. Oft schaffen es die Erwachsenen und auch die Kinder, ihre unterschiedlichen Wünsche und Bedürfnisse mit denen des Partners und der Kinder zu koordinieren. Manchmal kommen in Familien jedoch Faktoren hinzu, die das Zusammenleben noch komplizierter machen und die Beziehungen der Familienmitglieder und besonders die Beziehung der Partner belasten.

So zeigte es sich auch in dem Gespräch mit einem interkulturellen Paar. Der Vater, der aus Südamerika stammt, hat sein Land und seine Kultur verlassen, um mit seiner Familie in Deutschland zu leben. Das ist ein großer Schritt. Die kulturellen Unterschiede und die Sprachhürden können alle Familienmitglieder verunsichern und zusätzliche Spannungen entstehen lassen. Binationale Paare benötigen daher eine noch größere Portion an Offenheit und Interesse für den Partner, für seine Kultur und das Fremde daran, und die Partner müssen gleichzeitig wissen, wer sie selbst sind und sein wollen. Es gilt hier in besonderem Maße, dass eine respektvolle und empathische Partnerschaft, in der Unterschiede akzeptiert werden, für das Gelingen des Familienprojekts grundlegend ist.

Eine große Zahl an Faktoren kann die Beziehungen in

der Familie extrem gefährden – wenn etwa ein Elternteil an einer Suchtkrankheit oder an einer Depression leidet. Beides kommt bei Eltern gar nicht so selten vor, nicht anders als bei anderen Bevölkerungsgruppen auch. Ein bekanntes Phänomen ist die Kindbettdepression, hier und in anderen Fällen braucht die oder der Betroffene meist Hilfe von außen – und hat die Verantwortung, sich diese zu holen. Wie stark die Beziehungen in der Familie dabei leiden, kommt auf den Einzelfall an.

Wird eine Krankheit wie Depression oder Alkoholismus von dem betroffenen Elternteil sowohl in der Familie als auch einem Therapeuten gegenüber offengelegt und bearbeitet und so hoffentlich auch überwunden, dann gibt es die Chance, dass die Familie an der erlebten Krise und den vorangegangenen Belastungen gemeinsam wachsen kann. Eltern, die ihre Probleme mitteilen können, die sich ihrer Schwierigkeiten und Grenzen bewusst sind und diese auch dem Partner und den Kindern vermitteln, sind hilfreiche Vorbilder: Die Kinder lernen dann von den Großen, dass man Verantwortung für sich selbst trägt und konstruktiv mit Problemen umgehen kann.

»Uns trennen Welten – wie kommen wir wieder zusammen?«

Sabine und Mateo erwarten ihr zweites Kind. Doch statt Vorfreude auf den Familienzuwachs empfindet Sabine Sorge, wie sie als Familie noch glücklich zusammenwachsen können. Mateo ist für seine kleine Familie von Mexiko nach Deutschland gezogen. Sabine ist Deutsche und Mateo ist Mexikaner mit einer deutschen Mutter. Er hat noch Sprachunsicherheiten, das Gespräch wird daher auch auf Englisch geführt. Er fühlt sich mit seiner Arbeit in Deutschland unwohl und hat in der Familie das Gefühl, den Ansprüchen seiner Partnerin nicht zu genügen. In seiner Ursprungsfamilie war er neben mehreren Töchtern der einzige Sohn, ein richtiges Vatervorbild hat er nicht gehabt. Mit der Geburt der ersten Tochter hat sich die Liebesbeziehung zwischen Sabine und Mateo völlig verändert.

Das Gespräch

Sabine und Mateo
sind die Eltern von Laura, 5

Sabine: Als ich gehört habe, dass du für diese Gespräche nach München kommst, war ich sofort interessiert. Also die Frage, wie man von einem Paar zu einer Familie wird. Wie macht man das? Das ist auch meine Frage: Wie machen wir das? Ich weiß es nämlich nicht. Wie machen wir das, ohne dass wir alle drei unglücklich dabei sind. Ich glaube aber nicht, dass unsere Tochter das Problem ist. Unsere Tochter ist, wie sie ist. Wenn wir Probleme haben, ist es schwer, geduldig zu sein, ihr zuzuhören. Ich bin der Meinung, dass mein Mann und ich an uns arbeiten müssen, und dann wird der Rest von ganz allein kommen.

Jesper: Ich möchte gern ein paar Dinge wissen, weil ihr offensichtlich aus verschiedenen Ländern kommt. Wann seid ihr euch begegnet? Wie lange seid ihr schon zusammen?

Sabine: Wir waren noch nicht lange ein Paar, als wir unser Kind bekommen haben. Wir kannten uns etwa sechs Monate, als ich schwanger wurde. Die Schwangerschaft war gewollt. Wir hatten den Wunsch, zusammenzubleiben, und wir wollten Kinder. Und es ging einfach sehr schnell, so ist das Leben ja manchmal. Es passiert und …

Jesper: Und du hast hier gelebt?

Sabine: Ich war in Mexiko, ich habe Mateo in Mexiko kennengelernt.

Jesper: Okay. Und wie war das für dich, Mateo?

Mateo: Wir haben uns kennengelernt, und es stimmte einfach alles, da haben wir ganz schnell geplant, zu heiraten. Wir wollten im Juli heiraten, und das war dann genau der Monat, in dem unsere Tochter zur Welt kam. Witzig, nicht? Und das war auch in Ordnung so, aber dann veränderte sich plötzlich alles. Ich weiß nicht genau, wie ich es beschreiben soll, aber es wurde schwierig für mich … für uns beide, glaube ich. Von Mexiko in ein anderes Land zu ziehen. Sabine zog zuerst zurück in ihre Heimat, ich musste noch ein paar Dinge in Mexiko erledigen, bevor ich nachkommen konnte. Ich bin also noch nicht so lange in Deutschland. Das ist auch der Grund, warum ich dieses Gespräch auf Englisch führen möchte. Ich finde, mein Deutsch ist noch nicht gut genug, um mich genau auszudrücken. Ich lerne noch ... Ich musste hier in Deutschland bei null anfangen. Das war hart für uns alle. Ich kann nicht sagen, nur für mich. Nein, für die ganze Familie. Ich glaube, das war ein großer Sprung. Einfach einen Punkt zu machen und neu anzufangen ... Wir sind dann kaum noch rausgekommen, also als Paar. Ich glaube, wir waren noch nie zusammen im Kino. Noch nie. Ich vermisse die Zeit zu zweit. Ach, es gibt sicher eine Menge Dinge, an denen wir arbeiten müssen. Sabine ist eine tolle Frau, eine tolle Mutter. Es ist nur so, manchmal ist sie zu penetrant. Ja, wir kommen aus verschiedenen Ländern, haben unterschiedliche Vorgeschichten, verschiedene Kulturen. Ich bin Mexikaner, habe aber auch deutsche Wurzeln. Trotzdem ist das für mich sehr schwierig, hier klarzukommen. Und wir geraten ständig in Streit. Meist, weil ich wieder irgendetwas nicht erledigt habe. Dann schimpft Sabine: »Ja, ja, mañana, mañana.« Das ist ja die mexikanische Art, Dinge anzugehen. Statt etwas heute zu erledigen, macht man es morgen, wie man so sagt. Irgendwie ärgert mich das, aber irgendwie kann ich sie auch verstehen. Weil ich auch so erzogen wurde, von meiner Mutter. »Nein, du musst das machen und das und das ...« Aber ich habe eben auch noch meine andere Herkunft, die mexikanische Seite, meine mexikanische Familie, die ganz anders ist. Meine Eltern hatten genau solche Probleme wie Sabine und ich. Sie sind nicht mehr zusammen, seit 17, 18 Jahren leben sie getrennt. Was mich betrifft, kann ich sagen, ich bin nicht vollkommen, aber ich gebe mein Bestes. Und ich denke auch nicht, dass ich ein unmöglicher Vater bin. Aber bei Sabine muss alles zack, zack gehen. Fragt sie etwas, will sie sofort eine Antwort. Ja oder nein. Zack. Ich finde, das geht nicht immer. Ich muss manchmal erst abwägen, ja oder nein … Ich brauche Zeit zum Nachdenken. Ach, wir haben sicher wie alle Menschen unsere guten und unsere schlechten Seiten. Ich glaube, wir haben beide ein schwieriges Temperament. Ja, beide.

Jesper: Was heißt das? Heißt das viel Temperament?

Mateo: Wenn wir streiten, ja … Aber mein Problem ist eigentlich, dass ich nicht impulsiv genug bin, das sagt Sabine auch immer wieder, ich behalte einfach zu viel in mir, ich weiß das, und ich arbeite schon ewig daran.

Sabine: Aber dann kann er aus dem Nichts heraus plötzlich explodieren. Und ich denke nur: »Wow, wo kommt das denn jetzt her!«

Mateo: Ja, das kenne ich auch von ihr … Das ist, glaube ich, der Punkt. Jetzt ist sie so und im anderen Moment so … Wie soll das mit uns gut gehen, wenn wir demnächst auch noch unser zweites Kind haben. Wir schaffen es ja mit einem kaum. Und ich habe wirklich versucht, sie zu unterstützen, habe mein Bestes gegeben, weil sie sich nicht gut fühlt … Sie hatte gesundheitlich ein Problem und musste für einige Wochen im Rollstuhl sitzen. Sie hatte auch eine Fehlgeburt. Das war schlimm … Und jetzt … Ich habe zwar einen Job, aber ich mag ihn nicht. Ich brauche ihn aber, um die Rechnungen zu bezahlen. Ich gebe wirklich mein Bestes, helfe ihr zu Hause, wasche ab, staubsauge, tue dieses, tue jenes. Ich habe auch kein Problem damit, das zu tun. Aber Sabine sagt mir die ganze Zeit: »Du musst mehr Verantwortung übernehmen, ich will dich nicht die ganze Zeit herumschubsen.« Und ich verstehe, was sie meint. Mein größter Fehler ist, glaube ich, dass ich kein disziplinierter Mensch bin. Bei manchen Dingen bin ich es, und ich bin ganz genau. Ich wünschte, ich wäre in allen Bereichen meines Lebens diszipliniert. Leider bin ich es nicht.

Jesper: Warum?

Mateo: Also Sabine ist extrem diszipliniert, bei allem. Das ist so ... Oh!

Jesper: Und du glaubst, dass sie das glücklich macht? *(Alle lachen.)*

Mateo: Ich weiß es nicht. Ich bin aber auch wirklich ein sehr zerstreuter Mensch, zum Beispiel gerade eben. Wir haben uns fertig gemacht, um hierherzukommen, aber dann musste ich noch mit dem Hund schnell raus. Und normalerweise, meistens vergesse ich die Haustürschlüssel nicht. Doch ich bin dann schon draußen und überlege, was vor der Abfahrt noch alles zu tun ist, da stelle ich plötzlich fest, ich habe die Haustürschlüssel gar nicht dabei. Ich dachte dann bloß: Mist, die Schlüssel! Jetzt muss ich klingeln, und Sabine wird wütend und regt sich darüber auf, dass ich so schusselig bin. Mich stresst das dann zusätzlich, zu versuchen, so zu sein, dass ich sie zufriedenstelle. Das ist frustrierend für mich ... Zum Glück war die Haustür offen.

Jesper: Lass mich dir eine Frage stellen, weil ich nicht dahinterkomme, was dich bedrückt. Ist es einfach ein ganz normaler Immigranten-Blues ...

Mateo: Okay, das kann sein.

Jesper: ... oder bist du depressiv?

Mateo: Das auch.

Jesper: Du bist depressiv.

Mateo: Ja, liegt auch in der Familie.

Jesper: Ja, glaube ich auch.

Mateo: Und ich habe manchmal ein bisschen Heimweh, ja.

Sabine: Aber in Mexiko, am Anfang mit Kind, war das nicht anders ... Man nimmt doch seine Probleme mit, egal wohin man geht. Für mich fühlt es sich hier nicht anders an als in Mexiko.

Jesper: Die Immigration und was sie mit sich bringt an Themen und Gefühlen, ist die eine Sache. Der andere Punkt ist meine Frage danach, ob hier wirklich eine Depression vorliegt, was international beziehungsweise multikulturell ist. Weil du, Mateo, in wesentlich gedrückterer Stimmung zu sein scheinst, als ich mir vorgestellt hatte. Aber ich weiß nicht, ob das stimmt.

Mateo: Also, ich kann schon sagen, dass ich auch etwas frustriert bin.

Jesper: Das meine ich. Du formulierst es aber sehr vorsichtig: »... *etwas* frustriert«.

Mateo: Ja.

Jesper: Ich glaube, du bist *sehr* frustriert.

Mateo: Ja. Ich glaube, was mich am meisten frustriert, ist, dass ich immer das Gefühl habe, dass Sabine nicht reicht, was ich ihr gebe. Dabei versuche ich wirklich, mein Bestes zu geben ...

Jesper: Okay. Ich frage, weil das, was ihr beide hier mitbringt, ziemlich groß ist. Es ist nichts, das wir mal eben in einer Stunde erledigen könnten. Also versuche ich, ein bisschen zu sortieren ... Ich glaube, da entwickelt sich etwas Gefährliches. Oder es hat sich schon länger entwickelt, nämlich dass du versuchst, sie zufriedenzustellen. Aber das geht nicht. Und zwar nicht, weil du bist, wie du bist, sondern ... Grob gesagt: »Versuche nie, eine Frau zufriedenzustellen, denn das ist unmöglich.« Und das Gleiche gilt auch umgekehrt, also für den Mann. Das bedeutet, du tust immer weniger das, was du willst. Das bedeutet, du bist immer weniger derjenige, der du bist. In der Hoffnung, dass dieses große Opfer Sabine schließlich zufriedenstellen wird. Aber das ist eine Sackgasse.

Sabine: Das glaube ich auch.

Jesper: Das führt nirgendwo hin.

Sabine: Und das ist noch nicht mal das, was ich von ihm will. Und das sage ich auch. Ich will nicht, dass er Dinge tut, nur um mich nicht zu verärgern oder um mich zufrieden zu machen. Ich will *seine* Antwort, aber es ist schwer, die aus ihm rauszukriegen, weil er nur die netten Dinge sagen will und mich zufrieden machen und nicht verärgern will. Und ich schaffe es nicht, sie aus ihm rauszukriegen.

Mateo: Ja, die Sache ist …

Jesper: Die Antwort lautet: »Ja, Mama.«

Sabine: Genau.

Mateo: Ja.

Sabine: Genau.

Mateo: Ja. Sie sagt immer: »Du musst das machen!« Und ich sage: »Okay, ja.« Dann sagt sie: »Vergiss nicht, das zu machen!« Dabei weiß ich, dass ich das machen muss. Aber sie will eigentlich, dass ich es sofort mache. Sie hat ihr Timing, ich hab meins.

Jesper: Und dass es so zwischen euch ist, ist überall gleich, ob du in Mexiko bist oder in Deutschland. Oder in Dänemark, da gibt es keinen Unterschied. Nein. Also, deine erste Frage, Sabine, war, wie ihr vom Paar zu einer Familie werden könnt, einer glücklichen. Und Tatsache ist, dass eure Zeit als Liebespaar ohne Kinder sehr kurz war. Hoffentlich auch sehr glücklich. Was auch bedeutet, dass ihr beide blind wart. Und dann lag der Fokus auf dem Baby. Jetzt ist ein weiteres Baby auf dem Weg. Wenn ihr es wollt, könntet ihr diese Schwangerschaft als eine Art zweite Chance nutzen …

Sabine: Ja, das würden wir sehr gern.

Jesper: Eine erste Schlüsselfrage lautet: »Wie sehe ich mich selbst als Mutter? Und wie siehst du – mein Partner – mich als Mutter?« Und für dich, Mateo: »Wie sehe ich mich selbst als Vater? Wie siehst du – meine Partnerin – mich als Vater?« Nicht, um das zu diskutieren, sondern einfach, um zu sagen: »So sehe ich mich, oder so sehe ich dich.« Der zweite Teil ist wahrscheinlich der wichtigste in eurem Fall, zu sagen, was eure Erwartungen sind: »Was erwarte ich von mir selbst als Mutter? Was erwarte ich von dir als Vater? Und was erwarte ich von mir selbst als Partner und von dir als Partner?« Und so weiter. Also, was sind meine Erwartungen? Das ist zentral für euch. Und vielleicht braucht ihr jemanden, der bei dieser Übung dabei ist, weil ihr sonst anfangt, euch über diese Dinge zu streiten: »Ist das realistisch?« – »Wie kannst du das sagen?« – »Ich mache immer dies oder jenes ...« Ihr wisst schon, solche Streitigkeiten eben. Stattdessen sollt ihr wirklich pragmatisch sagen: »Das sind meine Erwartungen.«

Eine Sache, die ihr nämlich wissen müsst: Was wir mit Erwartungen machen, ist, wir erschaffen sie in unserem eigenen Kopf – und dann machen wir den anderen für sie verantwortlich. Was natürlich verrückt ist. Wie soll irgendjemand für meine Erwartungen verantwortlich sein? Und wenn es dann anfängt, schlecht zu laufen, beginnt man, Formulierungen zu benutzen wie: »Kann man nicht wenigstens erwarten, dass ...« (*Alle lachen.*) Und dann seid ihr schon dem Untergang geweiht. Weil das einfach nicht möglich ist. Der Vorteil davon, wenn ein Paar sich schon seit vielen Jahren kennt, ist, dass die Erwartungen vielleicht ein bisschen realistischer sind. Und vielleicht habt ihr auch ein bisschen mehr Mut, zu den Erwartungen des anderen Stellung zu nehmen und zu sagen: »Also, wenn du erwartest, dass ich ein sehr organisierter Mensch werde, lass es lieber sein. So ein Mensch will ich nämlich nicht sein. Ich bin, wie ich bin. Und ich glaube, den Deutschen würde ein bisschen mañana auch ganz guttun. Statt so getrieben zu sein oder was auch immer.« Es gibt viele Arten, darüber zu sprechen, aber das Wichtigste ist, die Karten auf den Tisch zu legen und zu sagen: »Das ist es.« Und jedes Mal, wenn ich etwas erwarte, kann ich sagen: »Ich erwarte, dass du für das Kochen verantwortlich bist. Das bedeutet, du hast den Überblick über den Kühlschrank, den Gefrierschrank, den Einkauf und so weiter. Und dann werde ich gern ab und zu kochen.« Und dann ist der andere dran. Nicht streiten, sondern einfach sagen: »Kann ich das haben?« Antwort: »Ja, kannst du.« Oder eben: »Nein, kannst du nicht.« Sprecht so miteinander, dass eure Erwartung auch wirklich deutlich wird. Das geht natürlich nicht hopphopp, ein paar Stunden braucht ihr sicher. Und bitte sprecht nicht ein paar Stunden hintereinander am Stück, sonst bringt ihr am Ende noch jemanden um. Aber es ist wichtig, es auf den Tisch zu bringen und zu sagen: »Okay, das ist es. Jetzt sind Romantik, Sex und das alles außen vor. Das hier ist alles, was es ist. Das sind sozusagen die Bausteine, die wir für diese Familie haben. Wollen wir damit eine gemeinsame Familie bauen, oder ist es an der Zeit, sich zu trennen und etwas zu finden, das uns weniger unglücklich oder glücklicher macht? So, dass wir am Ende nicht zum Opfer des jeweils anderen werden, sondern mehr Verantwortung übernehmen.«

Das ist die Art von Gespräch, für die ihr nie Zeit hattet – für die die meisten von uns sich nie Zeit nehmen. Das macht nüchtern, was ist das englische Wort für nüchtern? Ja, sober, also das Gegenteil von betrunken ... Damit ist es auf den Punkt gebracht.

Sabine: Es klingt sehr geordnet.

Jesper: Ja, es ist rational.

Sabine: Rational, ja.

Jesper: Ihr stellt fest, so ist es. Und dann könnt ihr anfangen, zu verhandeln, wenn ihr euch dafür entscheidet, weiterzumachen. Und sagen: »Okay, ich koche sehr gern, aber ich will nicht dafür verantwortlich sein. Ich würde gern ab und zu einspringen, wenn nötig oder wenn ich will. Ist das okay für dich?« Dann kannst du sagen: »Nein, eigentlich nicht. Weil ich dann mit der Verantwortung allein dastehe. Bei dieser Sache brauche ich wirklich jemanden, der mir einen Teil abnimmt. Ich brauche keinen Teilzeit-Butler, ich brauche ...«

Das kann sich auch auf vielen anderen Ebenen abspielen. Und dann kommt natürlich das Wichtige. Ich habe darüber auch schon in meinem Buch »Mann & Vater sein« geschrieben. Ich glaube, es ist sehr wichtig für euch, rauszufinden, wer bei euch der Liebesminister ist. Mein Vorschlag ist, dass Mateo das übernimmt. Einfach weil das einem Mann etwas zu tun gibt, das über die Elternschaft hinausgeht. Zweitens scheint es, dass Männer mehr Gespür dafür haben, wenn sie diese Verantwortung erst mal übernehmen, das hinzukriegen. Wohingegen Frauen meist ... Vielleicht sind sie feinfühliger, sie merken früher, dass etwas fehlt oder nicht mehr so ist wie vorher. Aber sie scheinen nicht in der Lage zu sein, etwas dagegen zu tun. Außer sich zu beschweren, was keine sehr verführerische Art und Weise ist, sich zu verhalten. *(Alle lachen.)* Und das meine ich, wenn ich versuche, mir deine Rolle anzuschauen in den Beziehungen zu den Frauen deines Lebens sozusagen. Und du scheinst ein sehr guter Sohn zu sein. Und ich bin sicher, deine Mutter würde sagen, du bist ein guter Sohn.

Mateo: Ich nehme an, alle Mütter würden das sagen.

Jesper: Manche wären dabei vielleicht ein bisschen abwehrend. *(Alle lachen.)* Deine Mutter nicht, glaube ich. Also ... und ich weiß, dass in ein anderes Land zu ziehen dich auf eine Art zum Opfer macht – weil du dich anpassen musst. Du musst herausfinden, wie die Regeln hier sind und was du tun kannst. Du fühlst dich mehr oder weniger unzulänglich mit der Sprache und dem Job. Auf eine Art macht dich das also zum Opfer. Ich glaube, das Wichtigste ist für dich, aus dieser Rolle rauszukommen und zu sagen: »Ich bin jetzt fünf Jahre lang Opfer gewesen, das ist jetzt vorbei. Ich werde meinen Platz einnehmen, und ich werde mir Raum verschaffen. Wenn ich das nämlich nicht tun kann, kann ich nicht hierbleiben.« Und das hängt nicht von der Beziehung ab. Natürlich ist es wunderbar, wenn die blühend und gut ist. Aber ich weiß, ich lebe in einer gemischten Ehe. Das halbe Jahr bin ich Immigrant, das andere halbe Jahr meine Frau. Ich weiß, dass ich mich schnell anpassen kann. Das ist eine meiner Eigenschaften, auch wenn ich nicht weiß, woher ich die habe. Eine andere ist, dass ich weiß, wo ich mich anpassen will und wo nicht. Wenn mir also jemand sagt: »So machen wir das nicht in Kroatien!«, sage ich: »Ihr Armen. Ich aber schon!« Dann höre ich vielleicht: »Aber dann riskierst du, dass du deine Nachbarn verärgerst.« Und ich sage: »Gut. Dann ärgern sie sich eben über mich.« Für mich ist das kein großer Schaden. Für sie auch nicht. Aber ich mache es so. Du musst deinen Raum viel proaktiver definieren und sagen: »Das ist es, was ich will. Das ist es, was ich brauche. Das ist es, was ich tun kann. Das ist es, was ich nicht tun will.« Und ich habe keinen Zweifel daran, wenn du dich dafür entscheidest, in Deutschland und mit deiner Familie weiterzuleben, und wenn es um den Alltag und all das geht, dass du einen Weg finden wirst, zu einer Lösung zu gelangen. Aber ich mache mir Sorgen wegen deiner Rolle, weil sie dich depressiv macht. Und deiner Frau zapft sie eine Menge Energie ab.

Sabine: Ja.

Jesper: Und dann versuchst du, dich um ihn zu kümmern oder zu helfen oder was auch immer, was früher oder später zum Bemuttern wird. Was er ätzend findet.

Frau: Ich auch.

Jesper: Und das ist eine unendliche Geschichte. Ich würde sogar sagen – nur als Beispiel, auch wenn die Umstände vielleicht unpraktisch sind –, wenn du Zeit allein brauchst, nimm sie dir, Mateo. Wenn ihr nämlich zusammenbleibt, wenn ihr zwei Kinder habt, brauchen die dich alle in guter Verfassung – und nicht als jemanden, der nur tut, was getan werden muss. Und außerdem hast du Besseres verdient.

Mateo: Okay. Stimmt.

Jesper: Wie klingt das für dich, Sabine?

Sabine: Klingt sehr geordnet. Das gefällt mir.

Jesper: Ich habe nicht erwartet, dass sich dieser Punkt ändert.

Sabine: Nein, ich meine ... Das gefällt mir, alles auf den Tisch zu legen und zu sagen: »Was erwarte ich? Was sind deine Erwartungen? Was willst du? Wie willst du als Mutter sein? Wie willst du mich?«

Jesper: Ihr könntet sogar anfangen, euch gegenseitig zu schreiben. Wenn man nämlich in so eine Routine wie eure geraten ist, ist es schwierig, das Streiten zu vermeiden.

Mateo: Das ist eine super Idee. Manchmal, wenn wir uns

streiten zum Beispiel, habe ich gemerkt, dass das auch so eine unendliche Geschichte wird, wir streiten uns mehr oder weniger immer um dasselbe und drehen uns im Kreis. Also, das wäre eine Möglichkeit, sie schreibt gern, ich nicht, aber das bekomme ich hin ... Und wenn sie sich wieder über mich ärgert, schreibt sie mir eine E-Mail. Die kann ich in Ruhe lesen und ihr antworten. Statt ... auszurasten. Ja, das könnte eine Möglichkeit sein. Manchmal, wenn wir uns streiten, ist unsere Tochter auch dabei. Und das will ich nicht mehr, auch dafür ist schreiben besser ...

Jesper: Ja, versucht es. Aber ich weiß auch, dass es dir, damit du Erfolg damit hast, besser gehen muss, als es dir jetzt geht. Also, damit musst du anfangen. Es gibt eine Menge Möglichkeiten, wie du da rangehen kannst. Ich glaube, es könnte gut sein, wenn ihr jemanden dabeihättet. Eine Art Coach oder jemanden, der ...

Sabine: Schiedsrichter.

Jesper: Einen Schiedsrichter, ja. Jemanden, der euch bei der Stange hält bei dem, was ihr tun müsst. Und dann werden wir sehen. Es ist ein wichtiger Prozess, durch den man geht. Und es ist wichtig, dass ihr ehrlich zu euch selbst und dem anderen seid, so ehrlich wie möglich. Und dabei zu wissen: »Klar kann ich sagen, was ich erwarte, was ich will, aber ich kann nicht alles davon bekommen. Niemand ist dazu verpflichtet, mir alles zu geben, was ich will oder was ich brauche. So ist es eben.«

Ich erinnere mich daran, wie mich jemand vor vielen, vielen Jahren, als das Institut, das ich mit aufgebaut habe, etwa 15 Jahre alt war, gefragt hat: »Wo siehst du dich in zehn Jahren? Was willst du in zehn Jahren tun?« Und ich war überhaupt nicht in der Lage, das zu beantworten. Das Einzige, was ich sagen konnte, war, was ich nicht mehr tun wollte. Was mir nicht gefiel. Und da könntest du beginnen: Was an deinem eigenen Leben, an deinem eigenen Sein, an deinem eigenen Verhalten gefällt dir nicht? Und irgendwann wirst du an den Punkt gelangen, an dem du sagen kannst: »Okay, das ist es, was ich will. Das ist deutlich für mich. Ich würde meine zwei oder drei Frauen gern glücklich machen. Aber nicht, indem ich sie die ganze Zeit zufriedenstelle, denn ich muss mich um mich selbst kümmern.« Und deine Geschichte ist eine Geschichte der Anpassung. Du musstest dich oft anpassen. Also machst du das natürlich gut, aber du zahlst auch einen hohen Preis dafür. Und da Identität, Sprache, Geografie und so weiter bei dir nicht an einem Ort versammelt sind, wird es umso wichtiger, dass du dich zusammennimmst und sagst: »Das ist mir wichtig. Das bin ich. Das ist es, was ich will.« Ich sehe, dass das Gespräch heute harte Arbeit für dich war. Und du bist kein Mensch, der sich gern beschwert. Aber sag mir, wie es dir mit dem, was ich sage, geht. Klingt das für dich nach einem Weg? Oder fantasiere ich nur in deinem Namen?

Mateo: Das ist alles ziemlich einleuchtend … Vielleicht ist es der Umstand, dass ich als einziger Mann in einer Familie voller Frauen aufgewachsen bin. Es gab meinen Vater, aber der war nicht wirklich da. Ich schätze also, es war nicht leicht für mich, klarzukommen. Und wenn man der jüngere Bruder ist unter lauter Mädchen, geht das die ganze Zeit so: »Tu dies, tu jenes …« Mein niedriges Selbstwertgefühl liegt vielleicht auch daran, dass ich die ganze Kindheit hindurch von meinen Schwestern gehört habe: »Du bist dumm. Du bist dieses. Du bist jenes. Weil du ein Junge bist.« Mit diesen Sachen setze ich mich schon lange auseinander … Solange man lebt, muss man an sich arbeiten. Jeden Tag. Jeden Tag. Nonstop.

Jesper: Über das Aufwachsen in einer südländischen Familie mit vielen Frauen kann man eine Sache sagen: Du kriegst eine Menge Nahrung, aber das lässt dich nicht notwendigerweise erwachsen werden.

Mateo: Ja.

Sabine: Ja.

Jesper: Manche mögen Männer nämlich nicht wirklich – sie mögen Jungen. Und sie wollen, dass ihre Söhne Jungen bleiben. Und dass ihre Töchter schnellstmöglich erwachsen und aus dem Haus sind ... aber sag auch du mal, Sabine, ist das alles okay für dich, was ich gesagt habe?

Manche Frauen mögen Männer nicht wirklich – sie mögen Jungen. Und sie wollen, dass ihre Söhne Jungen bleiben.

Sabine: Ja, ich will ja, dass er erwachsen wird. Und ich will nicht, dass er so ist. Ich will, dass er er selbst ist und tut, was er für richtig hält ... dass er mir sagt, was er will. Für mich ist das auch frustrierend.

Jesper: Aber du hast jetzt einen neuen Job. Du musst jetzt herausfinden, was *du* von *dir* willst. Und für *dich.* Ich habe jetzt deine Arbeit übernommen, du kannst damit aufhören. Also, ihr beiden, ich danke euch.

Sabine: Danke.

Mateo: Danke.

Tipps von Jesper Juul an Sabine und Mateo

- Wenn es dir nicht gut geht, Mateo, du dich depressiv fühlst, teile es deiner Partnerin mit. Wer unter Depressionen leidet, hat die Verantwortung, sich darum zu kümmern, sich Hilfe zu suchen.
- Deine Bemühungen, Mateo, Sabines Erwartungen zu erfüllen, können nicht gelingen. Stattdessen wäre es wichtig, dass ihr euch beide damit auseinandersetzt, was ihr von euch und dem anderen als Mutter oder Vater und als Partnerin oder Partner erwartet. Darüber solltet ihr in Austausch kommen, also nicht darüber streiten, sondern es äußern und dann ggf. verhandeln. Aber nicht alles, was ihr von dem Partner gern möchtet, werdet ihr bekommen, auch das gehört zu einer Partnerschaft dazu.
- Gerade weil du in einem fremden Land mit einer fremden Sprache lebst und dich in vielen Punkten anpassen musst, brauchst du ein Gefühl dafür, wer du bist, Mateo. Was ist mir wichtig? Was brauche ich? Was will ich? Wie kann ich das hier in diesem Land, hier in meiner Familie finden? Du musst für dich selbst Verantwortung übernehmen. Dich um dich kümmern und dich für die Erfüllung deiner Bedürfnisse und Wünsche einsetzen.
- Eine Familie braucht erwachsene Eltern und eine Liebesbeziehung zwischen gleichwürdigen Erwachsenen auf Augenhöhe. Das bedeutet aber auch, dass du, Sabine, Mateo nicht wie dein Kind behandeln kannst. Ihr solltet aufpassen, dass ihr nicht weiter in Rollen verfallt, die eher an die »Übermutter« und den »ewigen Sohn« erin-

nern als an Partner, die sich gleichberechtigt begegnen. Mute Mateo zu, selbst Verantwortung für sein Leben und sein Tun und seine Liebe zu dir und den Kindern zu übernehmen.

»Mir fällt es schwer, für meine Partnerin und die Kinder da zu sein«

Sascha ist zwar seit eineinhalb Jahren trockener Alkoholiker, hat aber immer noch depressive Phasen und fühlt sich dünnhäutig. Im Familienleben mit den Kindern ist er schnell überfordert. Er sorgt sich, dass er mit seinem Verhalten seinen Kindern schadet. Vor allem mit seinem Sohn Moritz erlebt Sascha heftige Kämpfe, zum Beispiel beim Ins-Bett-Bringen. Meist zieht er sich bald aus einem verbalen Kräftemessen mit dem Sohn heraus, und Kerstin muss die Aufgabe wieder übernehmen. Sie kommt mit Moritz gut zurecht. Bei Depression oder Suchtkrankheit eines Vaters oder einer Mutter kommt es häufig vor, dass sich ein Kind verantwortlich zeigt und den Platz des »abwesenden« Elternteils einnimmt. Dies äußert sich auch darin, dass sich Moritz nicht gern etwas sagen lässt und wie ein Erwachsener bestimmen möchte. Jetzt, da der Vater wieder in der Familie ist, kann der Sohn die Rolle, die er übernommen hat, auch nicht einfach wieder abgeben und rebelliert trotz Freude über die Rückkehr des Vaters in das Familienleben auch gegen ihn.

Das Gespräch

Kerstin und Sascha
sind die Eltern von Moritz, 5, und Lilli, 2
Außerdem gibt es noch vier Bonussöhne. Niko, 12,5, ist aus Kerstins erster Ehe und lebt ebenfalls in der neuen

Familie. Sascha hat noch drei Söhne aus erster Ehe, von diesen hat Ole, fast 15, bis vor Kurzem auch bei Kerstin und Sascha gewohnt.

Sascha: Wir sind hergekommen mit einem Thema, über das es mir etwas schwerfällt zu reden. Also, ich bin Alkoholiker. Ich bin seit eineinhalb Jahren trocken, kämpfe aber immer noch mit depressiven Phasen. Ich habe auch immer noch Schwierigkeiten mit den Kindern. Das merke ich besonders, wenn ich Moritz abends ins Bett bringe. Wenn er nicht mitmacht, reagiere ich schnell gereizt und muss mich oft sogar zurückziehen und brauche eine Pause. Dann muss meine Frau einspringen, wie immer. Moritz bekommt meine plötzlichen Stimmungswechsel sehr genau mit, ich habe manchmal den Eindruck, sogar eher als ich. Ich habe jetzt Angst, dass ich ihm durch mein Verhalten schade. Ich bin dann wirklich von einem auf den anderen Moment mies drauf und rede auch nicht mehr nett mit ihm. Die Frage, die ich nun habe, ist: Wie kann ich dagegensteuern, sodass ich Moritz keinen Schaden zufüge. Und wie können meine Frau und ich das zusammen gut überstehen, ich belaste schließlich auch unsere Partnerschaft damit. Ja, das sind meine Kernanliegen für dieses Gespräch.

Jesper: Habt ihr damals als Familie über dein Alkoholproblem gesprochen, und redet ihr jetzt auch noch darüber?

Sascha: Ja, als ich mich sozusagen geoutet habe und mich in eine Therapie begeben habe, waren meine Frau und die kleinen Kinder zuerst völlig überrascht. Meine größeren Kinder aus der ersten Ehe hatten da schon eher so eine Vermutung, aber bis dahin haben wir nicht darüber gesprochen. Ich war dann auch zunächst im Krankenhaus, zur Entgiftung, aber in der Zeit danach haben wir alle sehr viel darüber gesprochen. Also, im Restaurant sagt Moritz inzwischen dem Kellner Bescheid: »Mein Papa darf keinen Alkohol trinken.« Das finde ich gut. Also, so grundsätzlich – es ist kein Tabu bei uns.

Jesper: Und wie lange hast du getrunken, das ganze Leben der beiden Kleinen?

Sascha: Ja, eigentlich seit ich 20 bin. Nicht so extrem am Anfang, aber ...

Jesper: Okay. Also, ich habe es ja nicht miterlebt, aber ich würde vermuten, dass es oft – besonders mit dem Moritz – zum Machtkampf kommt.

Sascha: Ja.

Jesper: Er lässt sich nicht viel sagen.

Sascha: Genau.

Kerstin: Wobei das auch mit Saschas Anspannung zu tun hat ...

Sascha: Ja.

Kerstin: Wenn er sich rauszieht, weil er gereizt oder erschöpft ist, dann kommt es mir vor, als würde bei Moritz ein Schalter umgelegt. Ich kann dann wunderbar mit ihm weitermachen, das ist wirklich so ähnlich wie einen Lichtschalter betätigen.

Jesper: Ja, das glaube ich. Weil das Problem für Moritz ist, dass er sich jahrelang eigentlich als Papa-Ersatz erlebt hat.

Kerstin: Okay ...

Jesper: Wenn irgendetwas in der Familie nicht stimmt, fühlen sich Kinder schuldig. Und sie fühlen sich verantwortlich. In Familien, in denen Mama depressiv ist oder Papa Alkoholiker, entsteht an der Stelle des erkrankten Familienmitglieds ein Vakuum. Und da geht automatisch Kind Nummer eins rein – ob das ein Junge ist oder ein Mädchen, das ist gleichgültig. Das kann man auch nicht vermeiden, das passiert. Und Moritz zeigt euch jetzt: »Ich war jetzt jahrelang der Mann im Haus. Jetzt ist Papa zurück – und das ist wunderbar, es geht ihm besser, aber er ist jetzt auch mehr anwesend. Früher war er zwar auch da, aber nicht so richtig dabei. Ich kenne das so wie jetzt gar nicht, und ich weiß nicht, welche Rolle ich nun habe. Soll ich diesen Mann als Autorität annehmen oder nicht?«

Kerstin: Ja, wobei, es ist vielleicht noch ein bisschen komplizierter, weil es ja noch mehr Kinder gibt. Sascha hat drei ältere Söhne aus erster Ehe, und ich habe einen. Niko, mein Sohn aus erster Ehe, der ist zwölfeinhalb, der wohnt auch bei uns. Und Ole, der Mittlere von Sascha, hat bis vor sechs Wochen auch bei uns gewohnt. Also, von daher weiß ich nicht, ob Moritz Saschas Rolle übernommen hat oder eher einer der anderen älteren Jungen.

Jesper: Mhm, ja.

Sascha: Aber der Altersunterschied zwischen den Kindern ist recht groß. Also, der Moritz wird jetzt fünf, und der Niko ist zwölfeinhalb, der Ole wird jetzt 15. Also, da ist schon ein sehr großer Abstand, sodass das durchaus auch sein kann, dass der Moritz die Rolle so für sich ausfüllen wollte. Das denke ich schon.

Jesper: Ja, das glaube ich auch. Denn wenn ich ihn so sehe – und ich habe ihn eben ja ein paar Minuten erlebt (*Moritz wollte kurz vor Beginn des Gesprächs lieber ins Spielzimmer*) –, dann spüre ich, dass es diese Sehnsucht nach dem Papa gibt, also, er will gern in Beziehung kommen. Aber er will nicht, dass du bestimmst!

Kerstin: (*Sie lacht.*) Das stimmt.

Sascha: Mhm.

Jesper: Ja. Und dafür muss man als Erwachsener irgendwie verantwortlich sein und sagen: »Okay, ich habe anscheinend meine Autorität verloren – und wenn sie zurückkommt, geschieht dies nur langsam. Und deswegen ist mein Fünfjähriger nicht wie alle anderen Fünfjährigen – er ist anders, und er tickt anders.« Nimm darauf Rücksicht. Und wenn er diese Stimmung oder diesen Wechsel mal wieder früher als du selbst bemerkt hat, dann bedanke dich bei ihm. Du kannst zum Beispiel sagen: »Es ist wunderbar, dass du da bist, weil du mich oft schneller spürst, als ich mich selbst spüre.«

Kerstin und Sascha: Mhm.

Jesper: »Und das ist eine große Hilfe für mich.« Ihr wisst ja, alle Kinder wollen gern wertvoll für ihre Eltern sein, aber wenn der Vater abwesend ist, emotional und mental, dann ist es für das Kind unmöglich, wertvoll für ihn zu sein. Und das gilt genauso für den Partner – er möchte gern helfen ... Aber was kann er machen?

Kerstin: Nicht viel.

Jesper: Nein. *(Er lacht.)* Nicht viel. Und genau dieses Dilemma gibt es, und das heißt, man kann mit Moritz nicht wie mit einem durchschnittlichen Fünfjährigen umgehen, es muss anders sein. Weil er sich selbst anders erlebt. Verantwortung übernimmt. Also, normalerweise ist es ja so, dass Eltern versuchen, ihre sogenannte Elternverantwortung auszuüben und zu sagen: »Wir meinen zu wissen, was das Beste für dich ist, und deswegen müssen wir Entscheidungen treffen. Und mit ein bisschen Hilfe hast du hoffentlich auch Vertrauen, dass wir die richtigen Entscheidungen treffen ...« Moritz sieht sich aber mehr allein und würde wohl eher formulieren: »Ich muss das allein machen, ich kann nicht immer darauf vertrauen, dass der Papa da ist.« Das ist natürlich provozierend für Eltern – und für andere Erwachsene auch –, weil plötzlich so ein kleiner Junge kommt und sich eigentlich wie ein Erwachsener benimmt. Als ob er selbstverständlich dieses Recht hat, über sich zu entscheiden. Und dass er so denkt und empfindet, kann man auch nicht mehr ausradieren. Es ist auch überhaupt nicht schlecht, eben nur ein bisschen anders als bei anderen Fünfjährigen: Weil es nicht mit den Erwartungen von uns Erwachsenen übereinstimmt – auch nicht mit denen eines Lehrers. Die Kehrseite dieser Autonomie ist eine besondere Art von Einsamkeit … nicht so eine *traurige* Art von Einsamkeit, sondern mehr diese: »Also, ich bin allein. Und das heißt, ich muss jetzt selbst entscheiden und selbst machen.« Und diese Haltung gibt einem auch große Freude, großes Selbstbewusstsein, Selbstvertrauen. Es dauert sicher, bis sich auch ein verhaltensmäßiges Selbstgefühl aufbaut, schließlich meint das Kind ja irgendwie alles allein machen zu müssen. Aber auch mit anderen Kindern muss das nicht automatisch problematisch werden.

Kerstin: Ähm, nein. Ich glaube, Sozialkontakte, das klappt für Moritz gut. Er orientiert sich viel in Richtung älterer Kinder, da haben wir auch gedacht, das liegt vielleicht an den älteren Brüdern …

Jesper: Nein, nein, das liegt genau daran, dass er tatsächlich im Kopf älter ist, als er in Wirklichkeit ist.

Kerstin: Okay. Okay.

Jesper: Im Kopf ist er 16.

Kerstin: 16? Okay. Noch ein pubertierender.

Jesper: Ja. *(Kerstin und Jesper lachen.)* Aber was ich damit sagen möchte, ist: Das ist ja kein Schaden! Das ist nur: So richten Kinder sich ein – sie sagen: »Was kann meine Rolle in dieser Familie sein?« Und dann kooperieren die voller Kraft, und dann entsteht so etwas. Und dann hilft es oft nicht, dass der Papa zurückkommt und sagt: »Ja, jetzt bin ich aber wieder da, und jetzt fangen wir neu an! (*Jesper macht ein Geräusch wie bei einem Auto, das Gas gibt, und lacht.*) Weil ich jetzt der Turbo-Papa bin!« Das geht nicht. Weil man da viel zu viel Widerstand kriegt – das ist das eine. Das Zweite ist: Wie kann man einem Drei-, Vier-, Fünfjährigen Anerkennung dafür geben, dass er aus der schwierigen Situation für sich etwas gemacht hat? Das ist nicht einfach. Man kann in einem passenden Moment vielleicht sagen: »Für mich war es viele Jahre lang schwierig, mit *meinem* Leben zurechtzukommen. Es war bestimmt auch nicht einfach für dich, und es freut mich, dass du es geschafft hast.« Also, so etwas kann man sagen. So, dass Moritz weiß: »Also, meine Eltern versuchen wenigstens, zu sehen, wie es für mich ist, wer ich eigentlich bin. Und sie interessiert nicht nur, was ich lieber tun sollte oder wie ich mich entwickeln sollte und so weiter.« Er ist also ein bisschen – in seinen Gedanken, aber auch in seiner Welt – autonomer als zum Beispiel die Kleine von nebenan. Und wenn du nun fragst, ja, aber schadet das nicht, kann ich antworten: »Nein, das schadet überhaupt nicht!« Denn genau diese Qualitäten wollen wir sehr gern in ihm sehen und erleben, wenn er 25 ist.

Kerstin: Na klar.

Jesper: Und die sind jetzt schon da. (*Jesper lacht.*) Und das sollten wir nicht zerstören. Eltern zu haben wie euch ist doch auch ein Riesenvorteil. Obwohl du diese schwierigen Zeiten durchlebt und überlebt hast, sagst du als Vater und Partner: »Man kann es schaffen. Es ist nicht immer einfach, es gelingt manchmal auch nicht, aber man kann mit sich selbst kämpfen und an sich arbeiten, man kann um Hilfe bitten.« Und ihr Erwachsenen seid anscheinend beide bereit, euch selbst anzuschauen. Und so wie ich es hier erlebe, teilt ihr euch auch als

Partner mit, wie es euch geht und was ihr braucht. Das ist ja ausgezeichnet! Das ist das große Plus für euren Jungen.

Kerstin: Ja, das ist das, was ich dir ja auch schon so oft gesagt habe. Das alles hat mich auch viel mehr zum Nachdenken gebracht, über meine Gefühle. Ich habe auch viel verdrängt. Und ich sehe jetzt einiges anders, und da bin ich auch froh drüber.

Jesper: Und genau das ist es ja. Es ist keine Kunst, glücklich zu sein. Das kann jeder. Man weiß nicht, wodurch Glück kommt und warum es geht. Die Kunst ist, unglücklich zu sein und zu sagen: »Was mache ich, wenn es nicht stimmt?« Und das brauchen unsere Kinder, die brauchen ja diese Lebensfähigkeit, diese Lebenskompetenz. Und die erlangen sie nicht, wenn wir alle so wie Teletubbies rumlaufen und immer glücklich sind.

Kerstin: Stimmt ... Haben wir noch Zeit für eine konkrete Frage?

Jesper: Ja, haben wir.

Kerstin: Also Lilli, unsere Kleine, ist eigentlich sehr unproblematisch, aber manchmal habe ich das Gefühl, sie kommt vielleicht zu kurz. Muss ich da Sorgen haben, oder holt sie sich die nötige Aufmerksamkeit oder was auch immer?

Jesper: Ich weiß es nicht. Ich kenne sie ja nicht gut genug. Aber was ich beobachte, ist: Sie sieht nicht sehr zufrieden aus. *(Lilli sitzt am Boden und hört jetzt mit ernstem Blick zu.)*

Kerstin: Mhm.

Jesper: Und das kann natürlich sein, dass sie sich selber so ein bisschen ...

Kerstin: ... kleiner macht.

Jesper: ... kleiner macht ... oder unsichtbar ... oder neutral ... oder: »Ich bin *einfach*.«

Kerstin: Genau!

Jesper: Ja. (*Er lacht.*)

Kerstin: »Der Moritz ist schon schwierig, da haben die Eltern genug zu tun.« Mhm.

Es ist keine Kunst, glücklich zu sein. Die Kunst ist, unglücklich zu sein und zu sagen: »Was mache ich, wenn es nicht stimmt?«

Jesper: Ja. Ja. »… und dann bin ich einfach.« Und dann braucht sie solch eine Einladung: »Was willst du eigentlich?«, oder: »Was brauchst du eigentlich?« So, wie es auch Moritz braucht, wenn er nicht ins Bett will. »Mama und Papa möchten jetzt gern etwas Ruhe haben. Du musst nicht sofort schlafen, aber wir möchten, dass du ins Bett gehst. Was könnte dir dabei helfen?« Oder so, wie ihr es auch als Partner macht. »Dir scheint es heute nicht so gut zu gehen, was brauchst du?«

Kerstin: Okay.

Jesper: Und es ist tatsächlich so: Wenn ein Kind eine bestimmte Rolle übernimmt – da kann man nichts gegen machen. Das sitzt für immer. Und das heißt, Moritz wird für immer – obwohl er nur teilweise der große Bruder ist – der große Bruder sein, in jeder Beziehung. Und Lilli wird immer diese Tendenz haben, sich ein bisschen neutral oder unsichtbar zu machen oder ein sehr niedriges Profil zu haben, sodass … Und so sind wir ja alle – wir haben unsere sogenannte Persönlichkeit, und das hat seine Vorteile und seine Kehrseiten. (*Jesper lacht.*) So ist das.

Kerstin: Aber die Reaktionsweise ist im Grunde immer die gleiche, dass man sich selbst klar über seine Bedürfnisse ist und die Kinder oder den Partner fragt:»Was meinst du dazu? Was brauchst du?«

Jesper: Ja. Ja.

Kerstin: Immer die gleiche Vorgehensweise ... Das ist einfach. (*Sie lacht.*)

Jesper: Ja, und wie in Gesprächen unter Erwachsenen muss man sich auch ein bisschen Zeit nehmen. Denn es gibt bei zwei Gesprächspartnern ja auch immer zwei Möglichkeiten. Man kann sagen:»Was willst du?«, zum Beispiel an Ostern. »Ich will es so.« Und dann kommt man:»Nein, das geht nicht, weil so und so.« Das heißt, man argumentiert gegen das, was der andere will. Oder man kann es deutlicher machen und sagen:»Wo fahren wir in den Ferien hin?« – »Ja, ich möchte gern nach Spanien, am Strand in der Sonne liegen, eine Woche lang, und das ist es.« Und der andere sagt:»Ich möchte aber gern nach Norwegen und in den Bergen wandern.« Und dann kann man entweder Norwegen schlechtreden und sagen:»Du Blöder! Also, das geht gar nicht! Da regnet es bestimmt! Und noch mehr Regen als hier brauchen wir wirklich nicht!«, und dann haut man sich die Argumente nur so um den Kopf. Man kann seinem Partner oder seiner Partnerin oder seinem Kind aber auch helfen und fragen:»Warum ist dir Norwegen so wichtig?« Das machen wir leider nicht allzu oft. Wir helfen einander nicht oft.

Kerstin: Mhm. Man argumentiert eher dagegen.

Jesper: Ja. Oder es kommt ein bisschen Werbung und dann Gegenwerbung. (*Er lacht.*) Und das heißt, es wird schwierig,

weil es dann auf irgendein Konto – irgendein Konfliktkonto – kommt, und dann muss man irgendwann dafür zahlen. Keiner will immer Kompromisse machen und sagt dann: »Okay, du willst Spanien, ich will Norwegen – dann gehen wir nach Österreich. Dann kriegt niemand, was er will, aber ...« *(Jesper macht ein demonstrativ unzufriedenes Gesicht und lacht dann.)*
Kerstin: Ja, genau. Dann hat es wenigstens keiner. Alle unglücklich.
Jesper: Ja, alle sind unglücklich. Und das passiert oft in Partnerschaften und Familien, dass es plötzlich nicht darum geht: »Wie kann es uns gut gehen?«, sondern: »Wem geht es am schlechtesten?« Und das ist ja, wie alle wissen, nicht sehr konstruktiv. Wenn wir darüber sprechen, warum wir etwas möchten, hilft das auch, uns selbst besser kennenzulernen. Und vor allem die Kinder müssen sich ja erst noch selbst kennenlernen. Wenn also Moritz sagt: »Ich will so und so ein Ding haben«, dann fragt ihr: »Warum?« Er sagt dann vielleicht: »Alle meine Freunde haben eins.« Dann könnt ihr sagen: »Okay, das ist wichtig. Aber das ist kaum ein Argument. Was wäre dein Argument, warum ist es dir wichtig?« Und dann stutzt er und sagt: »Ja, weiß ich nicht. Alle haben eins.« Und ihr: »Okay, aber denke darüber nach, warum es für dich wichtig ist. Das wollen wir gern hören. Das möchten wir wissen, um entscheiden zu können.« Und diese reflektierenden Phasen, diese ständigen Einladungen, sich zu äußern, sind so wichtig, wenn Erwachsene und Kinder ihr Selbstgefühl entwickeln sollen. Und zu akzeptieren, dass der andere nicht nur immer zufrieden ist. Denn warum sagt man oft Ja? Man will es einfach haben und ohne Konflikt. So ist es häufig ...
Kerstin: Konfliktvermeidung, ja.
Jesper: Manchmal müssen wir auch Entscheidungen treffen,

die sehr stark auf die Kinder und auf unsere Partnerschaft einwirken, etwa:»Ich will jetzt eine neue Ausbildung anfangen«, oder:»Ich will jetzt nicht mehr so viel arbeiten«, oder: »Ich will jetzt wieder arbeiten.« Spontanerweise argumentieren wir oft *dagegen*, statt zu sagen:»Aha, wieso? Warum?« Erst danach und oft auch erst nach mehreren Gesprächen weiß man dann:»Jetzt habe ich *alles* über meinen Wunsch gesagt, und jetzt kann mein Partner und jedes einzelne Kind eigentlich meinen, was sie wollen. Weil ich jetzt sozusagen im Gleichgewicht bin, mir ist es klar, was ich will.« Und das ist sehr, sehr hilfreich. Und genau diese Hilfe brauchen wir von unserem Partner und von unseren Eltern und auch von unseren Kindern. Die Kinder von heute brauchen diese Hilfe besonders, weil sie so viel wissen, die haben so unheimlich viele Informationen. Und sie brauchen unsere Hilfe, um über diese Dinge nachdenken zu können.»Also, ich weiß dies und jenes, ich weiß, dass es hier so und dort so ist, die haben das, und wir haben etwas anderes, und so weiter.« Bei dieser Informationsmenge brauchen Kinder Eltern, die manchmal kommen und sagen:»Hallo? Und was *denkst* du darüber?« Und dann fragen sie zurück, weil es einfacher scheint:»Was meinst du, was ich denke?« Und dann bleibt man dran:»Was denkst *du*, das interessiert mich?« Okay?

Kerstin: Ja. Klingt alles logisch. Ist nur wahrscheinlich nicht so einfach umzusetzen – mal schauen.

Jesper: Es ist nie einfach. (*Alle lachen.*) Oder es ist immer einfach, aber nicht so *leicht*. (*Alle lachen wieder.*)

Kerstin: Richtig! Danke schön, Jesper.

Sascha: Danke.

Jesper: Danke euch auch.

Tipps von Jesper Juul an Kerstin und Sascha

- Auch für dich, Sascha, gilt wie für Mateo, den Vater von Laura: Wer unter Depressionen leidet, hat die Verantwortung, sich Hilfe zu suchen. Und sich zurückzuziehen, wenn es nötig ist.
- Jeder Mensch muss das Recht haben, auch mal Zeit nur mit sich selbst zu verbringen. Und wer wie du, Sascha, unter Phasen leidet, die die Familie belasten, sollte das erst recht für sich in Anspruch nehmen – ohne schlechtes Gewissen. Du und Kerstin solltet darüber reden, wie ihr solche Auszeiten organisieren könnt, damit sie Kerstin nicht zu sehr belasten.
- Statt mit Moritz in einen Machtkampf um den Platz des »ersten Mannes im Haus« zu gehen, ist es besser, ihn einzuladen, seine Meinung zu äußern, und bei Entscheidungen einzubeziehen. Also: »Wir haben daran gedacht, dies und jenes zu tun, was hältst du davon?« So wird Moritz' Autonomie-Bedürfnis beantwortet, aber er muss nicht die Verantwortung für die Entscheidung tragen. Dann spürt er, dass er so, wie er ist, ernst genommen wird, lernt aber auch, dass es in den Beziehungen der Familie nicht um Macht geht.
- Überlegt, wie es euch gut gehen kann. In der Familie, mit dem Partner und für euch selbst. Ladet euch gegenseitig ein, euch mitzuteilen und über eure Bedürfnisse und Wünsche auszutauschen. Fragt euch gegenseitig, warum euch dies oder jenes wichtig ist. Denn wer von sich weiß, warum ihm etwas wichtig ist, der ist mehr im Gleichgewicht, selbst wenn sich ein Wunsch nicht erfüllt.

Jesper Juul: Wenn es bei den Eltern stimmt, stimmt es auch bei den Kindern

Meist erleben Familien, deren Lebenssituation durch Drogen-konsum oder eine psychische Erkrankung wie eine Depression eines Elternteils bestimmt ist, einen enormen Druck. Die betroffene Mutter oder der betroffene Vater ist dann meist wie abwesend, kann die Führungsrolle in der Familie nicht (mehr) übernehmen. Und viele stellen sich dann die Frage, inwieweit diese Familiensituation dem Kind oder den Kindern schadet bzw. was man tun kann, damit keiner Schaden nimmt. Allein schon wegen der Sorgen, die sich die Kinder natürlicherweise machen, wenn Eltern krank sind. Aber Kinder dürfen sich sorgen und auch ein gewisses Maß an Verantwortung übernehmen. Erst wenn sie sich über Gebühr für den kranken Papa oder die Mama, die nun allein die Familie stemmen muss, verantwortlich fühlen, wird es kritisch. Aus einer natürlichen Verantwortlichkeit kann dann eine Über-verantwortlichkeit entstehen, die man zum Beispiel daran bemerkt, dass Kinder schon sehr jung wie Erwachsene sprechen. In Familien, in denen ein Erwachsener oder sogar beide nicht in der Lage sind, die Verantwortung für sich selbst oder die Familie als Ganzes zu übernehmen, kommt dies häufig vor. Wenn sich ein Kind jedoch überverantwortlich fühlt, dann trägt es eine Last, die eigentlich zu schwer für einen Heranwachsenden ist. Zumal es auch Einsamkeit in seiner Familie empfinden wird, weil der Vater oder die Mutter (wie) abwesend ist. Und ein Kind nimmt immer auch die Schuld für die Familiensituation auf sich. Diese Erfahrungen, vor allem wenn sie sich über Jahre erstrecken, werden zu einem integralen Bestandteil des eigenen Selbstbildes des Kindes und beeinflussen auch später noch die Art der Beziehung zu anderen Menschen.

Eltern, die instinktiv versuchen, eine Krankheit, Schmerzen, Sorgen oder Ängste vor den Kindern zu verheimlichen, um das Kind zu schützen, sehen nicht: Kinder wissen alles! Sie wissen es, wenn ihre Eltern Probleme haben, Mama eine Affäre hat, wenn es ihrem Papa schlecht geht. Kinder, auch wenn sie nichts Genaues wissen, bekommen mit, dass etwas im Familiensystem nicht stimmt, und versuchen, dieses Missverhältnis auszugleichen.

Ein gutes Beispiel ist dies: Mein Sohn hat sich von seiner Frau nach 16, 17 Jahren Beziehung getrennt, und seine Frau ist nicht sehr glücklich damit. Sie war immer – nicht immer, aber die letzten Jahre – unzufrieden und frustriert, aber jetzt ist sie unglücklich. Und sie sagt nun über ihren Sohn: »Er braucht mich im Moment unbedingt 24 Stunden am Tag. Er will unbedingt bei mir schlafen, er will unbedingt dies und das. So ist das.« Es ist ja nicht Sache eines Großvaters, der Mutter zu sagen – und ich habe es auch nicht gesagt! –, dass der Sohn seine Mutter nicht braucht. Aber seine Mutter scheint ihn zu brauchen. Er muss da sein, um seine verlassene Mutter zu trösten. Das ist ganz klar zu sehen. Und er macht das auch gern, mit großer Freude. Aber dieses Bild, das die Mutter hat, kommt vor allem ihren Bedürfnissen entgegen. Im Kindergarten sagte eine Erzieherin: »Ja, die Mutter von Ihrem Enkel sagt, er brauche Erwachsene sehr viel – das erleben wir hier aber nicht so.« Das war sehr diplomatisch von der Erzieherin. Im Kindergarten kann er mit Gleichaltrigen spielen und einfach nur Kind sein, was wichtig ist.

Was sollten aber nun Eltern tun, die bemerken, dass für

ihre Kinder im Familiensystem etwas im Ungleichgewicht ist? Das Wichtigste ist, denke ich, offen zu sein und zu sagen: »Ich mache das Beste, was ich kann bzw. was ich weiß.« Und dann schaue ich mein Kind an, und dann erlebe ich, war dies oder jenes okay oder war es nicht okay. Und dann kann ich mich von meinem Kind korrigieren lassen. Das heißt nicht, dass Kinder über die ganze Tagesordnung entscheiden sollen. Das heißt nur, dass, wenn ich irgendetwas mache und es nicht funktioniert, dann muss ich etwas anderes machen. Und dann kann ich, wenn mein Kind älter als zwei ist, auch mein Kind fragen: »Wie mache ich das besser?«

Eltern auch mit schwerwiegenden Problemen, egal welcher Art, sollten ihr Herz öffnen und mit ihren Kindern sprechen. Angemessen sprechen, aber auch so, wie wir mit einem Erwachsenen sprechen würden, also freundlich und nicht kinderfreundlich süß. Und mit Musik, mit der Sprache, die einem eigen ist. Das ist unheimlich wichtig.

Während solcher Gespräche bekommt das Kind die Möglichkeit, das Verhalten, die Emotionen der Eltern zu verstehen, und es kann seine eigenen Sorgen aussprechen. Bemerkt man dann oder schon vorher im Verhalten des Kindes, dass sich das Kind zu viel Verantwortung auflastet, sagen Sie ihm klar und persönlich: »Das ist nicht deine Verantwortung, dafür bin ich, deine Mama, verantwortlich/dafür ist dein Papa verantwortlich.«

Das Beste, was Eltern für ihre Kinder nun mal tun können, ist, die Verantwortung für ihr eigenes Leben zu übernehmen und so ihrem Kind Vorbild zu sein. Es sind unschätzbare Erfahrungen und Erkenntnisse auf dem Weg ins Erwachsenenalter, wenn ein Kind erleben darf, wie Eltern ehrlich zu ihm und zu sich selbst sind und konstruktiv auf Schwierigkeiten reagieren. Eltern, bei denen es stimmt, sind nicht Menschen, die keine Sorgen oder Nöte haben, sondern Erwachsene, die ihre Probleme ansehen und mit ihnen verantwortungsvoll umgehen.

Es ist nicht die Aufgabe von Eltern, ihre Kinder vor Widrigkeiten und Schmerzen zu schützen. Es ist aber ihre Aufgabe, ihnen ein Vorbild darin zu sein, wie man trotz schmerzvoller Erfahrungen und Schwierigkeiten sein Leben meistern kann. Dies sollten alle Eltern beherzigen!

Zwischen uns passt kein Blatt – Die intuitive Verbindung und was sie mit der Partnerschaft macht

Immer wieder konnte ich in meinen Gesprächen mit Familien beobachten, dass zwischen einem Elternteil und einem Kind eine ganz besondere Verbundenheit besteht. Diese besondere Beziehung nenne ich die intuitive Verbindung. Den allermeisten Menschen ist sie nicht bewusst, und auch in der Forschung hat sie bislang keinen Namen. Dabei ist sie so wichtig! Die intuitive Verbindung ist eine äußerst sensible Sache innerhalb der jeweiligen Familie, sodass ich selbst in Beratungsgesprächen zurückhaltend bin, auch wenn ich sie bei Mutter und Kind oder Vater und Kind vermute. In einem der Beratungsgespräche in München sprach eine Mutter von der »reinen Liebe«, die sie zu ihrem jüngeren Sohn empfinde und die sich sehr stark von der Liebe zu ihrem älteren Sohn unterscheide. Da deutete sich diese ganz besondere Nähe an. In der Familie von Tobias und Yvonne zeigte sich, dass Tochter Lara leichter vom Vater lernen kann, dem sie sehr ähnlich ist und von dem sie sich auch eher abschaut, was ihr wichtig ist. Es gibt aber auch Mädchen, die diese besondere

Nähe zur Mutter haben, und Jungen, die mit dem Vater intuitiv eng verbunden sind.

Es ist nach meiner Erfahrung tatsächlich so dass die allermeisten Kinder eine besondere Beziehung zu einem Elternteil haben. Und wir haben eigentlich keinen Namen dafür, aber es hat nichts mit Liebe zu tun, es hat auch nichts mit Zeit zu tun – es hat mit Existenz zu tun. Es heißt: »Wenn ich diese Beziehung zu meiner Mutter habe, dann kann ich nur von meiner Mutter über das Leben lernen. Nur von ihr kann ich mir abschauen, wie man mit seinem Leben umgeht. Das kann ich nicht von meinem Vater lernen, obwohl er auch ein Mann ist, und so weiter.« Oder umgekehrt, es hat wie gesagt nichts mit Mädchen oder Junge bzw. Mutter oder Vater zu tun. Ein anderes Beispiel: Hat das erstgeborene Kind etwa eine intuitive Verbindung zur Mutter, ist der Verlust, wenn ein Geschwisterkind kommt, um ein Vielfaches größer als sowieso schon. Es empfindet dann vielleicht: »Ich habe diese *Hotline* zu meiner Mutter verloren. Ich bin verzweifelt, weil ich nicht weiß, wie ich sie zurückbekommen kann. Aber ich brauche sie doch so sehr.«

Im folgenden Gespräch beschreibt eine Mutter eine symbiotische Verbindung mit ihrem Sohn. Für den Vater und die Partnerschaft der Eltern eine Schwierigkeit, wenn auch noch aus anderen Gründen, die sie nun im gemeinsamen Beratungsgespräch auseinanderdividieren und betrachten wollen. Die sehr enge Mutter-Kind-Beziehung liegt ihren Schwierigkeiten zugrunde. So geht es nicht nur dieser Familie …

»Ich bin mit meinem Sohn zusammengewachsen – mein Mann mit seinem Büro«

Nora und Viktor erwarten ihr zweites Kind. Nora verrichtet alle Elternaufgaben in der Familie allein, ihr Mann Viktor steht seit Beginn des Familienlebens außen vor. Sich vom Paar in eine Familie zu verwandeln bedeutet für Partner auch, dass sie sich neu verorten und neu verbinden müssen. Da aber Nora und Elias schon sehr bald wie eine Einheit verschmolzen waren, fand der Vater keinen Platz im familiären Gefüge. Auch sprachlich ist es für Vater und Sohn eine Hürde, dass Elias mit seiner Mutter ausschließlich Ungarisch spricht, deren Muttersprache. Auf Deutsch verständigt Elias sich zu Hause nicht gern, was für Viktor ein weiterer Nachteil ist. Hinzu kommt, dass Viktor selbst kein Vatervorbild erlebt hat, an dem er sich orientieren könnte. Ihm fällt es daher in mehrfacher Hinsicht schwer, seinen Platz als Vater und Partner in der Familie einzunehmen.

Das Gespräch

Nora und Viktor
sind die Eltern von Elias, 5

Nora: Kann ich? (*Sie weint und lacht gleichzeitig.*) Also, unser Problem ist, dass wir den Übergang vom Paar zur Familie nicht geschafft haben. Wir haben eine *sehr* lange Zeit für uns beide allein gehabt – sechs Jahre –, und dann habe ich in der 16. Schwangerschaftswoche bemerkt, dass ich schwanger bin – es gab keine Vorzeichen, keine Pläne. Auf dem Ultraschall hat uns aber schon ein kleines Wesen zugewinkt. Wir standen also mehr oder weniger vor vollendeten Tatsachen: Wir bekommen jetzt ein Kind. Vorher war das nie ein Thema zwischen uns gewesen. Und dann war Elias auch schon da. Ein autonomes Kind – brüllen, schreien, mit vier Monaten sitzen, mit neun Monaten laufen, seine Ansagen an uns waren stets:»Ich will, ich mach!« Mit 14 Monaten hat er entschieden, er ist jetzt sauber – so war es auch, er hat sich aufs Klo gesetzt und fertig. Dann plötzlich hat er begonnen, Fahrrad zu fahren, einfach so. Also, er macht. Erziehung habe ich ganz schnell aufgegeben – bringt nichts. Wir wachsen miteinander, das ist die einzige Lösung, alles andere führt zu Streit oder Diskussionen, die sinnlos sind. Und ja, wir haben auch noch eine gemeinsame Sprache, die Viktor nicht spricht, meine Muttersprache, Ungarisch. Ich und Elias sind in dieser Brüll- und Schreizeit zu einer Symbiose geworden. Und je mehr wir zusammengewachsen sind, umso mehr ist mein Mann mit seinem Büro zusammengewachsen. Jetzt ist Elias fünf und seiner Zeit weit voraus, was natürlich Schwierigkeiten mit sich bringt. Weil ich nicht mit einem Kind reden kann, sondern er philosophiert mit mir, wie man stirbt, ob man stirbt, und er fragt Sachen wie ein Erwachsener, vielleicht weil er sich verpflichtet fühlt, den Mann in der Familie zu spielen. Ich weiß es nicht. Das sind auf jeden Fall die Tatsachen. Und ja, ich studiere noch nebenbei, und jetzt ist der Punkt erreicht, wo ich einfach sage:»Okay, jetzt war ich die letzten fünf Jahre Mama, Vater, Student, Nora, was auch immer – und ich mag nicht mehr. Ich kann nicht mehr.« (*Sie weint.*) Jetzt muss er wollen.

Jesper: Mhm!

Nora: Das war's von meiner Seite.

Viktor: Ja, Nora hat mich am Anfang unserer Elternschaft mehr oder weniger entmannt. *Sie* checkt alles, *sie* macht alles, sie ist nicht nur die Frau, sondern auch der Mann im Haus. Ich war davon anfangs angenehm überrascht, weil das Leben leicht ist, wenn man absolut keine Verantwortung hat, und dann bin ich irgendwie in dieser Schleife hängen geblieben. Also, wenn ich ganz ehrlich bin, möchte ich die Verantwortung auch jetzt noch nicht übernehmen, weil ich mir denke: »Hat doch gut funktioniert. Ihr habt euer Paralleluniversum, es läuft, und wenn ich Lust und Laune habe, kann ich dabei sein oder draußen bleiben.« Ich störe mich auch nicht so sehr daran, dass Elias noch immer kaum Deutsch gelernt hat. Mit Nora spricht er ja Ungarisch. Ich war zwei Jahre als Busfahrer tätig und nicht oft zu Hause, also wurde das Deutsch bei der Zweisprachigkeit vernachlässigt. Deshalb reden Elias und ich relativ wenig miteinander. Wir kommunizieren mehr mit Händen und Füßen und über Mimik und Grimassen und Albernheiten. Das Problem aber ist: Ich weiß, dass ich meine Verantwortung als Vater übernehmen *muss*, sonst endet das Ganze in einer Katastrophe. Aber aufzustehen und zu sagen »Okay, machen wir!« fällt mir schwer. Ich habe selbst auch kein Vorbild dafür, ich bin ohne Vater groß geworden, sprich, ich habe Stiefväter gehabt, mehrere. Und ich weiß nur eines: Ich möchte so nicht erziehen oder formen oder wie auch immer man das nennt. Also, es ist für mich irrsinnig schwierig – ich weiß nicht: Was macht ein Vater? Worin besteht eine Vaterschaft? Ich liebe Kinder, ich liebe sie! Aber nur bis zu dem Zeitpunkt, an dem sie anfangen, irgendwelche Forderungen zu stellen. Ich kann zwei Stunden lang mit Kindern wie ein Kasperl die dümmsten Sachen machen – aber wenn es dann zum Beispiel ans Naseputzen geht, dann rufe ich: »Uh, okay ... Mama!«

Jesper: Weißt du, warum?

Viktor: Weil ich nicht erwachsen geworden bin oder ... Ich weiß es nicht, keine Ahnung. Ich habe den Übergang zum Erwachsenen irgendwie verschlafen.

Jesper: Wenn du jetzt sagst: »Irgendwie muss ich ja, sonst endet das alles in einer Katastrophe«, denkst du dann: »Das muss ich für mein Kind machen«, oder »Das muss ich für meine Frau machen«?

Viktor: Ich denke auf alle Fälle: »Das muss ich für meine Frau machen.«

Jesper: Okay.

Viktor: Also Elias ist für mich ... Ich habe zu ihm ein ziemlich schwieriges Verhältnis. Er ist in erster Linie der Typ, der mir meine Frau ausgespannt hat. Der meine Frau permanent, 24 Stunden am Tag, in Beschlag nimmt, sodass sie dann abends einfach so ausgepowert ist, dass für den lieben Viktor nichts mehr übrig ist. Und das bereits seit fünf Jahren. Auch da weiß ich: *Ich* mache den Fehler. Aber es ist schwer, dagegen anzukämpfen. Was ich tue, mache ich weder für mich noch für Elias, sondern in erster Linie für Nora. Weil sie einfach der wichtigste Mensch in meinem Leben ist.

Jesper: Erzähl mal, Nora, wenn du sagst, du hast das und das und das so lange gemacht und jetzt bist du am Ende, schaffst es nicht mehr, willst es nicht mehr ... Was sind deine Vorstellungen, wenn wir ein bisschen zaubern könnten und sagen: »Okay, so wird es ab morgen sein«? Wie sollte dein Alltag dann aussehen?

Nora: Also, zwischen uns zweien, ohne Kind?

Jesper: Nee, nee, nee ... zwischen euch dreien.

Nora: Okay, sonst hätte ich auch gesagt, das passt. Viktor und ich liegen manchmal bis spät in der Nacht wach und machen Blödsinn und haben Spaß, richtig wie kleine Kinder. Also, das passt. Nur, wenn die Familie zusammen ist, habe ich das Gefühl, wenn ich die Verantwortung nicht trage, dann fällt das Ganze zusammen ...

Jesper: Da brauche ich ein paar Beispiele, weil ich nicht genau weiß, was du meinst, wenn du über Verantwortung redest.

Nora: Ich muss alle Entscheidungen treffen. Wann essen wir, was essen wir, wie koche ich, wann koche ich? Das Kind muss an die frische Luft, also gehe ich mit Elias raus, dann schnell nach Hause, kochen, wieder raus und Holz hacken, wieder rein, Elias beschäftigen, für Viktor Kaffee kochen, zwischendurch für meine Prüfung lernen ... Das ist mein Alltag. Ich rotiere den ganzen Tag.

Jesper: Mhm.

Nora: Es ist nicht schlimm, nur jetzt merke ich, dass aus Qualität Quantität geworden ist.

Jesper: Ja, ja, ja.

Nora: Das ist immer schnell, schnell, schnell.

Jesper: Okay, okay. Also, du bist ja jetzt seit fünf Jahren die Expertin und die Direktorin – wie könntest du dir das anders vorstellen?

Nora: Ich würde mir wünschen, dass Viktor von selbst auf die Idee kommt und sagt: »Ich gehe jetzt mit Elias raus. Ich gehe jetzt zwei Stunden mit ihm spielen.« Oder: »Morgen koche ich.«

Jesper: Okay.

Nora: So richtig aktiv: »Ich gehe jetzt meinen Sachen nach, zu denen ich verpflichtet bin. Zu denen ich verpflichtet wäre.«

Jesper: Okay. Okay. Das ist, denke ich, unrealistisch.

Nora: Gut.

Jesper: Was glaubst du, Viktor?

Viktor: Es funktioniert zwei-, dreimal, und dann kommt wieder der Schlendrian rein.

Jesper: Ja. Also, ich vermute, es muss mindestens mehrere Monate oder ein paar Jahre lang so sein: Das, was Viktor schaffen kann – morgens, nachmittags, egal wann –, ist, dich, Nora, zu fragen: »Okay, was kann ich heute für dich tun?« Und dann kannst du sagen: »Du kannst das und das und das machen.« Und dann kann Viktor sagen: »Okay, das mache ich gern, das mache ich nicht.« Aber dieser Traum, dass dein Mann sich selbst diesen Überblick verschafft und all das übernimmt – das ist, glaube ich, unmöglich.

Nora: Okay, kann ich mit leben.

Jesper: Das weiß ich. Du kannst ja mit allem leben. *(Er lacht.)* Die Frage ist: Kannst du auch *gut* damit leben?

Nora: Na ja, wenn ein bisschen Entlastung da wäre ... Von mir aus schreibe ich es ihm gern übers Bett, an die Decke, die erste Frage des Morgens.

Viktor: Wir könnten ja eine Haushälterin einstellen. Eine hübsche.

Jesper: Eine hübsche, ja. *(Alle lachen.)* Ein Au-Pair. Ja ... Nein, denn es ist ja nicht so einfach mit dieser Verteilung von Verantwortung: Es gibt den Haushalt, es gibt das Kind, es gibt den Garten, es gibt das Auto, es gibt das und das und das – und dann gibt es eigentlich sehr wenig, das man wirklich teilen kann. Es gehört immer einem – also: »Ich bin hauptverantwortlich für das Auto oder für den Garten oder für das Kochen oder was es ist.« Und so ist das. Das heißt, es muss klar sein. Dazu kommt, dass du, Nora, im Haushalt allein warst und auch sehr gut darin. Das heißt, du hast es geschafft, es hat funktioniert. Und es gibt keinen Wettbewerb, also, es gibt niemanden, der sagt:»Du bist zu dominant«, oder:»Du machst zu viel.« Denn meiner Erfahrung nach – und das gilt nicht nur für Frauen – kann man diese Verantwortung nicht einfach so auf den Tisch legen. Oder andersherum gesagt, entweder muss man genau das machen und sagen:»Hier ist sie, ich nehme sie jetzt nicht mehr.« Oder man muss einen Gegenspieler haben, der sagt:»Jetzt will ich aber diese Verantwortung.« Ich glaube, das ist für viele von uns Männern und Vätern schwierig – wie du, Viktor, ja auch selbst sagst:»Kann ich das für mich tun?«, und die Antwort ist bisher:»Nein.« Aber du kannst Initiative zeigen:»Was kann ich heute für dich tun? Oder diese Woche? Oder …« Und dann kannst du, Nora, das beantworten. Aber deine Idee, dass du diese ganze Verantwortung nicht mehr hast, das ist wohl nicht möglich. Und das ist natürlich ein bisschen traurig, denn Verantwortung zu tragen ist viel mehr Arbeit, als Aufgaben zu lösen. Und so, wie ich das verstehe, weißt du, Viktor, auch noch nicht, wie kann ich das für *mich* machen? Es hat für dich – wenigstens bis jetzt – gut funktioniert. Hätte Nora sich nicht beschwert, wäre eigentlich alles okay.

Viktor: Ja.

Jesper: Und das heißt, es gibt nur diese Motivation:»Wie kann ich es für meine Frau richtig machen?« Das ist das eine. Das Zweite ist das mit deinem Sohn. Und da möchte ich dir gern einen Trick verraten. Denn ich kenne das, auch für mich war es unheimlich schwierig, Vater zu werden. Ich war die ersten paar Jahre im Leben meines Sohnes unmöglich –

also wirklich unmöglich. So einen unmöglichen Typen habe ich seitdem nie wieder getroffen – Gott sei Dank! *(Er lacht.)* Aber so war das. Ich wusste auch nicht viel über Kinder. Ich habe einen ganz anderen Hintergrund, ich musste erst lernen ... Meine Frau sagte zum Beispiel, als unser Sohn ungefähr zwei Jahre alt war: »Warum spielst du nie mit ihm?« Und ich habe ein halbes Jahr lang so ein bisschen abgewehrt und habe geantwortet *(Jesper brummelt unwillig, bevor er spricht)*: »Das ist Quatsch, ich spiele ja mit ihm.« Aber tatsächlich war es richtig, ich habe sehr, sehr wenig mit ihm gespielt. Und dann habe ich langsam entdeckt, dass ich nicht wusste, wie man das macht. Weil mein Vater nie mit mir gespielt hat. Ich wusste nicht: »Was macht ein Vater?« Und das ganze Leben meines Sohnes habe ich ihn fragen müssen. Zum Beispiel kam er später und sagte: »Wollen wir mit Autos spielen?« Und dann habe ich – aus Disziplin – gesagt: »Ja, gern, aber ich weiß nicht, wie man das macht.« Das war für ihn kein Problem! »Sage ich dir«, hat er zu mir gesagt. *(Jesper lacht.)* Und dann hat er mich auch korrigiert: »Nee, nee, nee, nicht in diese Garage, fahr dahin.« Und so weiter. Also, das habe ich geschafft.

Ein paar Jahre später passierte Folgendes: Mein Sohn war 17 und fing eine Lehre in einem großen Hotel an, das war vielleicht 100 Kilometer entfernt. Ich habe ihn also hingefahren mit all seinen Klamotten und Möbeln und so weiter und saß in dem LKW und habe gedacht: »Also, irgendwie ist dies ein Moment, in dem ein Vater etwas sagen muss. Aber was?« Ich wusste es nicht. *(Jesper lacht.)* Aber damit hatte ich ja schon viel Erfahrung, und ich konnte zu meinem Sohn sagen: »Irgendwie ist es so, dass ich als Vater jetzt etwas sagen muss. Was möchtest du gern hören?« Und er wusste wieder einmal etwas mehr als ich, denn er fragte zurück: »Was meinst du? So was wie Ratschläge?« – »Ja, zum Beispiel«, sagte ich. Er dachte nach, und dann sagte er langsam und ein bisschen ironisch: »Ja, bitte. Drei.« Und das war wunderbar, das war lebensrettend, denn hätte er gesagt: »Nein, brauche ich nicht«, was hätte ich dann machen sollen? Oder hätte er nur zugestimmt – da kannte er mich ja gut genug –, dann hätte ich zweieinhalb Stunden geredet. Er hat mir also wunderbar geholfen, indem er gesagt hat: »Drei«. So lange kann ich zuhören, und drei kann ich selbst sortieren. Mehr brauche ich nicht. In dieser Art und Weise habe ich also bis heute als Vater überleben können.

Mein letztes Erlebnis war: Mein Sohn und meine Schwiegertochter haben sich getrennt, und ich habe wieder meinen Sohn fragen müssen: »Was kann ich für dich tun?« Nicht nur, weil es auch mein Beruf ist. Wäre ich Schreiner, hätte ich dasselbe fragen müssen. Weil ich es nicht weiß. Meine Tendenz ist, mich nicht einzumischen und zu sagen: »Das macht er selbst«, oder: »Das schafft er selbst.« Das ist also die einzige Erfahrung als Vater, die ich dir weitergeben kann: Du musst Vatersein durch *deinen Sohn* erlernen. Du musst *ihn* fragen. Jetzt ist er aber auch ein besonderer Sohn, das heißt, er braucht nicht notwendigerweise, was alle anderen brauchen. Und er ist wahrscheinlich ganz zufrieden mit einem Vater, der ein bisschen auf Distanz funktioniert – glaube ich. Kein abwesender Vater, sondern einer, mit dem zwei Stunden unterhaltsam vergehen, auch ohne viel zu reden oder reden zu müssen. Tatsache ist – und das wird wahrscheinlich schwierig –, dass Frauen und Mütter ja keine Ahnung haben vom Vatersein. Die haben viele Ideen (*Jesper lacht*) – aber keine Ahnung.

Viktor: Und die Ideen teilen sie uns dann auch öfter mit ...

Jesper: O ja!

Viktor: ... und dann gibt es Probleme.

Jesper: O ja! Das ist richtig. Mütter haben keine Ahnung vom Vatersein – genau wie wir keine Ahnung vom Muttersein haben. Du hast aber auch erzählt, dass du mit deinen Vätern keine echte Verbindung hattest, da warst du allein, ja? (*Viktor nickt.*) Wenn du dir jetzt zum Beispiel überlegst: »Soll ich mit Elias zwei Stunden spielen?«, dann hast du einen Partner dabei, nämlich deinen Sohn. Und ich schlage vor, dass du einfach – ich weiß nicht, wie es für dich am besten geht ... Lade deinen Sohn ein und sage: »Hör mal, jetzt fängt ein neues Kapitel an, denn das muss ich – und das müssen wir – für deine Mutter tun. Und ich muss dir sagen: Ich habe keine Ahnung. Ich bin dein Vater – das weiß ich, für mich ist es völlig okay –, aber *wie* man Vater ist, das weiß ich nicht. Ich brauche also Hilfe.« Und wenn er das gehört hat – wir wissen ja, dass er autonom genug ist, dass er nicht so übersentimental wird und entweder schimpft oder sich abgelehnt fühlt und auch nicht wütend auf dich wird –, wird er wahrscheinlich ganz rational damit umgehen. Da haben wir so ein Männergespräch, das Frauen frustriert, weil es so rational ist und alles, was wichtig ist, nicht gesagt wird.

Viktor: Ja.

Jesper: Und so muss es sein. Es kann nicht anders sein. Ist das gut genug für deinen Sohn? Ja, unbedingt. Es ist nicht nur gut genug – es ist eine Verbesserung! Ist es gut genug für seine Mutter? Kaum. (*Er lacht.*) Aber die muss irgendwie damit leben. Und dann werden wir sehen – also über die nächsten drei, vier, fünf Jahre –, ob es eine Möglichkeit für dich, Nora, gibt, diese Überverantwortung, diese Kontrolle ein bisschen loszulassen. Das können wir nicht wissen. Ich habe nur einen Vorschlag für dich – weil ich weiß, dass es schwierig wird. Mein Vorschlag ist, nimm ganz bewusst eine Rolle ein, in der du es schaffst zu sagen: »Jetzt will ich meinen Mann als Vater erleben, ohne Erwartungen, ohne Vorwürfe, ohne Fantasien im Kopf, wie er eigentlich sein sollte oder wie er ist oder was für ein Potenzial er hat – ganz einfach: Jetzt will ich das erleben. Und dann können wir möglicherweise in Zukunft darüber reden – möglicherweise aber auch nicht. Aber das ist es.« So sehe ich die Wirklichkeit für dich. Und ich bin natürlich interessiert daran, ob das für dich zu – wie sollen wir es nennen – entweder zu optimistisch oder zu pessimistisch ist.

Nora: Nein, ich finde es sehr glaubwürdig. Es ist vom Gefühl her auch stimmig. Ich meine, Elias selbst sagt, er weiß, er hat einen schuldigen Vater. Ihm ist klar, dass da was anders ist, aber er akzeptiert das, ohne es zu werten.

Viktor: Ich habe ja auch ein schuldiges *Kind.*

Nora: *(Sie lacht und weint.)* Also, es ist ein Geben und Nehmen zwischen den zweien irgendwie. Nur, wie gesagt, ich merke einfach, dass Elias eine Vaterfigur braucht, und die kann ich nicht wirklich ersetzen. Und er sucht danach.

Jesper: Mhm. Du, Nora, bist für Elias der wichtigste Mensch im Leben, nach dir schaut er, mit dir spricht er. Und das wird sich auch nicht ändern, so wie ich es sehe, ihr teilt eine ganz besondere Nähe. Und trotzdem sucht, braucht er auch eine tiefere Beziehung zu seinem Vater, nur er kann ihm Halt geben. Viktors Wirklichkeit ist eher so: Er muss dieses Vatervorbild und all das langsam aufbauen, mit Input von verschiedenen Vätern, so muss das gehen. Und das ist überhaupt keine Katastrophe – es ist manchmal aber durchaus eine Katastrophe, wenn man abhängig von *einem* Vorbild ist. Wenn man sein ganzes Leben lang dagegen kämpft oder versucht, es loszulassen. Aber ich glaube, ihr seid alle drei eigentlich sehr …

Viktor: … schrullig.

Jesper: Schuldig?

Viktor: Schrullig.

Jesper: Was bedeutet das?

Viktor: Etwas verrückt.

Jesper: Aaah.

Nora: Kreativ, mhm? (*Sie lacht.*)

Jesper: Das auch. (*Er lacht.*) Diese intuitiv enge Verbindung zwischen Elias und Nora hat ein Stück weit auch eure Partnerschaft aus den Angeln gehoben, aber zum Glück habt ihr nicht das Lachen miteinander verlernt. Und ihr habt alle drei auch so eine Rationalität, mit der auch in Zukunft nicht aus jedem Konflikt gleich ein Drama wird.

Nora: Stimmt.

Jesper: Eben habe ich ja auch eine Möglichkeit beschrieben, wie du, Viktor, in den nächsten Monaten und Wochen mithilfe deines Sohnes immer mehr Verantwortung als Vater übernehmen kannst – was denkst du darüber, glaubst du, dass es für dich möglich ist?

Viktor: Natürlich! Es wird möglich sein! Es muss möglich sein, weil …

Jesper: Das macht mir jetzt ein bisschen Angst, denn du bist ja groß und stark, und wenn du das entscheidest und das so sagst: »Das muss sein!«, dann erwartest du auch, dass du das schaffst.

Viktor: Ja, das werde ich … Das ist jetzt meine Präambel: Wenn ich das mache, dann werde ich es auch durchziehen. Es *soll* so sein, es *wird* so sein, und fertig!

Jesper: Mhm.

Viktor: Ich möchte diese Familie nicht verlieren, denn wir sind großartig – auch wenn wir ein bisschen verrückt sind, aber wir sind einfach großartig, und wir sind eine Bereicherung für diese Welt. Das sehe ich so.

Jesper: Ich auch.

Viktor: Und deshalb wird das funktionieren.

Jesper: Ja, weil ihr ja alle recht habt: Eure Familie ist etwas Besonderes, nichts Durchschnittliches. Und das Kind ist – Gott sei Dank – ein bisschen autonom oder sehr autonom. Ihr beide eigentlich auch. Du bist auch nicht die typische abhängige Frau.

Nora: Nein.

Jesper: Also, ich kann mir gut vorstellen …

Nora: Aber es fällt mir so schwer, wenn ich zum Beispiel sehe, dass Viktor seine Gesundheit vernachlässigt und für sich und seinen Körper nicht die Verantwortung übernimmt, dann ist das für mich als Partnerin eben frustrierend …

Jesper: Mhm.

Nora: … und als Mutter ist es auch frustrierend, wieso tut er das! Wieso kann oder will er nicht …

Viktor: Weil ich unverwundbar bin. Mir passiert schon nichts.

Nora: Das bist du nicht.

Viktor: Doch, ist so.

(Jesper lacht in sich hinein.)

Nora: Dann hoffen wir, dass es so ist. (Sie lacht.)

Viktor: Ja.

Jesper: Ja! (Er lacht.) Aber mein bester Rat ist: Das darfst du ihm nur einmal im halben Jahr sagen. Weil nur er das ändern kann – und er ist nicht dumm, er weiß das. Und du musst es zweimal pro Jahr sagen, weil du sonst explodierst – du musst es also sagen. Es nützt nichts, aber es nützt dir etwas, es zu sagen. Das ist in Ordnung.

Nora: Okay, jetzt – es ist das erste Mal in diesem Jahr: (*Sie lacht.*) Du musst die Verantwortung für deine Gesundheit übernehmen! So!

Viktor: Okay, gut. Ich fahre zur Kur. Mit einer hübschen Haushälterin.

Jesper: (*Jesper schaut Nora an.*) So meinte ich es nicht! So musst du es nicht sagen … Das war auf den Punkt, aber auch ein bisschen daneben.

Nora: Okay …

Jesper: Weil er das selbst weiß. Was du sagen musst, ist: »Ich bin jetzt mit der Verantwortung für deine Gesundheit fertig, ich übernehme sie nicht mehr.« Du musst es loslassen.

Nora: Okay …

Jesper: Also kein Kugelstoßen mehr, ihm keine auch noch so gut gemeinten Anweisungen, die seine Verantwortung betreffen, vor die Füße werfen, okay? Gut.

Nora: Okay, gut.

Jesper: Das ist der Trick. Und dann passiert es tatsächlich manchmal – wenn Mütter und große Schwestern und so weiter diese Verantwortung wirklich loslassen –, dass die anderen sie wirklich übernehmen können und sagen: »Okay, dann mache ich das.« Es passiert nicht jeden Tag, aber es passiert.

Nora: Okay, danke schön.

Jesper: Bitte. So, jetzt bin ich aber interessiert, weil du mir ja vorher gesagt hast, dass du immer weinst, wenn du über wichtige Dinge redest. Aber jetzt hast du noch nicht geweint. (*Er lacht.*) Nur ein bisschen.

Nora: (*Nickt und fängt an zu weinen.*) Das ist immer so. In der Außenwelt tough und im geschützten Raum, wenn es um Familie oder Emotionen geht, dann geht das los. So eine Art Entlüftungsventil.

Jesper: Ja, das kann man sagen.

Nora: Da kommt es raus, und dann ist es wieder gut.

Viktor: Das ist immer sehr schwer für mich, weil die Leute dann immer fragen, ob ich sie gehauen habe. (*Nora lacht.*)

Jesper: Ja, ja, ja!

Viktor: Das ist immer dasselbe.

Jesper: Ganz zu Beginn meiner Psychotherapie-Ausbildung sagte mir mein Lehrer: »Mach dir keine Sorgen über solche Frauen, denn die warmherzigsten Frauen sind immer wassergekühlt.« (*Alle lachen.*) Und das habe ich seitdem gelernt: So ist es.

Viktor: Ja.

Jesper: Ja. Okay.

Nora: Danke.

Jesper: Danke auch.

Tipps von Jesper Juul für Nora und Viktor

- Nora, du solltest unrealistische Erwartungen an Viktor überdenken und überlegen, was du dir von deinem Partner wirklich wünschst – ohne dass du dir einen völlig anderen Mann an der Seite vorstellst. Viktor ist, wie er ist. Was kann er also für dich als Partner und Vater in euer Leben einbringen, sodass du dich unterstützt fühlst?
- Viktor, du musst dir von Elias helfen lassen. Erzähle ihm, dass du manchmal nicht weißt, wie du dich als Vater ver-

halten sollst. Bitte ihn, dir zu sagen, was ihm wichtig ist. Höre deinem Sohn zu.

- Jeder übernimmt für sich selbst die Verantwortung. Die Partnerin kann einem die eigene Verantwortung nicht abnehmen. Nora, du musst es aushalten, dass es Viktors Entscheidung ist, ob und wofür und ab wann er mehr Verantwortung übernimmt.

- Nora und Elias werden, auch wenn du, Viktor, deine Rolle als Vater und den Platz in der Familie findest, sehr wahrscheinlich weiterhin eine sehr enge Verbindung haben. Das bedeutet nicht, dass du als Vater unwichtig bist, es bedeutet nur, dass Elias seine Mutter intuitiv stärker braucht.

Jesper Juul: Mehr als verbunden – wenn ein Elternteil mit dem Kind eine ganz besondere Nähe teilt

Den folgenden Text habe ich in einer Zeit geschrieben, als ich meine Sprechstimme verloren hatte und weil ich nicht mehr reisen und lehren konnte, wie ich das bisher getan hatte. Viele Jahre lang habe ich mich gescheut, dieses Thema zu Papier zu bringen – vor allem, weil ich befürchtet habe, dass Eltern in Trennung das beschriebene Phänomen gegeneinander und gegen ihre Kinder benutzen könnten. Ich habe jedoch in früheren Jahren mehrere kleine Vorträge über das Thema gehalten und auch ausgiebig mit Eltern und Fachleuten diskutiert. Aber aus verschiedenen Gründen habe ich es immer vorgezogen, meine Gedanken zu dem Thema mündlich mitzuteilen. Ich wusste, dass es für viele eine völlige Überraschung – fast schon eine Enthüllung – bedeutete, und es war mir wohler, wenn ich mir für das Thema so viel Zeit nehmen konnte, wie ich und die Beteiligten brauchten.

Ein weiterer Grund für meine Zurückhaltung war, dass die Vorstellung einer besonderen, existenziellen Verbindung zwischen einem Kind und einem seiner Eltern keine wissenschaftliche Basis hat – zumindest soweit ich weiß. Bisher scheinen sich die Wissenschaftler dieses Phänomens nicht bewusst zu sein, oder sie haben es nicht als wichtig genug erachtet, um es eingehend zu untersuchen.

Alles, was ich beizutragen habe, ist meine lebenslange Erfahrung als Psychotherapeut für Erwachsene, Gruppen und Familien. Ich habe viele Jahre gebraucht, um meine eigene Skepsis zu überwinden, und ich habe mich im Laufe dieses

Prozesses immer wieder selbst an das alte Sprichwort erinnert: »Wenn du einen Hammer hast, fangen alle Probleme an, wie Nägel auszusehen.«

Das Anliegen dieser Niederschrift ist es also nicht, Sie davon zu überzeugen, dass ich recht habe. Daran habe ich kein Interesse. Ich habe ein doppeltes Motiv: Ich möchte die Leser dazu anregen, sich, ihre Partner und ihre Kinder in einem anderen Licht zu sehen – die Beziehungen in der Familie so wahrzunehmen, wie sie sind, und nicht, wie wir sie haben möchten. Ich habe großes Interesse an der Rückmeldung und der persönlichen Erfahrung, die meine Leser bereit sind, mir mitzuteilen. Und wer weiß, vielleicht lässt sich ja das Interesse des einen oder anderen Wissenschaftlers wachkitzeln.

Vor einiger Zeit habe ich online ein Elternpaar beraten, das sich Sorgen um seine dreijährige Tochter machte. Die Tochter war schüchtern, sie wollte nicht wirklich mit anderen Kindern spielen, und so weiter. Beide Elternteile neigten dazu, überfürsorglich zu sein, und ihre echte Empathie hatte eine Beziehung entstehen lassen, in der die Gefühle und Meinungen der Tochter inzwischen weit mehr geworden waren als eine Orientierungshilfe für die Eltern – sie waren zum unumstrittenen Anführer geworden. Das ist ein sehr verbreitetes Phänomen in heutigen Familien, und wir können nur dann einen gesünderen Weg für alle Beteiligten finden, wenn wir in den einzelnen Familien die jeweilige Struktur des Phänomens kennen.

Im Laufe unseres Gesprächs stellte sich heraus, dass die Mutter sich in Gegenwart von Fremden oft unwohl fühlt. Ich fragte, ob es zwischen ihr und der Tochter eine besonders enge Beziehung gäbe, und meine Anregung war, dass das wichtig sein könnte für die Versuche der Eltern, auf angemessene Art und Weise für ihre Tochter zu sorgen. Die Mutter tat diesen Vorschlag sofort als »Quatsch« ab. Sie verstand meine Frage als den Versuch, ihr die Schuld für die Schwierigkeiten der Tochter zu geben. Erst als ich darauf hinwies, dass es darum nicht ging – dass sie nicht schuld an den Schwierigkeiten der Tochter war, sondern dass sie im Gegenteil ein Mittel sein könnte, dem Mädchen zu helfen –, war sie in der Lage, die Angelegenheit zu reflektieren. Am Ende machte der Vorschlag für sie und für ihren Mann Sinn, und die Mutter erkannte das Potenzial für eine gemeinsame persönliche Entwicklung ihrer Tochter und ihrer selbst.

Wenn ich bei diesem Fall richtigliege, verfügt die Mutter über ein viel größeres Potenzial, die Tochter zu führen und ihr zu helfen, als der Vater. Ich hoffe, das Folgende macht deutlich, warum das so ist. Bis zu diesem Zeitpunkt hat der Vater seine Frau auf unterschiedliche Arten und Weisen geschützt. Er hat ihre Ängstlichkeit kompensiert, und wann immer sie sich unzulänglich gefühlt hat, hat er übernommen. Da das seine Art zu lieben ist, wird er dieses Muster höchstwahrscheinlich in der Beziehung zu der Tochter wiederholen, und die Ängstlichkeit als einzig bekannter Bewältigungsmechanismus wird auf diese Weise weitergegeben.

Wenn auf der anderen Seite die Mutter erkennt, dass ihr bei der Aufgabe, die Entwicklung ihrer Tochter zu unterstützen, die einflussreichere Rolle zukommt, und wenn sie bereit ist, ihrer Tochter zuliebe die eigene Komfortzone zu verlassen, werden beide davon profitieren. Der Vater seinerseits kann dann damit aufhören, »seine Mädchen« zu versorgen und zu beschützen, und stattdessen damit anfangen, Freude an ihnen zu haben.

Dieses Beispiel ist eine sehr komprimierte Version dessen, was ich deutlich machen möchte – das enorme Potenzial einer intuitiven Verbindung, die zwischen einem Kind und nur einem der beiden Elternteile existieren kann. Die Bezeichnung »intuitive Verbindung« wurde von jemand anderem vorgeschlagen, und ich fühle mich nicht ganz wohl mit ihr – mir persönlich klingt das etwas zu sehr nach New Age. Da ich aber bisher noch nicht auf eine bessere Alternative gekommen bin, werde ich vorerst diesen Begriff verwenden.

Die intuitive Verbindung entfaltet ihre volle konstruktive Macht in dem Moment, in dem sowohl das entsprechende Elternteil als auch das Kind ihre Existenz anerkennen – vor allem dann, wenn das andere Elternteil in der Lage ist, diese Verbindung zu unterstützen. Ich habe noch kein Kind (auch kein Kind im Teenageralter) getroffen, das sich dieser Verbindung nicht bewusst gewesen wäre. Oder dass diese Verbindung nicht sofort in meinen Beschreibungen wiedererkannt hätte. Erwachsene brauchen oft mehr Zeit, entweder weil sie skeptisch sind, nicht »besonders« sein wollen oder weil sie von Gefühlen überwältigt werden. Letzteres passiert oft in Familien, in denen die Väter in dem Glauben gelebt haben, ihre Frauen könnten »besser mit den Kindern umgehen«, wie später in Beispiel 2 beschrieben.

Die emotionale und die intuitive Verbindung
Ganz allgemein gesprochen existieren in beiden Verbindungen gegenseitige Liebe und der Wunsch, wertvoll für den anderen zu sein. Wenn ich von Liebe spreche, meine ich damit allerdings die Liebe in den Herzen und in den Absichten der Beteiligten und nicht die Qualität dessen, was *zwischen*

ihnen passiert. In manchen Fällen ist allerdings die Beziehung zwischen dem Kind und einem Elternteil stärker, da sie durch eine intuitive Verbindung verstärkt wird. Dann hat das Kind zum Beispiel sowohl zur Mutter als auch zum Vater eine emotionale Beziehung, aber zum Vater zusätzlich noch eine intuitive Verbindung. Diese beinhaltet eine ausgeprägte existenzielle Komponente. Der Vater ist in diesem Fall ein stärkeres und einflussreicheres Rollenvorbild im Hinblick auf die inneren und äußeren Verhaltensmuster, die das Kind entwickeln wird. Das kann genauso gut andersherum sein – mit der Mutter als intuitiv mit dem Kind verbundenem Elternteil. Die jeweils andere Person ist im Leben des Kindes genauso wichtig – als das Halt gebende Elternteil. Dies kann ich nicht oft genug sagen, denn nicht nur das Kind bzw. die Kinder, sondern auch die Partnerschaft leidet darunter, wenn sich Erwachsene diesen Prozess nicht deutlich machen. Durch die intuitive Verbindung verliert die emotionale Beziehung keineswegs an Bedeutung. Wir müssen nur die intuitive Verbindung erst verstehen lernen.

Viele erwachsene Kinder werden sich einer solchen Verbindung erst bewusst, wenn ihre Eltern sterben. War der Vater das intuitiv verbundene Elternteil und die Mutter stirbt, dann ist der Tod der Mutter traurig für das Kind, und es vermisst die Mutter und trauert um sie. Stirbt jedoch der Vater, fühlt sich das Kind vollkommen allein auf der Welt. »Was auch immer geschah, er hat mich stets begleitet – von jetzt an bin ich allein unterwegs«, wie es eine Tochter einmal ausdrückte.

Ich denke, der entscheidende Grund, dass diese Art der Verbundenheit vielen von uns erst sehr spät oder gar nicht bewusst wird, ist, dass sie mit einem sehr starken Tabu belegt ist – wir sollen unsere Kinder alle auf die gleiche Art und

Weise lieben und das eine genauso sehr wie das andere. Täglich fragen Tausende von Kindern auf der ganzen Welt ihre Eltern: »Liebst du meine Schwester mehr als mich?«, oder »Warum liebst du meinen Bruder mehr?« Viele dieser Kinder werden dazu gebracht zu schweigen, andere spüren das Tabu von allein und versuchen für sich, das Mysterium zu ergründen. Das Gleiche gilt für viele Eltern, die sich schuldig dafür fühlen, dass ihre Verbundenheit mit dem einen Kind stärker zu sein scheint als mit dem (oder den) anderen. Weil sie keine andere Bezeichnung für diese Verbundenheit kennen, denken sie, es wäre Liebe.

Eine Mutter reagierte einmal mit Tränen der Erleichterung auf meinen Versuch, die intuitive Verbindung zu beschreiben. »Ich habe mich immer so schlecht gefühlt, weil ich meine eigene Familie als zwei Familien sehe. Ich habe bei der Heirat meinen Geburtsnamen behalten, und mein neunjähriger Sohn und ich sind die Johnson-Familie, während mein Mann und unsere 14-jährige Tochter die Campbells sind. Jetzt ist mir klar, was einer der Unterschiede zwischen uns ist. Wenn ich meine Tochter bitte, mir im Garten zu helfen, endet das oft in einem Konflikt, weil ich ihr alles zehnmal sagen muss. Wenn mein Sohn mir hilft, macht er alles schon beim ersten Mal richtig, und beim nächsten Mal weiß er immer noch, wie es geht. Mit ihm zu arbeiten ist einfach so viel unkomplizierter.«

Das Wichtigste ist, dass wir verstehen, dass die intuitive Verbindung nichts mit Liebe zu tun hat. Diese Art der Verbindung gehört zu keiner emotionalen Kategorie. Sie bedeutet nicht, dass dieser oder jener Vater sein Kind mehr liebt als die Mutter oder als seine anderen Kinder, und sie bedeutet auch nicht, dass das Kind seinen Vater mehr liebt als die Mutter.

Es gibt keinen Grund zur Eifersucht, allerdings kann das andere Elternteil manchmal gute Gründe haben, neidisch zu sein. Und das bringt mitunter großes Konfliktpotenzial für eine Partnerschaft mit sich. Daher ist das Verstehen der intuitiven Verbindung für die Erwachsenen in doppelter Hinsicht aufschlussreich – als Eltern *und* als Partner.

Die intuitive Verbindung hat nichts mit Liebe zu tun.

In den letzten paar Jahrzehnten hat die Entwicklungspsychologie entdeckt, dass »Bindung« eine entscheidende Größe in der Beziehung zwischen Eltern und Kind darstellt, und das war gut so. Die intuitive Verbindung scheint jedoch unabhängig zu sein von dem erfolgreichen Aufbau von Bindung in den ersten vier bis fünf Jahren des kindlichen Lebens mit den Eltern. Sie hat das Potenzial, Bindung zu jedem Zeitpunkt des Lebens aufzubauen.

Die intuitive Verbindung ist also keine Liebe, und sie ist unabhängig von Bindung – was aber ist sie dann? Aufbauend auf meiner Erfahrung und auf den Geschichten, die mir Hunderte von Menschen erzählt haben, lautet die genaueste Beschreibung, die ich (aus kindlicher Perspektive formuliert) geben kann:

Die *intuitive Verbindung* ist eine existenzielle Verbundenheit, über die das Kind lernt, wie das entsprechende Elternteil mit den Herausforderungen und den Segnungen des Lebens umgeht, und über die das Kind diese Kompetenzen und Muster in sein eigenes Sein integriert.

Wenn das alles ist, dann ist das nicht besonders neu. Allerdings gibt es da noch mehr, ganz besonders dann, wenn die Verbindung zwischen dem Kind und seinem intuitiv mit ihm verbundenen Elternteil in irgendeiner Form belastet ist. Wenn beispielsweise der Vater oder die Mutter nicht verfügbar ist – wenn er oder sie etwa gestorben ist,»nie« zu Hause oder aus anderen Gründen im Leben des Kindes nicht präsent ist –, dann ist es für das andere Elternteil fast unmöglich, ein Rollenvorbild zu werden. So wächst das Kind in einem existenziellen Vakuum und mit einem massiv eingeschränkten Selbstgefühl auf. Ein Zeichen dafür kann sein, dass dem einen Kind ein Elternteil nach einer Trennung zutiefst fehlt, während das Geschwisterkind dieses Elternteil, das es jetzt nur noch ab und zu an den Wochenenden sieht, einfach vermisst. Dem ersten Kind wurde ein existenzielles Bedürfnis versagt; seinem Geschwister dagegen »nur« ein geliebter Mensch weggenommen. Das erste Kind ist unglücklich, verloren und einsam. Dem anderen Kind geht es im Großen und Ganzen ganz okay, und es passt sich an die neue Realität an.

Egal, wie sehr das intuitiv verbundene Kind bestimmte Verhaltensanteile des entsprechenden Elternteils – beispielsweise Gewalt oder Alkoholismus – emotional ablehnen mag, es wird höchstwahrscheinlich ähnliche Verhaltensmuster – beispielsweise eine andere Form von aggressivem beziehungsweise selbstzerstörerischem Verhalten – entwickeln. Entscheidet sich das betroffene Elternteil dafür, sich Hilfe zu holen und neue Bewältigungsstrategien zu lernen, wird das Kind davon profitieren. Es hat dann die Chance zu lernen, seine inneren Konflikte und seinen Schmerz auf eine weniger selbstzerstörerische Weise zu bewältigen.

Allerdings kommt es oft vor, dass dieses Elternteil sich seiner Verhaltensmuster nicht bewusst ist, dass es versucht, sie zu vertuschen oder zu kompensieren, oder dass es in Bezug auf sie lügt, und das macht es natürlich extrem schwierig für das Kind, sich mit sich selbst wohlzufühlen. Eine andere sehr verbreitete Strategie ist es, dass Eltern zu verhindern versuchen, dass ihr eigenes Verhalten auf die Kinder »abfärbt«. Dementsprechend fördern und predigen sie besseres Verhalten, wobei sie fälschlicherweise annehmen, dass die existentielle Entwicklung in erster Linie ein kognitiver Prozess ist. Diese Strategie stürzt das Kind in einen massiven existenziellen Konflikt, und sie verringert seine Fähigkeit, Autoritätspersonen zu vertrauen.

Wir erleben es immer wieder: Weder das Erlernen noch die Integration von Verhaltensmustern finden selten in Form von »lehrenden« Eltern statt. Ganz im Gegenteil: Der Prozess ähnelt eher der »Osmose«, wie wir sie aus dem Pflanzenreich kennen. Die besten Voraussetzungen dafür werden durch den kontinuierlichen Kontakt innerhalb eines gemeinsamen Zuhauses geschaffen. Wenn das nicht möglich ist – aufgrund von Trennung oder weil Eltern viel unterwegs sind oder in einer anderen Stadt beziehungsweise in einem anderen Land leben und arbeiten –, wird es schwierig oder sogar unmöglich für das Kind, zu lernen, und für das entsprechende Elternteil, sich an dem Kind zu freuen.

Wichtig ist mir zu sagen: Kein Außenstehender – sei es ein Familienmitglied, ein Freund oder eine Therapeutin – kann feststellen, ob die intuitive Verbindung in einer bestehenden Eltern-Kind-Konstellation wirklich existiert. Sie kann von anderen als Möglichkeit formuliert werden, doch bestätigt werden kann sie nur von dem betreffenden Erwachsenen und dem betreffenden Kind. Falls dieses Kapitel für Sie als Privatperson und/oder als professionelle Beraterin oder Therapeut also Sinn ergibt, dann hoffe ich, dass Sie anderen Menschen auch weiterhin mit einer offenen, interessierten und empathischen Denkweise begegnen. Versuchen Sie nicht, Beziehungen zwischen anderen zu definieren, sondern teilen Sie den anderen Ihre Wahrnehmung mit und überlassen Sie ihnen dann selbst die Entscheidung, wie sie diese verarbeiten wollen.

Wie funktioniert die intuitive Verbindung?

Wann entsteht diese besondere Verbindung, und von wem geht sie – bewusst oder unbewusst – aus? Vom Kind, vom jeweiligen Elternteil, von beiden? Die kurze Antwort lautet: Ich habe keine Ahnung. Ich kenne Beispiele, die vollkommen unglaubwürdig wirken, und andere, die absolut eindeutig scheinen. Über einen Zeitraum von 15 Jahren habe ich eine große Zahl junger und erwachsener Adoptivkinder aus verschiedenen Ländern getroffen, und viele von ihnen verspürten den Drang, zurückzugehen und ihre biologischen Eltern (meistens die Mütter) zu finden. Etwa 50 Prozent derer, denen es gelang, ihre biologischen Mütter zu finden, empfanden das als eine sehr bedeutungsvolle Erfahrung. Sie hatten das Gefühl, eine Identität gefunden zu haben, die ihnen gefehlt hatte, und eine lebenslange Verbindung zu ihren Eltern und ihren anderen Familienangehörigen entstand. Für die anderen 50 Prozent war die Erfahrung befriedigend, weil sie Antworten auf viele ihrer Fragen gefunden haben, doch die Beziehungen wurden nie nah und bedeutungsvoll in einem existenziellen Sinn.

Die Adoptivkinder der ersten Gruppe nickten immer eifrig, wenn ich über die intuitive Verbindung sprach, während die zweite Gruppe das Phänomen nicht wiedererkannte. Interessanterweise konnte kein einziges Adoptivkind eines seiner Adoptiveltern als mit ihm intuitiv verbunden benennen. Eine mögliche Schlussfolgerung ist, dass es ein biologisches Bindeglied zwischen Kindern und Eltern geben muss.

Könnte es sein, dass bei einigen der Adoptivkinder, die keine intuitive Verbindung mit ihren Müttern gespürt haben, eine solche Verbindung mit ihren Vätern, die sie nie getroffen haben, existiert?

Beispiel 1: Leo

Leo, ein elfjähriger Junge, war seit etwa einem Jahr depressiv (nicht einfach nur traurig oder unglücklich). Als seine Mutter Anna mit ihm schwanger geworden war, hatte der Vater, Achim, sich sofort aus der Beziehung zurückgezogen und erklärt, dass er keinerlei Kontakt zu dem Kind oder irgendwelche Verantwortung haben wollte. Die Mutter hatte das akzeptiert und nie versucht, ihn zu kontaktieren.

Leo hatte nach seinem Vater gefragt, als er etwa drei, sechs und neun Jahre alt war. Anna hatte ihm dann die Wahrheit erzählt, und er war zunächst beruhigt. Jetzt aber war der Junge untröstlich, und er hatte seinen Lebenswillen verloren.

Mit Erlaubnis der Mutter schrieb ich einen Brief an Achim. Ich beschrieb ihm die Situation und bat ihn, seinen Sohn zu besuchen, ihn anzurufen oder ihm zu schreiben und seine Haltung persönlich zu bestätigen. Der Vater entschied sich für das Schreiben, und zwei Tage nachdem der Junge den Brief gelesen hatte, hatte er seine Depression überwunden.

Als ich mich drei Jahre später bei der Familie meldete, um zu erfahren, ob alles in Ordnung war, hatte Leo eine sehr kraftvolle Beziehung zu seinem männlichen Fußballtrainer aufgebaut, und es ging ihm so gut wie jedem anderen Teenager. Anna hatte erkannt, dass ihre Möglichkeiten, ihrem Sohn zu helfen, begrenzt waren, und sie hatte noch immer damit zu kämpfen, ihre elf Jahre zurückliegende Entscheidung, die Haltung des Vaters zu unterstützen, zu verarbeiten.

Es scheint möglich, dass die intuitive Verbindung auch ohne physische Nähe und ohne Interaktion zwischen Elternteil und Kind existieren kann – dann allerdings ohne ihre Vorteile.

Ich habe viele Beispiele erlebt, die in die gleiche Richtung gehen. Damals habe ich über einen Zeitraum von zehn Jahren mit Gruppen alleinerziehender Mütter, die am unteren Rand der Gesellschaft lebten, gearbeitet. Zu dieser Zeit war das gemeinsame Sorgerecht keine Option, und in 99 Prozent aller Fälle hatten die Mütter das volle Sorgerecht für ihre Kinder. Viele der Väter verhielten sich mehr oder weniger unverantwortlich, tranken viel zu viel oder hatten wenig Sinn für Verpflichtungen gegenüber anderen Menschen. Ihre Kinder bekamen monatelang nichts von ihnen zu sehen oder zu hören, und dann plötzlich riefen die Väter an und verlangten, ihr Kind zu sehen. Sie vereinbarten einen Termin, um es abzuholen, und dann erschienen sie entweder einfach nicht, oder sie fuhren das Kind zu ihrer eigenen Mutter oder Schwester und gingen einen trinken.

Etwa die Hälfte der Kinder in dieser schmerzhaften Situation gab nach ein oder zwei Jahren auf und verweigerte den weiteren Kontakt zu den Vätern. Die andere Hälfte bestand darauf, den Kontakt aufrechtzuerhalten, trotz des Drucks, der von ihren Müttern, Großeltern, Geschwistern und Sozialarbeitern ausging. Das waren genau die Kinder, deren Mütter immer das Gefühl hatten, dass sie auf das Denken und Verhalten ihrer Kinder keinerlei Einfluss hatten, egal wie sehr sie dies auch versuchten. Und egal wie viel professionelle Unterstützung diese Mütter und ihre Kinder bekamen, es half nie wirklich. Nach einigen Tagen oder Wochen fühlten sich die Mütter wieder ratlos, und ihre Kinder waren genauso einsam und verzweifelt wie vor der Intervention. Beide zahlten dafür einen sehr hohen Preis in Bezug auf ihr Selbstwertgefühl und ihr Selbstvertrauen.

Es gelang mir oft, die Dinge auf eine konstruktivere Ebene zu verlagern, indem ich das Erleben des Kindes anerkannte und sagte: »Ich weiß, dass du deinen Vater vermisst, und das ist schon schlimm genug. Aber du *brauchst* ihn auch wirklich, und das ist noch viel schlimmer, denn es bewirkt, dass du dich vollkommen einsam und verloren fühlst.« (Die meisten Kinder verstehen den Unterschied zwischen existenzieller und sozialer Einsamkeit ohne weitere Erklärungen.) In den meisten Fällen reagierte das Kind unmittelbar, indem es weinte und nickte, und seine Tränen waren Tränen der Erleichterung und der Dankbarkeit darüber, dass ihm endlich jemand mit den entscheidenden Worten zu Hilfe kam – mit Worten, die sie unmöglich in ihrem eigenen Wortschatz hätten finden können.

»Was kann ich tun?«, fragten die Kinder und ihre Mütter. Den Kindern sagte ich: »Das Beste, was du tun kannst, ist, dir über das klar zu werden, was du schon weißt – dass du allein bist. Du wirst deine eigenen Wege im Leben finden müssen, und du wirst mehr Verantwortung für dich selbst und für deine Entscheidungen tragen müssen, als ein

Kind sollte. Deine Mutter und andere Erwachsene können dich anleiten und dir Vorschläge machen, aber sie können nicht das sein, was dein Vater für dich hätte sein sollen – und trotzdem kannst du immer noch ein sehr gutes Leben führen.«

Vielleicht finden Sie, dass das eine Menge Worte sind für ein drei-, sechs- oder zehnjähriges Kind. Aber glauben Sie mir: Solche Worte vermitteln die richtige Botschaft, etwas, das Kinder zu schätzen wissen. Sie sehnen sich nicht nach intellektuellem Verständnis, sondern nach Sinn und danach, sich »gesehen« zu fühlen, statt betrachtet, beobachtet, abgeschätzt und nach ihrem Verhalten beurteilt zu werden.

Zu den Müttern sagte ich: »Ich weiß, wie sehr Sie Ihre Tochter/Ihren Sohn lieben und wie gern Sie ihr/ihm helfen würden, aber Sie können das nicht auf dieselbe Art und Weise tun wie bei Ihrem anderen Kind. Sie müssen versuchen, mit der Tatsache zu leben, dass Ihr Kind trotz Ihrer Liebe und Ihrer Fürsorge einsam ist. Es wird Ihre Führung und Ihre Rückmeldungen akzeptieren, wenn Sie diese klar und ehrlich kommunizieren, aber wenn Sie versuchen, Ihr Kind unter Druck zu setzen oder zu manipulieren, wird es sich von Ihnen abwenden. Die Form von Macht, die viele Eltern erwarten, können Sie nicht haben. Aber wenn Sie das respektieren, können Sie eine Menge Einfluss haben.«

Viele der Mütter waren nicht in der Lage, den Unterschied zwischen Macht und Einfluss zu erfassen, aber dennoch half ihnen diese Botschaft, sich von ihren Schuldgefühlen zu befreien. Außerdem gab sie den Müttern etwas, das sie wirklich für ihr Kind tun konnten, und so konnten sie sich auch wieder wertvoll für dessen Leben fühlen. Oft waren Zeit und langwierige Gespräche notwendig, bevor diese Mütter ihr instinktives Verlangen, ihr Kind zu trösten und ihm beruhigende und optimistische Versprechen zu machen, bezähmen konnten. Für viele von ihnen war das die erste Konfrontation mit der Tatsache, dass nicht alles, was aus liebevoller Absicht geschieht, sich wie Liebe anfühlt.

Wir werden vielleicht nie herausfinden, wie, wann und warum die intuitive Verbindung als besondere Form der Beziehung entsteht, und möglicherweise ist das auch nicht so wichtig. Für mich hat ihre Bedeutung von Anfang an in der Tatsache gelegen, dass das beidseitige Anerkennen ihres Wesens ein unglaubliches Heilungspotenzial hat – ein Potenzial, in dem viel mehr Macht liegt als in irgendeiner Form von professioneller Therapie oder von pädagogischen Strategien und Methoden.

Im besten Fall wohnt diesem Prozess ein Heilungspotenzial nicht nur für die intuitiv verbundenen Menschen inne, sondern auch für den Dritten, Vierten oder Fünften in der Familie, sei es der andere Partner oder ein Geschwisterkind. Das allseitige Anerkennen einer intuitiven Verbindung kann ein wichtiger Beitrag zur Stärkung des Gleichgewichts in der Familie sein.

Beispiel 2: Elisabeth

Eine dreiköpfige Familie suchte mich auf. Manuela, die Mutter, war Lehrerin, warmherzig, extrovertiert und lebendig. Der Vater war Buchhalter, introvertiert und sehr ernsthaft und verantwortungsbewusst. Die Tochter Elisabeth war sieben Jahre alt, hübsch und mit einem traurigen Gesicht. Die Sitzpositionen, die sie wählten, gaben einen ersten kleinen Hinweis auf das, was sich später als entscheidend herausstellen sollte. Die Mutter saß allein auf einem kleinen Sofa, Vater und Tochter mit einem halben Meter Abstand voneinander auf dem anderen.

Manuela: Wir sind hier, weil sich Elisabeths Persönlichkeit im Laufe der letzten zwei Jahre fast völlig verändert hat. Sie war immer sehr fröhlich, kontaktfreudig und lustig. Jetzt ist sie bedrückt, oder vielleicht wäre melancholisch das passendere Wort.

Meine erste Reaktion war eine Routine-Frage nach dem Lehrbuch.

Jesper: Ich wüsste gern, ob zu der Zeit, in der ihr diese Veränderung wahrgenommen habt, irgendetwas passiert ist.
Manuela: O ja! Erst gab es einen schrecklichen Unfall im Kindergarten. Ein kleiner Junge hat sich stranguliert und ist auf der Rutsche gestorben, weil seine Jacke an einem Bolzen hängen geblieben ist. Elisabeth war zu dem Zeitpunkt drinnen im Haus, und wir konnten nie klären, ob sie durch das Fenster etwas gesehen hat.
Elisabeth: Ich bin mir nicht wirklich sicher, ob ich etwas gesehen habe oder ob wir so viel darüber gesprochen haben, dass ich mir das nur einbilde. Jetzt denke ich eigentlich nie mehr daran.
Manuela: Die Gemeinde hat dem Kindergarten eine Krisenpsychologin zur Seite gestellt. Sie erzählte den Eltern der Kinder, die auf dem Spielplatz waren, dass sie mit ihren Kindern nur dann über den Unfall sprechen sollten, wenn die Kinder Fragen stellten. Uns wurde gesagt, nicht darüber zu sprechen, was sich für uns falsch anfühlte. Also sprachen wir in den fol-

genden Wochen viel mit Elisabeth darüber. Das passierte im August, und im September bekam meine Mutter Krebs. Sie zog zu uns und starb innerhalb von zwei Monaten. Im Dezember starb der Vater meines Mannes unerwartet an einem Herzinfarkt, was für uns alle ein Schock war. Besonders für meinen Mann, der seinem Vater sehr nahestand.

Jesper: Elisabeth, erzähl mir doch mal, wie war das für dich, als deine Großmutter starb?

Elisabeth: *(lächelt)* Ich war sehr froh, dass sie bei uns gewohnt hat, und sehr traurig, als sie starb.

Jesper: Und als dein Großvater gestorben ist?

Elisabeth: *(spricht unter Tränen und zitternd)* Das Schrecklichste war, dass ich mich gar nicht von ihm verabschieden konnte.

(Elisabeth rückt näher an ihren Vater heran, und beide weinen eine Zeit lang. Manuela sieht sie dabei voller Liebe und Mitgefühl an.)

Jesper: Eure Geschichte und das, was ich herausgefunden habe, indem ich euch alle beobachtet habe, lässt für mich eine große Frage offen. Ich treffe sehr oft Familien, in denen nicht über traurige und schmerzliche Dinge gesprochen wird, also sprechen wir darüber, und das hilft allen weiterzumachen. In eurer Familie hast du, die Mutter, die nötige Klugheit und die Mittel, mit dieser Art von Dingen umzugehen, und Elisabeths Antworten sind treffend und gesund. Warum also hat ihre Lebensfreude sie verlassen?

Manuela: Also, ich habe meinem Mann gesagt, dass er mit Elisabeth zum Friedhof gehen soll, damit sie am Grab seines Vaters Abschied nehmen können. Mein Mann verspürt den gleichen Schmerz wie Elisabeth.

Robert: *(spricht verlegen)* Ja, aber so bin ich nicht.

Jesper: Er hat recht. Deine Idee ist gut, aber sie ist auch typisch weiblich und darüber hinaus eine verbreitete psychotherapeutische Vorstellung. Vieles in der Psychotherapie basiert auf sogenannten weiblichen Werten, was bedeutet, dass es nicht immer für jeden funktioniert. Wie gehst du mit deiner Trauer um, Robert?

Robert: Mein Vater und ich waren uns sehr nahe, und wir haben jeden Tag miteinander telefoniert. Er war Anwalt, und wir haben uns meistens über berufliche Themen unterhalten. Ich vermisse ihn schrecklich, und ich schäme mich, es zuzugeben, aber ich unterhalte mich noch immer mehrmals am Tag mit ihm.

Während er sprach, rückte seine Tochter näher an ihn heran. Sie ließ sein Gesicht nicht aus den Augen, und sie hatte ganz große Ohren bekommen. An diesem Punkt holte ich mein Flipchart und sprach über die intuitive Verbindung. Die ganze Familie war sehr aufmerksam, und sowohl Elisabeth als auch ihre Mutter nickten von Zeit zu Zeit.

Jesper: Mein Gedanke ist, dass diese Verbindung zwischen dir, Robert, und Elisabeth besteht, und wenn das stimmt, bedeutet das, dass der Schlüssel zu ihrer Vitalität in deinen Händen liegt.

Manuela: *(lacht laut auf)* O ja, du kannst darauf wetten, dass du da genau richtigliegst. Seit ihrer Geburt hat sie ihn nicht aus den Augen gelassen.

(Elisabeth sieht sehr froh aus und schmiegt sich noch näher an ihren Vater, der schluchzt und sein Gesicht in beiden Händen verbirgt. Nach einigen Minuten Stille fängt er an zu sprechen.)

Robert: Darüber habe ich noch nie nachgedacht. Wenn du das sagst, fühle ich in meinem Herzen, dass es wahr ist, aber ich hatte immer die Vorstellung, dass meine Frau besser mit Kindern umgehen kann.

Jesper: Es ist gut möglich, dass sie besser mit Kindern im Allgemeinen umgehen kann, aber wenn es um Elisabeth geht, bist du ihr wichtigstes Rollenvorbild.

Robert: Aber was kann ich tun?

Jesper: Wann immer du sie abends ins Bett bringst, nimm dir ein paar Minuten, um ihr von deinen Gefühlen in Bezug auf deinen Vater zu erzählen und davon, worüber du dich mit ihm unterhalten hast.

Robert: Wirklich? Das ist alles?

Jesper: Ja, das ist alles.

Elisabeth saß mit ihrem Kopf in seiner Achsel so nah an ihm dran, dass er ihr glückliches Lächeln und ihr zustimmendes Nicken nicht sehen konnte. Nachdem wir uns noch etwas ausgetauscht hatten, beendeten wir die Sitzung, und ich sah sie nie wieder. Sechs Monate später erhielt ich einen Brief von der Mutter, in dem sie beschrieb, wie Elisabeth noch an dem Tag, an dem die Familie mich aufgesucht hatte, ihren Weg zurück zu ihrem alten Selbst begonnen hatte und dass sie jetzt wieder vollkommen in Ordnung war.

Bei diesem Fall waren das große Engagement aller Familienmitglieder, ihre emotionale Reife und auch ihre geistige Beweglichkeit sehr hilfreich. In anderen Familien sind manchmal einige Sitzungen nötig, bis die Eltern (oder ein Elternteil) unterscheiden können zwischen gegenseitiger Liebe und intuitiver Verbindung. Solange sie noch an diesem Punkt feststecken, bleiben sie auf sich bezogen und sind nicht in der Lage, ihre Empathie zu nutzen.

Manchmal, wenn die Väter die intuitiv verbundenen Elternteile sind, bleiben die Mütter in dem Gefühl hängen, dass das »ungerecht« ist, weil sie sich die ganze Zeit fast im Alleingang um das Kind gekümmert haben, und ihren Männern deswegen schon seit Langem grollen. Auch partnerschaftlich haben die Eltern dann meist schon einige Krisen erlebt. Es geht manchmal so weit, dass die Mütter die Liebe dieser Väter zu ihren Kindern anzweifeln. Ich habe allerdings auch Väter getroffen, die in dem Moment, in dem klar wurde, dass ihre Frauen die intuitive Verbindung mit einem bestimmten Kind hatten, das als Möglichkeit benutzten, die eigene Abwesenheit zu legitimieren. Die Partnerschaft war bei vielen gefährdet, oder die Partner lebten bereits getrennte Leben, wenn auch noch nicht räumlich vollzogen. Es gibt so viele unterschiedliche Reaktionen, wie man sich nur vorstellen kann, einschließlich der schmerzlichsten – wenn nämlich ein Kind die besondere Verbindung zu einem Elternteil erlebt, das sich weigert, die eigene Bedeutung anzuerkennen.

Kinder und Eltern in Not

Kinder reagieren (auch innerhalb von Familien) sehr unterschiedlich auf Trennungen und darauf, dass sie plötzlich nicht mehr die Möglichkeit haben, die ganze Zeit mit einem bestimmten Elternteil zusammen zu sein – das haben schon viele Familien erlebt. Zwei von drei Kindern vermissen ihre Mutter oder ihren Vater auf einer emotionalen Ebene und trauern einige Jahre über ihren Verlust. Ihr Leben und ihre psychosoziale Entwicklung nehmen einen natürlichen und gesunden Weg, abgesehen von einem Absturz in den schulischen Leistungen, der meistens etwa ein Jahr dauert. Das dritte Kind – das mit der intuitiven Verbindung – erlebt die Trennung als kaum zu ertragen, sowohl auf einer emotionalen als auch auf einer existenziellen Ebene. Diese Kinder sind oft traurig oder melancholisch (was immer wieder als »Depression« fehldiagnostiziert wird), und sie neigen dazu, sich zurückzuziehen oder aggressiv zu reagieren, sobald das für sie sorgende Elternteil versucht, sie zu trösten oder davon zu überzeugen, dass alles wieder gut wird.

Beispiel 3: Charlotte
Charlotte ist 14 Jahre alt, und ich habe sie und ihre Mutter Kathrin im Rahmen einer Fernsehserie getroffen. In dieser Serie ging es um Jugendliche, die Schwierigkeiten hatten, die Erwartungen der Schulen, der Eltern sowie verschiedener sozialer Programme und Institutionen zu erfüllen. Hinzu kamen ihre Schwierigkeiten, ihrem eigenen (oft heimlichen) Wunsch, etwas zu lernen, zu folgen. Meine Rolle war es, die einzelnen Familien dabei zu unterstützen, herauszufinden, was sie tun konnten, um ihrem Kind zu helfen.

Charlotte: Ich sollte dir wahrscheinlich erzählen, dass ich gerade dabei bin, als ADHD-Fall diagnostiziert zu werden.
Jesper: Und warum?
Charlotte: Weil ich es jetzt seit fast drei Jahren nicht schaffe, mich auf die Schule und die Hausaufgaben zu konzentrieren.
Jesper: Was ist vor drei Jahren in deinem Leben passiert?
Kathrin: Ihr Vater und ich haben uns scheiden lassen, weil er eine neue Frau kennengelernt hat.
Charlotte: Ich besuche ihn jedes zweite Wochenende, aber es gefällt mir nicht wirklich. Seine neue Frau entscheidet al-

les, und sie besteht darauf, dass mein Vater und ich nichts zu zweit unternehmen. Es müssen immer alle dabei sein – sie hat zwei kleine Kinder – oder gar nicht. *(Charlotte leidet sichtlich, als sie von ihrer Zeit mit der neuen Familie des Vaters erzählt. Ein paar Minuten lang weint sie still vor sich hin.)*

Charlotte: Ich weiß eigentlich nicht, warum ich immer noch so traurig bin. Ich weiß, dass Mama und Papa nie wieder zusammenleben werden, und es ist jetzt drei Jahre her ... Ich sollte das hinter mir gelassen haben.

Jesper: *(nach einer kurzen Beschreibung der intuitiven Verbindung)* Ich glaube, du hast so eine Beziehung zu deinem Vater, das heißt, du vermisst ihn nicht nur, sondern du brauchst ihn, und du brauchst Zeit zu zweit mit ihm.

(Charlotte bricht in Tränen aus, ihr Oberkörper sackt auf dem Tisch zusammen, und eine Weile lang weint sie untröstlich. Dann schaut sie mit einem vollkommen veränderten Gesichtsausdruck wieder auf.)

Charlotte: Sage dem Produzenten, dass ich eine Filmkopie dieser Sitzung haben will, um sie meinem Vater zu zeigen! Danke, dass du mir das erzählt hast, ich glaube, ich kann jetzt wieder lernen.

Die folgenden Wochen gaben ihr recht. Sie war in der Lage, sich zu fokussieren, und ihr Kurzzeitgedächtnis funktionierte wieder. Davor war sie in ihrem Trauerprozess stecken geblieben, weil ihr nicht klar war, was sie verloren hatte. Wie so viele andere Kinder mit einer der Mode-Diagnosen war sie einfach nur traumatisiert, und es war eine dringende Notwendigkeit für sie, dass ihr Trauma erkannt und anerkannt wurde.

Charlotte hatte einen unterwürfigen Vater, dem überhaupt nicht bewusst war, wie sehr sie ihn brauchte. Sie hatte eine Stiefmutter, die kein wirkliches Interesse verspürte, eine sehr liebevolle und fürsorgliche Mutter, die sich vollkommen hilflos fühlte, und Lehrer, die nicht in der Lage waren, das Ganze von einer höheren Warte aus zu sehen. Immer mehr Fachleute mit einer Menge guter Absichten rotteten sich um sie zusammen, aber alle blieben auf der emotionalen Ebene hängen (ich *vermisse* meinen Vater) und konnten so keine Hilfe sein. Das passiert immer mehr Kindern und Teenagern: Wenn nichts von dem, was wir tun, hilft, reagieren wir, indem wir einfach noch mehr davon tun. Wir kleben dem Kind das Etikett auf, nicht motiviert zu sein, statt uns unseren eigenen Begrenzungen zu stellen.

Beispiel 4: William

William war neun Jahre alt und stand kurz davor, wegen seines aufsässigen und aggressiven Verhaltens gegenüber seinen Lehrern der Schule verwiesen zu werden. Die Tatsache, dass seine Schule die einzige Schule in der Gegend war, stellte ein riesiges Problem für seine Mutter dar, die alleinstehend und geschieden war und drei weitere Kinder hatte, für die sie sorgen musste.

Seit seine Eltern sich zwei Jahre zuvor getrennt hatten, waren William und seine Schwestern zweimal im Jahr (800 Kilometer weit) für ein Wochenende zu ihrem Vater gefahren. Der Vater hatte eine neue Familie mit zwei Kindern aus einer früheren Beziehung seiner neuen Frau und einem gemeinsamen einjährigen Kind. Der Vater wurde mir als strenger, arbeitsamer Mann mit festen Prinzipien und wenig

Flexibilität beschrieben. Eines seiner Prinzipien war, dass man keinen Unterschied zwischen seinen biologischen Kindern und seinen Stiefkindern machen solle. Sie sollten alle gleich behandelt werden.

Während seine Mutter, seine Schwestern und ich uns unterhielten, ging William am anderen Ende des Raums auf und ab wie ein Löwe im Käfig. Manchmal fluchte er und schlug mit einem Stück Kreide auf die Tafel ein. Meine Einladung, zu uns zu kommen, hatte er von Anfang an abgelehnt.

Theresa: Vor zwei Monaten hat sich William geweigert, seinen Vater zu besuchen, obwohl ich weiß, dass er ihn vermisst. Er behauptet, er würde nie wieder zu ihm gehen. Ich weiß nicht mehr, wie ich mir sein Verhalten erklären soll.
Jesper: Ich habe eine Idee.

Ich begann, über die intuitive Verbindung zu sprechen und warum ich annahm, dass sie zwischen William und seinem Vater existierte. William stand ruhig in einer Ecke und hörte aufmerksam zu.

Jesper: Ich glaube, dass William sich weigert, seinen Vater zu besuchen, weil dieser seine Kinder nicht unterschiedlich behandeln will. Da die beiden eine besondere Beziehung haben, macht es keinen Sinn für William, Zeit mit seinem Vater zu verbringen.

Als ich den Satz beendet hatte, holte sich William einen Stuhl und setzte sich zu uns, und ich wusste, dass meine Fantasie Realität war. Ich fragte die Mutter, ob es für sie okay wäre, das ihrem Exmann zu erklären, was es nicht war. Da es im Raum ein Telefon gab, bot ich an, Georg, den Vater, anzurufen. Es dauerte nur einige Sätze, bis der Vater anfing zu schluchzen.

Georg: Ich weiß, was du zu sagen versuchst. Ich glaube, ich wusste es die ganze Zeit, aber ich war zu verbohrt, um es mir selbst gegenüber zuzugeben. Ich wollte meinen Kindern gegenüber gerecht sein, und am Ende war ich ungerecht zu William. Ich würde jetzt gern mit ihm sprechen, wenn das für ihn in Ordnung ist.

Der Schulpsychologe von Williams Schule hatte die Sitzung miterlebt, und mit seiner Unterstützung konnte William an die Schule zurückkehren. Später bekam er eine ganze Woche, in der er allein mit seinem Vater in die Berge zum Fischen fahren konnte. Seine Schwestern machten bei diesem Plan nur zu gern mit. Auch ihre eigenen Puzzles waren etwas vollständiger geworden.

Auch Williams Mutter war in der Lage, sich auf Anhieb über diese Enthüllung zu freuen. Wie so viele andere Mütter und Väter hatte sie von Williams besonderer Verbindung zu seinem Vater gewusst, aber nie darüber gesprochen. Georg mit all seinen starren Prinzipien und seinen stark ausgeprägten männlichen Attitüden erschien seinem Sohn als starker und mächtiger Mann, der sich von niemandem etwas bieten ließ. Seine weicheren und wärmeren Seiten waren vor seinen Familien und vielleicht sogar vor ihm selbst verborgen gewesen. Williams Schmerz manifestierte sich in einem sehr »machohaften« Verhalten, weil er zu anderen Wegen, mit seinen Gefühlen und Erlebnissen umzugehen, (noch) keinen Zugang hatte. Seine Mutter repräsentierte all die konstruktiven Alternativen, aber William war nicht in der Lage, diese für sein eigenes Leben zu nutzen.

Diese Sitzung war eine Demonstration innerhalb eines Seminars für Fachleute, und diese verbrachten den Rest des Tages damit, ihren persönlichen Erinnerungen nachzugehen und die Muster in ihren Ursprungsfamilien und ihren eigenen Familien zu entdecken. Das war das Geschenk eines beherzten Neunjährigen, der mutig genug war, für sein dringendstes Bedürfnis zu kämpfen und dafür sozialen Ausschluss zu riskieren.

Williams Mutter stellte am Ende der Sitzung eine sehr wichtige Frage: Wäre es für William besser, wenn er bei seinem Vater leben würde? Diese Frage hat Theresa stellen können, weil sie nicht nur auf sich selbst oder auf sich als Mutter fokussiert war, sondern das Wohlergehen ihres Sohnes im Blick hatte. Meine Antwort darauf war alles andere als eindeutig: Ich war mir nicht sicher, ob es einen großen Unterschied machen würde, wenn es darum ging, William bei seinen Problemen, sich in der Schule anzupassen und mit Autoritätspersonen umzugehen, zu helfen – wenn sein Vater ihre besondere Verbindung nicht spürte oder dauerhaft anerkannte. Auch wenn sie die Wahrheit ahnen, haben Väter wie er die bedauernswerte Neigung, auf Probleme zu reagieren, indem sie Schuld zuweisen, belehren, »Grenzen« setzen und Konsequenzen aufstellen – all das macht es nur schlimmer, und es macht die Kinder noch einsamer und isolierter.

»Längerfristig gesehen wäre es höchstwahrscheinlich besser für William, und zwar aus dem einfachen Grund, weil er so in der Lage wäre, mehr von dem inneren und äußeren Verhalten seines Vaters zu integrieren, als ihm das ansonsten möglich wäre. Zwei Wochenenden im Jahr sind bei Weitem nicht genug, und selbst ein Wochenende im Monat und zwei Ferienwochen im Jahr sind für alle Beteiligten oft eher frustrierend als hilfreich.«

Viele Kinder verspüren dieses dringende Bedürfnis, bei dem intuitiv mit ihnen verbundenen Elternteil (mit dem sie juristisch gesehen nicht zusammenleben dürfen) zu leben. In den skandinavischen Ländern leben immer mehr Kinder aus getrennten Familien die Hälfte der Zeit bei dem einen und die andere Hälfte bei dem anderen Elternteil, und wir treffen viele Kinder, die mit etwa elf, zwölf oder 13 Jahren um eine Lösung bitten, die ihnen stattdessen ermöglicht, den Großteil der Zeit mit dem Elternteil, mit dem sie eine besondere Verbindung spüren, zu verbringen.

Nur sehr wenige dieser Kinder können den Grund für ihren Wunsch, den vereinbarten Status quo zu ändern, in Worte fassen. In den Fällen, in denen ein oder beide Elternteile ausschließlich auf ihr elterliches »Recht« auf einen bestimmten Prozentsatz der Zeit und der Aufmerksamkeit ihres Kindes fokussiert sind, geraten die Kinder in schwere existenzielle Not. Die Mädchen neigen noch immer dazu, fügsam, introvertiert und depressiv zu werden, und die Jungen entwickeln psychosoziale Schwierigkeiten, die die Erwachsenenwelt in Aufruhr bringen. Beide Geschlechter beschreiben Gefühle der Leere und den fehlenden Sinn in ihrem Leben.

Beispiel 5: Thomas

Thomas war acht Jahre alt, und sein Lehrer machte sich mehr und mehr Sorgen um sein Wohlbefinden. Thomas hatte längere Phasen, in denen er still und zurückgezogen war. Da seine Lehrer ihm mit Mitgefühl und Respekt begegneten, hatte er kein Problem damit, ihnen seine Gedanken und Gefühle mitzuteilen. Seine Aussage lautete immer gleich: Ich vermisse meinen Vater, und ich wünschte, er würde zu uns zurückkommen.

Seine Eltern hatten sich zwei Jahre zuvor auf Initiative des Vaters getrennt. Seine Mutter Conny fühlte sich betrogen und verschloss noch immer die Augen vor den Tatsachen – sie glaubte, ihr Mann Marvin würde zur Besinnung kommen und zur Familie zurückkehren. Nach 16 Monaten zog Thomas' Vater auf einen anderen Kontinent und plante, jedes Jahr für einige längere Besuche zurückzukommen. Während der Ehe hatte er zugelassen, dass seine Frau in Fragen der Elternschaft den Ton angab, und er war vor ihrer ständigen Kritik in Deckung gegangen. Folgerichtig hatte er sich auch von seinem Sohn distanziert.

Ich wurde gebeten, mich mit Thomas' Lehrer zu beraten, und schlug vor, dass Mutter und Sohn dabei anwesend sein sollten. Im Laufe unseres Gesprächs wurde ich immer überzeugter, dass zwischen Sohn und Vater eine intuitive Verbindung bestand. Ich wollte bei der Mutter nicht noch mehr Feindseligkeit verursachen, also sprach ich nicht über meine Idee oder Vorstellung. Ich bat stattdessen um die Erlaubnis, den Vater zu kontaktieren.

In einer Skype-Konferenz mit dem Vater gelang es mir, ihm die besondere Art ihrer Beziehung bewusst zu machen, und er reagierte mit Reue über die Tatsache, dass er sich zurückgezogen hatte, und mit der erstmaligen Erkenntnis seines eigenen Verlustes. Wir waren uns einig, dass er zurückkommen sollte, um Thomas dies mitzuteilen und den in der gegebenen Situation bestmöglichen Kontakt aufzubauen.

Diese Gespräche zwischen Vater und Sohn stellten sich

als sehr konstruktiv heraus, und jetzt, zwei Jahre später, verbringen sie mindestens zweimal im Jahr einen Monat zusammen. Thomas fühlt sich viel besser, und er kommt besser zurecht, aber vor und nach den Besuchen des Vaters ist er immer noch wochenlang traurig. Inzwischen ist er alt genug, Skype zu benutzen, und sie kommen oft über diesen Weg zusammen.

Das beidseitige Erkennen der besonderen Verbindung zwischen Sohn und Vater war für beide eine große Erleichterung, und Thomas' Mutter kooperiert, so gut sie es kann. Meine Vermutung ist, dass Thomas in einigen Jahren versuchen wird, zu seinem Vater zu ziehen.

Beispiel 6: Lisa

Lisa war ein fünfjähriges Mädchen, das bei ihrem Vater Pierre lebte. Ihre Eltern hatten sich getrennt, als sie zwei Jahre alt war, und ihre Mutter Monika kämpfte seit vielen Jahren mit einer psychischen Störung. Sie stand unter starken Medikamenten, und von Zeit zu Zeit ließ sie sich selbst für einige Wochen in eine psychiatrische Klinik einweisen. Sie liebte ihre Tochter über alles, aber sie war sich darüber im Klaren, dass sie als alleinerziehende Mutter scheitern würde.

Unglücklicherweise empfahl die Mehrzahl der Fachleute, die mit der Mutter zu tun hatten, dass Lisa nicht viel Zeit mit ihrer Mutter verbringen sollte und dass sie nicht bei ihr übernachten sollte. Lisas Vater war intuitiv (!) anderer Meinung, aber er fand es schwierig, gegen die wortmächtigeren »Experten« anzugehen. Lisas Signale ähnelten sehr denen von Thomas in Beispiel 5, und sogar ihre Erzieher im Kindergarten empfahlen nur minimalen Kontakt mit der Mutter.

Sie bemerkten nur, wie unglücklich Lisa war, wenn sie Zeit mit ihrer Mutter Monika verbracht hatte, und erkannten nicht, dass das ihre gesunde Reaktion auf die Trennung war. Bei diesem Fall bat mich der Vater hinzuzukommen, und ich entschied mich dafür, beide Eltern, Lisa, drei Großeltern, die Sozialarbeiterin der Mutter und die Leitung des Kindergartens einzuladen. Ich begann unser Treffen mit einer 15-minütigen Einführung in die Möglichkeit einer intuitiven Verbindung zwischen einem Kind und einem der Eltern.

Lisa war ganz Ohr und wirkte immer zufriedener. Schließlich rutschte sie herüber und setzte sich auf den Schoß ihrer Mutter.

Pierre hatte Tränen in den Augen, und er erklärte, dass er sich immer gefühlt hatte, als wäre er »unzulänglich« oder »nicht genug« als Elternteil. Seine Mutter sagte, dass sie schon immer von der intuitiven Verbindung gewusst hätte und dass diese auch zwischen ihr und ihrem Sohn existierte.

Lisas Mutter lächelte und weinte gleichzeitig. Sie lächelte, weil sie sich zum ersten Mal als Mutter bestätigt fühlte, und sie weinte, weil sie Angst davor hatte, vielleicht negativen Einfluss auf ihre Tochter zu haben.

Pierre: Heißt das, dass Lisa mehr Zeit mit ihrer Mutter verbringen kann?

Jesper: Lisa kann so viel Zeit mit ihrer Mutter verbringen, wie die beiden bewältigen können. Aber sie wird dich, Pierre, viele Jahre lang brauchen, um den Einfluss ihrer Mutter auszugleichen und damit du ihr Erfahrungen ermöglichst, die ihre Mutter ihr nicht bieten kann. Deine Exfrau verfügt über viel Empathie und Klugheit, aber sie hat auch einige ernst zu nehmende Einschränkungen. Ihre Klugheit wird sie nicht davor bewahren, Lisa zu schaden.

Lisa: Papa, ich weiß, dass es Mama nicht gut geht.

Lisas letzte Äußerung bewies, dass sie die Klugheit ihrer Mutter geerbt hatte, und es schien ein passender Moment zu sein, die Sitzung zu beenden.

In den folgenden Monaten führte ich mehrere Gespräche mit Lisa und ihrem Vater, und die erfreuliche Neuigkeit war, dass Lisas gesamtes Netzwerk jetzt sein Bestes tat, sie zu unterstützen, statt wie bisher ihre Mutter zu dämonisieren. Sie alle hatten schon vorher die Bedeutung der Beziehung gespürt, aber es war ihnen nicht gelungen, deren Wesen und Potenzial zu erkennen.

Alleinerziehende Eltern nach der Trennung

Ich habe bereits darauf hingewiesen, dass das Erkennen und Annehmen der intuitiven Verbindung eine Menge bewirken kann, vor allem für alleinerziehende Eltern beziehungsweise für Eltern, die nur zeitweise mit ihren Kindern zusammenleben. Wenn ein Kind, ein Jugendlicher oder sogar ein erwachsenes Kind Probleme mit Sozialverhalten, Anpassung an die Schule, Lernschwierigkeiten, Einsamkeit, Drogen, Kriminalität, dem Studium und so weiter hat, passiert es manchmal, dass ein Elternteil sich intensiv und von ganzem Herzen auf zahlreiche Versuche, zu helfen und zu unterstützen, einlässt. Doch egal wie engagiert dieses Elternteil ist, es hilft alles nichts. Tatsächlich ist dieses Engagement manchmal sogar kontraproduktiv und wird zu einem Risiko für die Beziehung zwischen Elternteil und Kind – entweder weil beide sich mehr und mehr als gescheitert erleben oder weil das Elternteil dem Kind die ganze Schuld gibt. Sehr oft werden die vielen Versuche, wertvoll für das Kind zu sein, auch zu einer Bedrohung für die neue Beziehung des Elternteils zu einem anderen Erwachsenen.

Geschieht so etwas kurze Zeit nach einem destruktiven Trennungsprozess, bei dem beide Eltern das Kind als Waffe in ihrem Machtkampf missbraucht haben, treten zwei Phänomene auf. Das eine resultiert aus der Trauer des Kindes und aus seinen Schwierigkeiten, sich der neuen Situation (zwei Zuhause und so weiter) anzupassen. Das Symptom für dieses Phänomen ist, dass das Kind nach jedem Wechsel ein oder zwei Tage braucht, um sein Gleichgewicht wiederzufinden. Dieses Ungleichgewicht wird von den Eltern nicht als das erkannt, was es ist, sondern es wird als Beweis interpretiert, dass das Kind sich bei dem Feind schrecklich fühlt.

Das andere Phänomen tritt auf, wenn das Kind den Großteil der Zeit bei einem Elternteil lebt, zu dem es eine mehr oder weniger gestörte Beziehung hat, was – zusammen mit dem Umstand, dass das Kind das intuitiv mit ihm verbundene Elternteil vermisst – dazu führt, dass es sich zu Hause und/oder in der Außenwelt »schlecht benimmt«.

Oft erkennen Lehrer, Psychologinnen und Vertreter des Sozialwesens das Wesen der entsprechenden Beziehung nicht und stellen das Kind als das Problem hin. Wir sollten jedoch nie vergessen, dass das Kind beide Eltern liebt und dass es gegenüber beiden Loyalität und Verantwortung für ihr Wohlergehen verspürt.

Wie man die intuitive Verbindung erkennt

Bei einem Phänomen wie der »intuitiven Verbindung«, das viele Menschen wiedererkennen und interessant finden, sind mir immer wieder zwei verschiedene Reaktionen begegnet:

Das Erste ist, dass sowohl Laien als auch Fachleute nach allgemeinen Anzeichen fragen, die die Existenz der intuitiven Verbindung im gerade vorliegenden Fall »beweisen« könnten.

Das Zweite ist die Suche nach einer Antwort auf die Frage, warum es so etwas gibt. Steht irgendein Zweck oder eine Bedeutung dahinter? Sind wir »falsch«, wenn ich es in meiner eigenen Familie nicht erkennen kann?

Die erste Frage ist für mich leicht zu beantworten: Ich bin noch nie auf irgendwelche objektiv messbaren Anzeichen gestoßen. Selbst wenn ich einer Familie die intuitive Verbindung beschreibe und die beiden Betroffenen sie erkennen und sie auch nutzen können, ist das noch immer eine sehr subjektive Erfahrung, und auch die Tatsache, dass zwei, drei oder fünf nahestehende Menschen diese Erfahrung teilen, macht sie noch nicht zu einer objektiven Wahrheit. Meine Tendenz ist es, der eigenen Wahrnehmung der Menschen zu vertrauen – egal ob diese meine Erfahrung bestätigt oder nicht.

Ich betone das, weil wir in einer Zeit leben, in der sich alles auf Beweise stützen muss, um ernst genommen zu werden. Eine solche Forderung schließt Erfahrung als Quelle von »Wissen« fast vollständig aus. Meiner Ansicht nach ist das ein Zeichen für geistige und spirituelle Armut, aber lassen wir es dabei. Das könnte ja auch wieder nur der bequeme Standpunkt eines Nicht-Wissenschaftlers sein.

Ein erster machbarer Schritt bei Ihren persönlichen Nachforschungen könnte sein, dass Sie über Ihre Verbundenheit mit jedem Ihrer eigenen Eltern nachdenken. Welchen Spruch haben Sie in Ihrer Familie immer wieder gehört: »Du bist deiner Mutter/deinem Vater wie aus dem Gesicht geschnitten«, oder »Du hast das Aussehen deines Vaters und die Seele deiner Mutter«? Das könnte sehr wohl wahr sein, und der nächste Schritt ist es, über die emotionale Beschaffenheit dieser Beziehung nachzudenken. Gab oder gibt es einen beständigen Strom emotionalen Austauschs zwischen Ihnen beiden, oder gilt das eher für Ihre Beziehung zu dem anderen Elternteil? Sie können sich auch Ihre eigene Familie anschauen. Wer ist mit wem verbunden, und wie manifestiert sich diese Verbundenheit in Worten, Körpersprache, Verhalten und Ähnlichem? Seien Sie vorsichtig, es gibt einen Unterschied zwischen der intuitiven Verbindung und dem Etikett »Papis Prinzessin« oder »Mamas Junge«. Solche Bezeichnungen sind oft irreführend, und ihnen liegt eine eigene faszinierende Phänomenologie zugrunde.

Wir sollten nie vergessen, dass das Kind beide Eltern liebt.

Bedenken Sie auch, dass der tatsächliche Kontakt in Form von verbalem Austausch, körperlicher Nähe und offenem Interesse – oder das Fehlen desselben – aufseiten der Eltern von geringer Bedeutung ist. Für viele Kinder hat das Phänomen der »abwesenden Väter« zur Folge gehabt, dass sie in einer lebenslangen existenziellen Leere gelebt haben, die oft mit ernsthaften emotionalen Problemen in nahen Beziehungen einhergegangen ist. Unabhängig von Alter und Geschlecht hilft die Erkenntnis darüber, was wirklich gefehlt hat, den Menschen oft, festeren Boden unter die Füße zu bekommen und herauszufinden, welche Möglichkeiten sie haben, alternative Rollenvorbilder zu finden. Um erfolgreich zu sein, muss diesem Schritt eine persönliche Entscheidung zugrunde liegen – im Gegensatz zu einer Inszenierung durch andere.

Der beste Rat, den ich geben kann, ist: Trauen Sie Ihrer Intuition, Ihrem Bauchgefühl und Ihren Beobachtungen. Wenn eine Kombination davon Sie annehmen lässt, dass die intuitive Verbindung zwischen zwei Menschen existiert und dass sie eine wichtige Rolle in ihrem Leben, ihren persönlichen Problemen und ihren zwischenmenschlichen Konflikten spielt – erzählen Sie den beiden einfach davon und schauen Sie, wie sie reagieren. Versuchen Sie nie, irgendjemanden zu überzeugen! Damit füttern Sie lediglich Ihr Ego.

Wenn Sie ein Kind haben, das zwei bis drei Jahre oder älter ist, sollten Sie es auch fragen: »Ich spüre oft eine besondere Verbindung zu dir. Spürst du auch so etwas?« Egal wie die Antwort oder Reaktion darauf ist, Sie können dem Kind ein bisschen davon erzählen, wie Sie das erleben und was für Gedanken Sie dazu haben. Vielleicht erzählen Sie auch, mit welchem Ihrer eigenen Eltern Sie auf diese Weise verbunden waren. Machen Sie es kurz, und lassen Sie es wirken. Wenn Sie das Gefühl haben, dass die besondere Verbindung zwischen Ihrem Partner und Ihrem Kind besteht, sprechen Sie nur mit Ihrem Partner darüber! (Die einzige Ausnahme von dieser Regel ist, wenn das andere Elternteil tot ist oder den Kontakt zum Kind vollständig abgebrochen hat.)

Die zweite Frage – warum es das gibt – kann ich nicht beantworten, und um ganz ehrlich zu sein, die Antwort interessiert mich auch nicht besonders. In der Phase des Heranwachsens haben wir alle möglichen Arten von Rollenvorbildern. Manche sind wichtig und prägen uns für das ganze Leben, andere sind intensiv und kurz und eher sozialer Natur. Es ist also nur natürlich, dass wir auch existenzielle Rollenvorbilder haben. Machen Sie sich keine Sorgen, falls Sie letztere innerhalb Ihrer Familie nicht sehen.

Ich persönlich hatte diese Verbindung mit meinem Vater, aber sie war nur etwa fünf Minuten lang »aktiv«, als ich 17 Jahre alt war, und dann wieder für einen kurzen Moment, wenige Minuten bevor er starb. Mein eigener Sohn hatte diese Verbindung mit seiner Mutter, und sie haben es beide genossen. Er hat sie mit seinem eigenen Sohn, und beide sind sich ihrer bewusst.

Was sollte ein Rollenvorbild tun?

Von welcher Warte man es auch betrachtet, alle Eltern dienen ihren Kindern als Rollenvorbilder. Der Grund dafür ist der Wunsch und die Fähigkeit der Kinder zu kooperieren, was ich über die Jahre in einigen Büchern beschrieben habe. Im Grunde genommen bedeutet das, dass Kinder das innere und äußere Verhalten ihrer Eltern kopieren. Allerdings kopieren sie nicht 50 Prozent von dem einen und 50 Prozent von dem anderen. Bei diesem Prozess ist eine komplexe Reihe von Faktoren involviert, wie zum Beispiel Bindung, emotionale Nähe, die emotionale, physische und geistige Verfügbarkeit der einzelnen Eltern und dergleichen mehr.

Von einem Rollenvorbild zu lernen beinhaltet oft, dessen Gegenteil anzustreben. Mein Vater war im Herzen ein Künstler, aber konservative Eltern und eine dominante Ehefrau brachten ihn dazu, das Malen aufzugeben, kurz nachdem meine Mutter und er geheiratet hatten. Ich tat das Gegenteil, indem ich nie irgendwelchen direkten Versuchen nachgab, mich zu etwas drängen zu lassen oder mich zu manipulieren, und stattdessen meinen Kurs im Leben selbst bestimmte. Dennoch habe ich jeden Tag meines Lebens gegen einen leisen Hauch von Unterwürfigkeit kämpfen müssen. Mein Vater war ein sehr korrekter Mann mit einer manchmal lächerlich anmutenden Detailversessenheit – und das bin ich auch. Ich kann mich auf einer intellektuellen Ebene über dieses Persönlichkeitsmerkmal erheben, aber ich werde es niemals loswerden.

In der heutigen Welt, in der die meisten Kinder sehr wenig Zeit mit ihren Eltern verbringen (verglichen mit dem, was sie sich wünschen würden), sind ihre Möglichkeiten, die notwendige Lebenskompetenz und Lebensweisheit durch »Osmose«, Beobachten und Erleben zu erlangen, limitiert. Eltern und professionelle Pädagoginnen versuchen, den organischen Lernprozess zu ersetzen, indem sie Methoden und Strategien anwenden – doch ihre Ergebnisse sind alles andere als überzeugend. Das Schlimmste ist, dass Erwachsene mehr und mehr dazu neigen, an die Macht des Belehrens und Predigens zu glauben – und das hat noch nie funktioniert, noch nicht mal in den »guten alten Zeiten«. Auf diese Art lernen Kinder bestenfalls, sich *zu benehmen*, aber nicht *zu sein*.

Das Bedürfnis der Kinder nach einem Rollenvorbild hat sich mit der Entwicklung unserer Gesellschaft nicht verändert, und so bekommen viele Kinder heute nie die Möglichkeit, eine – mehr oder weniger solide – innere Basis zu errichten. Als Teenager, junge oder ältere Erwachsene können wir sehr wertvolle Rollenvorbilder außerhalb unserer Familie haben, aber als Kinder brauchen wir Erwachsene, mit denen uns eine auf Liebe basierende Beziehung verbindet. Das geht manchmal – aber selten – auch mit Stiefeltern, Tanten, Onkeln, Großeltern oder Pflegeeltern.

In diesem Zusammenhang kann es sehr wichtig für Eltern und andere sein, sich einer intuitiven Verbindung bewusst zu sein. Es wird den Kindern mit Sicherheit helfen, und es wird genauer festlegen, was das entsprechende Elternteil tun kann und nicht tun sollte – das ist eine konkretere Unterstützung als der eher pauschale Rat: »Verbringen Sie mehr Zeit mit Ihrem Kind.«

Beispiel 7: Suzan
Die fünfjährige Suzan war im Kindergarten an zu vielen Konflikten beteiligt. Ihre kleine Schwester ging in den gleichen Kindergarten und geriet nie in Schwierigkeiten. Eine Zeit lang half es, Suzans Gruppe einen männlichen Erzieher zur Seite zu stellen, aber sobald dieser nicht im Dienst war, trat das alte Muster wieder an die Oberfläche. Der Erzieher hatte das Gefühl, dass Suzans Verhalten mit einem Problem innerhalb der Familie zu tun haben könnte, und die Eltern Hanna und Daniel willigten ein, mich aufzusuchen. Leider brachten sie die beiden Mädchen bei der ersten Sitzung nicht mit, trotzdem wurden mir während unseres Gesprächs zwei Dinge klar: Die Familie stand unter Stress, weil der Vater so weit weg von zu Hause arbeitete, dass er fünf Tage die Woche an einem anderen Ort wohnen musste. Es war eine Zeit hoher Arbeitslosigkeit, er hatte also nicht wirklich eine Wahl.

Daniel vermisste seine Familie und fühlte sich seiner Frau und seinen Töchtern gegenüber schuldig. In Bezug auf Suzans Verhaltensprobleme hatten die Eltern die gleiche Theorie wie die Erzieher: Suzan vermisste ihren Vater.

Während unseres Treffens fragte ich mich, ob es zwischen Suzan und ihrem Vater eine intuitive Verbindung gab. Ein Elternteil einfach auf emotionaler Ebene zu vermissen sollte keine derartig beunruhigende Verhaltensänderung verursachen – schon gar nicht, wenn die Beziehung nah und freudvoll ist, wie es bei den beiden der Fall war.

Bei der zweiten Sitzung waren die beiden Mädchen dabei, und es war offensichtlich, dass zwischen Suzan und ihrem Vater eine besondere Bindung bestand, was auch alle bestätigten, als ich meine Vermutung äußerte. Es stellte sich heraus, dass der »Fehler« des Vaters einfach und liebevoller Natur war: Wenn er an den Wochenenden zu Hause war, wollte er seine Zeit und seine Aufmerksamkeit zu gleichen Teilen unter den Mädchen aufteilen.

Jeden Samstagmorgen fuhr er zur Tankstelle und wusch sein Auto. Meistens spielten die Mädchen dann und er fuhr allein, weil er dachte, dass es besser für sie war, wenn sie spielen konnten. Ich bat ihn, einen Test durchzuführen. An einem Morgen sollte er die jüngere Tochter mitnehmen und am nächsten Samstag die ältere. Das Ergebnis war wie erwartet. Das kleine Mädchen begann nach 15 Minuten, sich zu langweilen, und wollte zurück nach Hause. Suzan zeigte genau die entgegengesetzte Reaktion. Sie war ganz Ohr und saugte all die Witze und Geschichten, die ihr Vater den anderen Männern dort erzählte, förmlich auf. Sie genoss eine äußerst bedeutsame Stunde mit dem Rollenvorbild, das sie am meisten brauchte.

Sobald der Vater ihre besondere Verbindung sehen und erkennen konnte, wurde Suzans Verhalten auch außerhalb ihres Zuhauses wieder normal. Ich habe keinen Zweifel daran, dass Suzan es vorgezogen hätte, ihren Vater jeden Tag der Woche zur Verfügung zu haben, aber wenn er sie jetzt anschaute, hatte er einen Blick (seine Frau Hanna wies darauf hin), der ihr das Gefühl der Verbundenheit und des Gesehenwerdens gab – und dieses Gefühl brachte ihr das eigene Gleichgewicht zurück. Und den Eltern eine große Erleichterung und neue Freiräume, auch als Paar.

Abwesende Eltern

Unser aller Geschichte ist voll von »abwesenden« Eltern. Da gab es nicht nur abwesende Väter, die immer arbeiteten oder sich ausruhten – es gab auch Mütter und Väter, die sich in depressive Zustände zurückgezogen hatten, die zu viel und zu oft tranken oder die an verschiedenen, nie diagnostizierten psychischen Störungen litten. Seit dem Mittelalter waren die Kinder der Reichen und Adligen größtenteils dem Kontakt und der Fürsorge von Fremden – Ammen, Gouvernanten, Internaten und so weiter – überlassen.

Nach dem Zweiten Weltkrieg waren Millionen Kinder vaterlos, weil die Väter in anderen Ländern leben und arbeiten mussten, um ihre Familien finanziell zu versorgen. Viele dieser Kinder waren nicht nur einsam und von dem intuitiv mit ihnen verbundenen Elternteil getrennt, sondern sie lebten auch in Großfamilien, in denen die Väter als Helden idealisiert wurden. In den letzten paar Jahrzehnten treffen wir unter Emigranten, Flüchtlingen und Heimatvertriebenen und auch unter Flüchtlingskindern ohne irgendwelche

Begleitung viele äußerst notleidende Kinder und Jugendliche. Wir können diese Kinder nicht wieder mit ihren abwesenden oder verstorbenen Eltern zusammenbringen, und wir können aus ihren traumatisierten und zu Opfern degradierten Eltern auch keine konstruktiven Rollenvorbilder machen. Diese Kinder haben keinen existenziellen Anker und selten eine kulturelle Basis von Bedeutung – so wird ihr Status als von der Gesellschaft Ausgestoßene ihre einzige Identität.

In anderen Teilen der Gesellschaft ist das gegenwärtige Problem bei kleinen Kindern oft eine tiefe Frustration aufgrund der vermischten Signale, die sie von ihren Eltern bekommen. Diese bekunden permanent ihre Liebe und Anbetung, sind aber gleichzeitig in ihre Smartphones, Tablets und so weiter vertieft. Ähnliche Frustration und Unsicherheit verursachen Eltern, die häufig Marihuana oder Haschisch konsumieren oder die zu viel trinken. Sie sind zwar in der Nähe, aber sie sind nicht präsent, und dementsprechend stehen sie nicht zur Verfügung für das, was ihre Kinder am meisten brauchen: gesehen, gehört und ernst genommen zu werden. Es ist für Kinder viel schwieriger, mit so etwas zurechtzukommen, als mit physischer Abwesenheit aufgrund von Arbeit, Reisen oder Trennung.

Das Wertvollste, was ein intuitiv verbundenes Elternteil tun kann, ist nicht wirklich, mit dem Kind zu spielen oder es zu unterhalten, sondern vielmehr, es in sein Leben einzuladen – das können Hobby, Arbeit, Spaß sein, im Grunde alles, was dem Leben des jeweiligen Elternteils Freude und Bedeutung verleiht.

Wenn Sie gern im Wald spazieren gehen, sprechen Sie darüber, warum das so ist und wie Sie das erleben. Beantworten Sie Ihrem Kind all seine Fragen, aber machen Sie keinen Biologieunterricht daraus.

Wenn Sie gern backen, gehen Sie in die Küche und sprechen über Ihre Lust am Backen. Treffen Sie keine besonderen Vorkehrungen für das Kind, lassen Sie es einfach mitmachen oder Ihnen zuschauen, was auch immer es möchte. Sie selbst und wer Sie sind, ist für Ihr Kind interessanter als das Backen.

Wenn es Ihnen Spaß macht, ins Stadion zu gehen und Fußball zu gucken, nehmen Sie Ihr Kind mit und teilen Sie dieses Erlebnis mit ihm.

Wenn Sie eine Leidenschaft für Kunst haben, nehmen Sie es mit in Museen und Galerien.

Wenn Sie gern Zeit mit einem älteren Verwandten verbringen, nehmen Sie Ihr Kind mit dorthin.

Wenn es Hobbys gibt, die Sie gerne mit Ihrem Partner oder Ihrer Partnerin erleben, beziehen Sie das Kind mit ein.

Im Wesentlichen geht es darum, Ihrem Kind die Möglichkeit zu geben, herauszufinden, wie Sie denken und fühlen, was Ihre Leidenschaften und Ängste sind, und auch, was Ihre Begabungen und Unzulänglichkeiten sind. Versuchen Sie nicht, »kinderfreundlich« zu sein und Ihr Kind die ganze Zeit zu fragen, was es gern machen würde. Erzählen Sie Ihrem Kind, was Sie vorhaben und dass Sie sich wünschen, dass es dabei ist. Solange Sie das tun, ist es vollkommen in Ordnung, manchmal auch Dinge zu tun, die das Kind sich wünscht.

Herausforderungen und Belohnungen
für das intuitiv verbundene Elternteil
Jetzt wird es schwierig! Ihr Kind wächst heran und wird reifer, und Sie werden Verhaltensweisen bei ihm sehen, die Sie von

sich selbst kennen und von denen Sie wissen, dass sie nicht gut für Sie sind. Wenn das passiert, finden Sie einen ruhigen Moment, um Ihrem Kind von Ihren Gedanken und Erfahrungen zu erzählen, und vertrauen Sie ihm, dass es sein Bestes tun wird, um Ihre Fehler zu vermeiden. Je verzweifelter Sie versuchen, Ihr Kind davon abzuhalten, die gleichen Fehler wie Sie zu machen, desto mehr bereiten Sie genau diesen Fehlern den Weg.

Wenn Sie sehen, wie Ihr Kind sich auf eine Art und Weise verhält, die Sie wütend oder traurig macht oder die Ihnen Angst einjagt – werfen Sie einen langen Blick in den Spiegel, bevor Sie überstürzt handeln. Es gibt kaum etwas, das ein Kind mehr verletzt und verwirrt, als dafür kritisiert zu werden, dass es ist wie Sie. Wenn Sie das vermeiden wollen, werden einige dieser Dinge Sie zwingen, Ihre eigenen Gewohnheiten und Muster zu ändern – und am Ende ist das vielleicht das wertvollste Beispiel, das man einem Kind geben kann.

Mit Kindern zu leben und sie aufzuziehen inspiriert und motiviert Eltern, ihre Gewohnheiten und Werte zu ändern. Manchmal zwingt es sie auch dazu. Das Gleiche gilt im Idealfall für nahe, auf Liebe basierende Beziehungen zwischen Erwachsenen. Die Herausforderungen und Belohnungen beider Beziehungsarten lassen uns als menschliche Wesen wachsen und reifen.

Ich kannte mal eine Mutter mit einem Sohn, der große Schwierigkeiten hatte; und an ihrem 50. Geburtstag trug sie ein T-Shirt mit der Aufschrift: »Ich bin 50, und mein Sohn hat mich gut aufgezogen!« Dieser wechselseitige Einfluss und diese gegenseitige Inspiration waren schon immer eine Gegebenheit im Familienleben, aber wir haben erst vor 50 Jahren begonnen, dem Rechnung zu tragen. Bis dahin wurden

Erziehung und das Aufziehen von Kindern üblicherweise als Einbahnstraße gesehen, bei der Weisheit und Erkenntnisse von den Eltern zu den Kindern wanderten und niemals umgekehrt.

Ein intuitiv verbundenes Elternteil wird, wenn es sich seiner Bedeutung im Leben des Kindes nicht bewusst ist, oft sehr destruktive Konfrontationen mit dem Kind erleben. Das passiert, weil das Kind sich danach sehnt, dass das entsprechende Elternteil die besondere Verbindung erkennt und wertschätzt, und weil es frustriert und verzweifelt wird, wenn das nicht geschieht. Manche Kinder üben sich in der Hoffnung, dass das Elternteil irgendwann den entscheidenden Schritt gehen wird, in Zurückhaltung. Andere Kinder trommeln gegen die Tür, und altmodische Psychologen würden ihr Verhalten als Aufmerksamkeitsbedürfnis definieren, was es aber nicht ist. Das Kind versucht nicht, Aufmerksamkeit auf *sich* zu lenken, sondern auf die fehlende Qualität des Kontaktes. Für das Kind ist das ein grundlegendes existenzielles Bedürfnis, das das Potenzial hat, für das intuitiv mit ihm verbundene Elternteil zu einer existenziellen Herausforderung zu werden. Oft lebt das betroffene Elternteil in Unwissenheit über diese Herausforderung.

Diese Eltern sind oft genauso frustriert, und sie zweifeln an ihrem eigenen Wert als Eltern. Bei ihren Versuchen, sich so zu verhalten, wie sie glauben, dass gute und verantwortungsbewusste Eltern es tun sollten, neigen sie zu der Reaktion, einfach lauter zu werden. Das tun wir alle – unabhängig von unserem Alter –, wenn wir uns in einer Beziehung – zum Beispiel in unserer Partnerschaft – nicht wertvoll fühlen. Je mehr das passiert, desto größere Distanz wird geschaffen und desto einsamer werden beide Beteiligten.

Auf der anderen Seite ist die Anzahl der möglichen Belohnungen groß. Der Begriff »Quality Time« ist immer beliebter geworden, seit Eltern immer mehr Zeit auf der Arbeit verbringen. Meiner Ansicht nach ist das allgemeine Verständnis dieses Begriffs in sich widersprüchlich, und zwar dann, wenn er Zeit bedeutet, die man mit dem Kind nach dessen Bedingungen verbringt. Das fügt dem Leben des Kindes nur noch einen weiteren Unterhalter hinzu. Wenn Sie diesen Begriff überhaupt benutzen wollen, ist es wichtig, dass Sie sich darüber klar werden, dass es nur »Quality Moments« gibt – das heißt kurze Augenblicke tiefer Verbundenheit und gegenseitigen Verständnisses –, und das sind oft die stillen Momente.

Um solche Momente zu erleben, müssen Eltern den Boden bereiten. In dieser Hinsicht gibt es zwischen den beiden Elternteilen keinen Unterschied – und das gilt auch für Großeltern, Freunde und so weiter. Im Grunde gibt es eine unendliche Anzahl von möglichen Situationen und Aktivitäten, aus denen man wählen kann. Und es gibt zwei wichtige Dinge, die Eltern mitbringen müssen: Sie müssen Freude an der Aktivität oder gegebenenfalls an dem Nichtvorhandensein von Aktivität haben. Und sie müssen sich bewusst sein, dass das Zusammensein wichtiger ist als die Aktivität selbst. Kinder wissen das instinktiv, und sie laden ihre Eltern oft ein, indem sie Aktivitäten vorschlagen, die beiden Seiten gefallen könnten. Sie werden nur dann fordernd, wenn ihrem Bedürfnis nach Nähe nicht entsprochen wird.

Hier ein paar Möglichkeiten: Lesen Sie laut vor oder lesen Sie gemeinsam; stellen Sie eine Sammlung der Schätze Ihres Kindes zusammen; schauen Sie alte Familienfotos an; sitzen Sie am Strand, an einem See oder an einem Fluss; singen Sie und machen Sie Musik; finden Sie einen Anlass, um zu feiern; schauen Sie die Sterne oder den Regen an; kochen und backen Sie; gehen Sie angeln; spielen Sie Karten; besuchen Sie wichtige Orte Ihrer Kindheit. Was auch immer Sie tun, tun Sie es in erster Linie, um den Moment zu genießen. Jede Form von erzieherischer Absicht oder Zielsetzung wird es verderben. Über die Welt, Mathematik und all das andere wird Ihr Kind von anderen lernen – aber über Sie kann es nur von Ihnen selbst lernen.

Erwachsene Paare machen manchmal eine ähnlich genussvolle Erfahrung, wenn sie plötzlich unstrukturierte und ungeplante Zeit miteinander haben. Wenn alles, was auf der Tagesordnung stand, besprochen ist, folgt eine angenehme Stille und beide fangen an, Sachen zu erzählen, von denen sie noch nicht einmal wussten, dass sie sie gedacht haben. Diese Art der Präsenz und Nähe ist für alle Liebesbeziehungen zwischen Erwachsenen genauso bedeutungsvoll, wie sie es für die Beziehung zwischen Eltern und Kindern ist.

Den Boden für solche innigen Momente zwischen einem Kind und einem oder beiden Elternteilen zu bereiten liegt in der Verantwortung eines Elternteils beziehungsweise beider Eltern, und es ist insbesondere für das intuitiv verbundene Elternteil wichtig, Initiative und Führung zu zeigen. Es ist also nicht so eine gute Idee, zu fragen: »Willst du mit mir angeln gehen?« – einfach weil man hinter einer solchen Frage seine eigenen Gefühle und Wünsche versteckt. Es ist viel produktiver, zu sagen: »Ich habe Lust, morgen angeln zu gehen, und ich möchte gern, dass du mitkommst.« Mit anderen Worten: Sagen Sie, was Sie tun wollen, und schenken Sie den Reaktionen des Kindes Aufmerksamkeit.

Wenn die besondere Verbindung erkannt wurde, gibt es eine andere Art von »Quality Time«: nämlich dann, wenn das entsprechende Elternteil das Kind in seine eigene Welt – das können Gedanken, persönliche Erfahrungen, Lieblingsbeschäftigungen oder Lebensträume sein – mit einbezieht. Das kann auch heißen, dass Sie Ihr Kind mit zum Autowaschen nehmen, dass Sie mit ihm Ihre Herkunftsfamilie besuchen oder dass Sie es einladen, Ihnen auf der Arbeit Gesellschaft zu leisten oder Ihnen beim Streichen des Hauses oder bei der Gartenarbeit zu helfen. Es gibt keinen besseren Weg für ein Kind, seine Eltern kennenzulernen, unabhängig davon, ob eine intuitive Verbindung existiert oder nicht.

Als intuitiv verbundenes Elternteil ist Ihr enormes Potenzial, Ihr Kind zu unterstützen und ihm in schwierigen Zeiten im Leben zu helfen, nicht nur für Ihr Kind wertvoll. Sie befinden sich außerdem in einer sehr privilegierten Position, in der Sie die Möglichkeit haben, aus der ultimativen Erfahrung, als Mensch für einen anderen Menschen wertvoll zu sein, Freude und Wachstum für sich selbst schöpfen zu können. Darüber hinaus sorgen Sie für das Gleichgewicht in der ganzen Familie, und nicht zuletzt, wenn Sie in einer Paarbeziehung leben, kann Ihr vertieftes Verständnis der Atmosphäre zwischen den Partnern zugutekommen.

Wenn Eltern sich trennen

Der Hauptgrund, dass ich vor dieser Niederschrift nie etwas über die intuitive Verbindung öffentlich gesagt habe, war immer meine Angst, dass Eltern meine Aussagen im Laufe eines Trennungsprozesses gegeneinander und gegen ihre Kinder benutzen könnten. Manche Partner neigen dazu, zu vergessen, dass alles, was sie tun, um einander zu verletzen, auch ihre Kinder verletzt. Manche Trennungen werden so gemein und hässlich, dass – meiner beruflichen Meinung nach – den Eltern das Privileg, mit ihren Kindern zusammenzuleben, aberkannt werden sollte, bis sie sich wieder zivilisiert benehmen können.

Andere Trennungen sind nur eine Zeit lang unschön, und die meisten sind in dem Sinne in Ordnung, dass die Eltern reif genug sind, Kämpfe um die Kinder zu vermeiden, und dass sie es schaffen, vernünftige Entscheidungen im besten Interesse des Kindes zu treffen. Für diesen Großteil der Eltern können das Wahrnehmen und Anerkennen der intuitiven Verbindung zu einem sehr konstruktiven Element in der Zukunft aller Beteiligten werden.

Manchmal brauchen Eltern die Hilfe ihrer Kinder, um sich der intuitiven Verbindung bewusst zu werden. Sie treffen die bestmöglichen Entscheidungen über die zukünftigen Lebensbedingungen des Kindes und über den Kontakt mit jedem Elternteil und besprechen diese mit dem Kind. Unabhängig von ihrem Alter ist es schmerzhaft für Kinder, die Familie, wie sie sie ihr ganzes bisheriges Leben lang gekannt haben, zu verlieren. Sie müssen einen Trauerprozess durchlaufen, der für die meisten Kinder gekennzeichnet ist durch Phasen mit Traurigkeit und wenig Energie und Phasen mit Ausgeglichenheit und Kraft.

Es geschieht ziemlich oft, dass ein Kind dauerhafter traurig wird und seine frühere Lebenskraft verliert. Manchmal ist es für Eltern fast unmöglich, dahinterzukommen, was hinter der Fassade dieser deutlich sichtbaren Reaktionen wirklich los ist. Kinder ziehen ihre eigenen Schlussfolgerungen in Bezug auf die Frage, welche Form von Kooperation und Loyalität die neue Familiensituation von ihnen verlangt. Diese Schlussfolgerungen sind weit davon entfernt, immer richtig zu sein, aber sie sind, was sie sind. Sie verändern sich nur langsam, denn sie definieren für das Kind schlicht und einfach, wie es für jedes der Elternteile und für die ganze Familiensituation – das Wohlergehen der Geschwister eingeschlossen – am meisten von Wert sein kann.

Manchmal ist diese verminderte Lebenskraft von offen geäußerten Wünschen oder Beschwerden begleitet, wie zum Beispiel: »Warum kann ich nicht die ganze Zeit bei meiner Mutter/meinem Vater leben?« oder »Ich will meinen Vater nicht so oft besuchen – weil seine neue Freundin mich nicht mag.«

Es braucht eine Menge Empathie und moralische Integrität, das eigene Kind (wenn es die meiste Zeit bei Ihnen wohnt) zu fragen, ob es lieber bei Ihrem Expartner leben würde, und die Antwort des Kindes ist nicht immer einfach zu interpretieren. Doch oft ist schon allein die Einladung, einen solchen Wunsch zu verbalisieren, eine Erleichterung für das Kind. Eine Tür steht jetzt einen Spaltbreit offen, und das Kind hat die Freiheit, sie notfalls zu öffnen.

Meiner Erfahrung nach ist es für viele Kinder über fünf Jahre sehr schwer, von dem intuitiv mit ihm verbundenen Elternteil das zu bekommen, was sie brauchen, wenn sie nur einen Teil der Zeit bei ihm sind. Es scheint leichter zu sein für Kinder, wenn sich die Eltern für eine 50/50- oder sogar 40/60-Regelung entschieden haben, als die Kinder im Alter zwischen einem und fünf Jahren waren.

Allerdings könnte ich mich hier durchaus irren – mir liegen nicht genug Äußerungen von erwachsenen Kindern, die unter diesen Bedingungen aufgewachsen sind, vor.

Die wichtige Frage ist natürlich, was intuitiv verbundene Elternteile und ihre Kinder tun können, wenn die Umstände den kontinuierlichen Austausch zwischen beiden nicht zulassen. Zu diesem Zeitpunkt weiß ich sehr wenig darüber, ob und wie die Nutzung von Skype, sozialen Medien, Online-Chats und ähnlichen Werkzeugen hilfreich sein könnte.

Meiner Erfahrung nach ist es das Beste, offen zu sein und dem anderen seine Gedanken und Gefühle im Zusammenhang mit dem unerfüllten Bedürfnis nach einem gemeinsamen Leben mitzuteilen. Ist das Elternteil, bei dem das Kind hauptsächlich lebt, bereit, die Gefühle des Kindes – die Sehnsucht, Leere und Frustration – anzuerkennen und sie nachzuempfinden, ist das ein großer Trost für das Kind. Es darf dann solche Gefühle haben und aussprechen, ohne dass es sich selbst als illoyal empfinden muss.

Wie Charlotte aus Beispiel 3 mit ihrer schnellen Gesundung gezeigt hat, ist es viel einfacher, mit einem Verlust umzugehen, wenn wir wissen, was wir verloren haben. Der von mir empfohlene Austausch von Gedanken und Gefühlen entschädigt in keiner Weise für den Verlust und den Schmerz, aber er gibt dem Kind die Freiheit, bedeutsame Beziehungen zu anderen Erwachsenen aufzubauen. Er befreit das Kind außerdem von der Last, sich anders oder sogar »krank« zu fühlen, weil viele seiner Freunde, deren Eltern sich auch getrennt haben, viel besser zurechtkommen.

Was wir bisher nicht wussten

Meiner Erfahrung nach sind die meisten Menschen um die 40 oder älter erwachsen geworden, ohne dass ihre besondere Verbindung zu ihrer Mutter oder ihrem Vater von beiden

Beteiligten erkannt worden wäre. So ging es mir, und ich habe überlebt. Ohne jede bewusste Absicht gelang es mir, auf sehr bedeutungsvolle und uns gegenseitig bereichernde Art und Weise mit vier sehr verschiedenen Männern, die 20 bis 30 Jahre älter waren als ich, eine Verbindung einzugehen. Ich habe sie nie als »Ersatzväter«, wie Sigmund Freud sie vielleicht genannt hätte, gesehen. Sie waren Lehrer, Freunde und Gegenspieler mit ihrer eigenen Berechtigung, und ich konnte mir von jedem Einzelnen von ihnen wertvolles Baumaterial für das Fundament meines eigenen Lebens nehmen. Sie waren wirkliche Rollenvorbilder, und zwar in dem Sinne, dass ich sie sowohl in ihrer besten als auch in ihrer schlechtesten Form erlebt habe.

Ich habe im Laufe der Jahre mit vielen Erwachsenen gearbeitet und gesprochen, die plötzlich begriffen haben, was ihnen fehlte und nach was sie sich ihr ganzes Leben lang gesehnt hatten. Nachdem sie sich ausgeweint hatten, waren die meisten von ihnen in der Lage, etliche sehr kreative, kluge und hilfreiche Entscheidungen, die sie in Bezug auf Freunde, Lehrer, Liebespartner und Karrieren getroffen hatten, zu benennen. Für manche von ihnen bestand die aufschlussreichste Entdeckung in der Tatsache, dass sie die vermisste Nähe und tiefe Inspiration in der Beziehung zu ihren eigenen Kindern hatten finden können.

Meine Schlussfolgerung lautet: Unabhängig davon, wie wertvoll es ist, wenn das betroffene Elternteil und das Kind sich beide ihrer intuitiven Verbindung bewusst sind und sie nutzen können – das Kind kann auf jeden Fall auch ohne dieses gegenseitige Erkennen ein gutes Leben führen. Allerdings weiß ich zu diesem Zeitpunkt nicht genug darüber, wie das gleiche Phänomen die Lebensqualität der Mütter und Väter beeinflusst.

Für die Partnerschaft der Erwachsenen und den Wunsch, Liebende zu bleiben, ist es sowohl mit als auch ohne Kenntnis einer vorhandenen intuitiven Verbindung im Familienverbund wichtig, nicht selbstbezogen und somit vielleicht nur neidvoll oder verzerrend auf die Beziehungen aller Beteiligten zu schauen, sondern – und jetzt wiederhole ich mich gern – den Blick auf die eigenen Bedürfnisse und die der anderen zu lenken, um sich danach verhalten zu können. Wer die intuitive Verbindung nicht mit Liebe verwechselt und ihr Wesen erkennt und anerkennt, der braucht sie auch nicht in Konkurrenz zu den eigenen oder den Empfindungen des Partners zu sehen. Aber er versteht auch das existenzielle Bedürfnis, mit dem die intuitive Verbindung einhergeht.

Wann ist eine Trennung der bessere Weg?

Oft wünschen sich Eltern, die zu einem Coaching kommen, deshalb eine Beratung, weil sie meinen, bei der Erziehung ihrer Kinder liefe etwas nicht rund. Im Gespräch werden dann oft aber noch ganz andere Sorgen geäußert, und manchmal stellt sich heraus, dass sie es sind, die allen anderen Problemen zugrunde liegen: Die Sorgen um die Partnerschaft, weil man eigentlich nur noch als Eltern agiert. Oder gesundheitliche Sorgen. Oder das Gefühl der Überlastung im Beruf.

Eltern zu werden und Partner zu bleiben ist auf dem Weg zur Familie eine große Herausforderung, das belegen auch die hohen Scheidungsraten nicht nur in deutschsprachigen Ländern. Dänemark liegt sogar im weltweiten Vergleich weit vorn – allerdings gilt es auch als das glücklichste Land der Welt, womit die Scheidungsrate vielleicht auch als Zeichen für das Gelingen einer offenen, toleranten und unterstützenden Gesellschaft zu interpretieren sein könnte.

Aber wann ist eine Trennung wirklich der bessere Weg? Und was ist das Beste für die Kinder? Wenn die Eltern sich trennen, wie geht es nach der Trennung weiter?

Im ersten der beiden folgenden Gespräche zeigt sich, wie es an der Familie und an der Beziehung zerrt, wenn es an Empathie und Respekt gegenüber dem Partner fehlt, weil man sich nur noch Gedanken ums Kind macht und den Partner nur auf seine Elternrolle hin kritisch beurteilt. Dann dreht sich alles nur noch um die Fragen: Ist er ein guter Vater? Ist sie eine gute Mutter? Häufen sich dann auch noch gegenseitige Vorwürfe und Kränkungen und werden diese zudem vor dem Kind ausgesprochen, tut das der ganzen Familie nicht gut und schadet den Beziehungen untereinander. Gerät die Partnerbeziehung in Gefahr, ist am Ende eine Trennung manchmal unvermeidlich. Dass sich mit einer Trennung aber nicht alle Probleme lösen, die man in der Familie hatte, zeigt das zweite Gespräch.

»Als Paar waren wir ein richtig gutes Team, aber seit die Kinder da sind, streiten wir nur noch«

Bevor die Kinder kamen, waren Anne und Marco ein eher symbiotisches Paar, es wurde fast alles, Studium und Freizeit, in großer Harmonie geteilt. Jetzt als Eltern geraten sie ständig in Streit, fühlen nicht mehr die Nähe zueinander wie früher und empfinden sich oft sogar als Gegner. Vor allem Anne kritisiert ihren Mann viel, auch vor den Kindern. Sie macht sich Sorgen, dass Marcos Verhalten bzw. wie er mit den Kindern spricht, diesen schadet. Im Gespräch kristallisiert sich heraus, dass Marco keinen Platz in der Familie hat. Wie Liebende gehen die Partner schon lange nicht mehr miteinander um. Die Sache ist so verfahren, dass es nur die Möglichkeit eines kompletten Neuanfangs oder einer Trennung zu geben scheint.

Das Gespräch

Anne und Marco
sind die Eltern von Paula, 7, Jan, 4,5, und Erik, 2,5

Marco: Wir sind ein Paar mit drei Kindern – sieben, viereinhalb und zweieinhalb Jahre alt. Wir sind jetzt seit 13 Jahren zusammen. Bevor die Kinder kamen, haben Anne und ich beinahe 24 Stunden am Tag miteinander verbracht, wir haben zusammen gearbeitet, zusammen gelebt, alles gemeinsam gemacht. Aber seit wir die Kinder haben, kommt es ständig zu Konflikten. Wir sind ganz auf uns allein gestellt, haben keine Großeltern oder sonst jemanden in der Nähe, der uns hilft. Anne und ich sind inzwischen immer weniger wie Partner, sondern immer öfter wie Gegner.

Anne: Ja. Wir entfernen uns immer mehr voneinander, seit die Kinder da sind … ja. Ich dachte, es wird besser, wenn die Größeren aus dem Kleinkindalter raus sind, aber momentan kommt es mir sogar so vor, als würde es immer schlimmer. Es ist zurzeit fast jeden Abend so, dass ein Kind nicht schlafen will und es deshalb Streit gibt, und am Ende haben mein Mann und ich Zoff. Und es geht dann auch gar nicht mehr um den Konflikt mit dem Kind.

Jesper: Ich brauche ein Beispiel.

Anne: Also, meistens beginnt der Konflikt mit unserer ältesten Tochter Paula, sie ist sehr willensstark, richtig rebellisch und temperamentvoll, ähnlich wie ich. Der Mittlere ist eher ruhiger, eher so vom Typ her wie mein Mann, mit ihm gibt es seltener Probleme oder Konflikte. Und der Kleine ist wieder mehr so wie die Große oder so eine Mischung aus beiden. Also meistens gibt es einen Konflikt mit Paula, sie wird schnell sehr laut, wirft sich wütend auf den Boden, haut, beißt, zwickt und schreit: »Blöde Mama!«, und: »Scheiß-Papa!«, und so weiter. Das kann ich gut aushalten, aber mein Mann reagiert dann meist auf eine Art, die ich gar nicht gut aushalte. Und dann mische ich mich ein, was ich eigentlich nicht möchte, aber ich kann auch nicht weghören. Also, ich habe schon probiert, mich nicht einzumischen, aber dann irgendwie …

Marco: Also, dazu muss ich noch sagen, meine Frau ist Pädagogin …

Anne: Ja, danke! (*Alle lachen.*) Montessori-Pädagogin, bitte, das muss schon sein.

Marco: Sie ist sozusagen die Fachfrau in Erziehungsfragen.

Anne: Ja, es ist nicht einfach für dich, das stimmt schon, ja. Und ich habe auch viel gelesen über gewaltfreie Kommunikation und respektvollen Umgang und solche Dinge ... das fehlt mir bei meinem Mann manchmal. Ich glaube, bei mir kommt dann auch das innere Kind raus, wenn er so mit Paula spricht, mein Vater hat mit mir auch oft so geredet. Und dann bekomme ich richtige Beklemmungen und denke, ich muss die Kinder jetzt schützen, obwohl ich das eigentlich auch nicht will, weil ich weiß, er ist ein super Papa. Aber ich habe auch Angst, dass die Beziehung zwischen Marco und den Kindern zugrunde geht. Also, ich möchte gern wissen: Wie kann ich es schaffen, mich rauszuhalten? Und Marco wollte, glaube ich, fragen: Wie kann er es besser schaffen, ruhig zu bleiben und nicht – *(Alle anderen lachen.)* Okay, ich will, dass er das will! *(Anne lacht auch.)* Nein, ich weiß es nicht. Sag du es. Willst du es jetzt oder nicht? Er muss es ja selbst sagen, ob er will oder nicht ...

Jesper: Ja. Vielleicht kann er es sagen, wenn du nichts sagst. *(Er lacht.)* Kann sein.

Anne: Ja, ich habe es probiert, aber ...

Jesper: Ja, das können wir jetzt probieren. *(Alle lachen.)*

Marco: Nein, ich weiß sicher, dass ich oft falsch reagiere. In einer Hinsicht, wo ich mir eigentlich im Nachhinein denke, dass ich nicht so reagieren sollte, nicht so forsch oder nicht so bestimmend, weil ich das eigentlich auch nicht bin – oder glaube, das nicht zu sein. Andererseits ist der Alltag mit drei Kindern oft sehr stressig. Wir haben jede Minute straff organisiert. Und ja ... sicher, ich möchte auch lernen, anders zu reagieren in Konfliktsituationen, eben wenn die Älteste wieder am Boden liegt und schreit und tritt und kreischt, aber ...

Jesper: Aber sag mir erst mal: Was denkst du, wenn das passiert, und wie reagierst du?

Marco: Ich fange dann oft an, Paulas Verhalten zu bewerten und zu sagen: »Ich finde das jetzt nicht okay, ich finde das ...«, wenn wir dann richtig streiten: »Ich finde das blöd, wie du dich benimmst, das finde ich nicht in Ordnung.« Und im Nachhinein tut es mir dann leid, aber in dem Moment ... ja, ist man einfach wütend.

Jesper: Hast du irgendeine Idee, was los ist? Also, jetzt haben die beiden Frauen diesen Konflikt –

Anne: Wenn ich mich mal kurz einmischen darf, es ist nicht immer ein Konflikt zwischen mir und meiner Tochter, es kann auch ein Konflikt zwischen den Kindern sein oder zwischen meinem Mann und der Tochter, also, das ist ganz egal, zwischen wem. Das ist eigentlich immer der gleiche Teufelskreis ...

Jesper: Okay. Also, ich habe so unmittelbar zwei Kommentare. Der eine ist – und das muss ich als eine Frage an dich stellen: Wieso gehört dein Mann *nicht* zur Familie?

Anne: Gute Frage. Aber so kommt es mir auch vor manchmal, ja.

Jesper: Ja, aber jetzt frage ich dich nach dem Warum.

Anne: Ja, warum? Ich denke, das hat schon mit der Geburt meiner Tochter angefangen, sie war immer schon mehr auf mich fixiert ... Sie ist schwerhörig, das haben wir am Anfang nicht gewusst. Ich habe zwar relativ schnell gemerkt, dass etwas nicht stimmt, weil sie so angespannt war ... Sie war tagsüber meist ein fröhliches Baby, aber auch oft wie überreizt, überdreht, und hat auch autistische Verhaltensweisen gezeigt. Die Ärzte haben uns am Anfang gesagt: »Sie ist vielleicht schwerhörig.« Etwas später haben sie gesagt: »Nein, doch nicht, auf keinen Fall.« Da waren wir dann froh drüber. Aber sie brauchte stark meine Nähe, und ich habe sie anfangs viel im Tragetuch getragen, sie wollte auch die ganze Zeit gestillt werden, weil sie nicht so gut saugen konnte. Und Marco war auch immer nervös, wenn er sich um das Baby kümmern sollte, Paula hat viel geweint. Und das hat er nicht ausgehalten, ihm ist dann richtig schlecht geworden, er war oft kreidebleich. Er hat dann gesagt: »Ich pack das nicht, ich halte das nicht aus«, und dann habe ich sie wieder genommen. Und ich war ja auch die meiste Zeit schwanger oder habe gestillt und war immer zu Hause, immer bei den Kindern. Wir haben zuerst noch beide nebenher studiert, und Marco hat auch gearbeitet, und da war er viel weniger da als ich. Ich habe dann das meiste – auch am Wochenende – allein gemacht. So hat sich das wohl entwickelt. Paula ist dann immer öfter richtig ausgeflippt. Und ich für meinen Teil habe immer mehr das Gefühl gehabt, es geht ihr irgendwie nicht gut. Und deswegen habe ich ihr Verhalten meist gerechtfertigt, zum Beispiel wenn sie schreiend am Boden lag und Marco mal wieder sagte: »So darf es nicht sein! So darf sie sich doch nicht aufführen! Sie tyrannisiert uns, man muss mehr Grenzen setzen!« Ich habe sie immer in Schutz genommen ... Erst als sie viereinhalb war, haben wir dann die Diagnose erhalten und Paula die Hörgeräte. Sie hat bis zu diesem Zeitpunkt tatsächlich fast nichts gehört, sie ist mittel- bis hochgradig schwerhörig und hatte außerdem chronischen Paukenerguss, dadurch hat sie noch mal weniger gehört, also wirklich nur so 20, 30 Prozent. Kein Wunder also, dass sie immer total auf mich fixiert war. Es ist inzwischen besser geworden, aber sie ist immer noch ein Mama-Kind. Wir sagen aber: »Nein, das ist jetzt so, und der Papa macht das jetzt.«

Aber es gibt dann fast immer Schreierei. Und an manchen Tagen denke ich: Ach, bevor es jetzt wieder Streit gibt, den ich mir auch anhören muss – manchmal kommen mir die beiden vor wie zwei trotzige Kleinkinder –, dann mache ich es doch lieber wieder selbst. Aber das ist wahrscheinlich auch nicht richtig, und ja – so bin ich sicher maßgeblich daran beteiligt, dass sie mehr bei mir ist als bei ihm. Ja ... So ist es leider, aber ich will es nicht so haben.

Jesper: Ja. Mein anderer Gedanke ist: Ihr sagt, dass eure Beziehung jetzt seit einigen Jahren in einer Krise ist. Und ich nehme an, das kommt von dieser langen Zeit, in der ihr zu zweit sehr, sehr, sehr eng miteinander gelebt habt, sodass dieses »Wir« auch sehr wichtig für euch ist. Aber es kommt jedes Paar in eine Krise – normalerweise sagen wir, nach sieben Jahren, es kann auch 15 dauern – dafür ist es dann doppelt heftig. Aber es gibt kein »Wir« – es gibt immer nur »Du«, und es gibt »Ich«. Und wenn ich frage ... Oder, ich stelle jetzt fest, dass Marco eigentlich kein Mitglied eurer Familie ist, dann ist meine nächste Frage: Was sollen wir machen? Willst du dir den Platz nehmen, Marco? Oder brauchst du eine Einladung?

Marco: Eine Einladung brauche ich nicht, denke ich. Ich habe eigentlich gedacht, ich hätte meinen Platz.

Anne: Du sagst manchmal schon zu mir, dass es dir oft so vorkommt: Da sind ich und die Kinder, und da bist du ...

Jesper: Nein, das meine ich nicht. Ich sage nicht, dass er sich nicht als Familienmitglied fühlt, denn das weiß ich ja nicht.

Marco: Mhm.

Jesper: Ich höre nur, dass, wenn du, Anne, redest, wird er fast jedes Mal, in jedem Beispiel, disqualifiziert. Du sagst:

»Ich war aus ganz verschiedenen Gründen von Anfang an eigentlich hauptverantwortlich und bin es eigentlich noch immer – so sehe ich mich zumindest selbst.« Und das heißt natürlich, dass man dann als Mann in diesem Fall auch ein bisschen – oder sehr viel – reduziert wird. Dann kommt es darauf an: »Wie viel kann ich oder muss ich helfen, wie viel kann ich entlasten«, und so weiter. Aber da sitzt nun Mama mit dieser ganzen Kontrolle – in diesem Fall auch *Qualitäts*kontrolle – und sagt: »Das ist nicht gut genug.«

Anne: Ja, nicht gut genug ... Ich hab einfach manchmal Angst, dass es schlecht ist für die Kinder, wenn von Marco so beleidigende oder demütigende Äußerungen kommen ...

Jesper: Also, ich habe eure Kinder nur kurz gesehen, aber ich glaube, im Moment solltest du dir keine Sorgen um das Wohlergehen deiner Kinder machen, sondern um das Wohlbefinden deines Mannes.

Anne: Okay ...

Jesper: Das kommt oft vor, wenn es der Beziehung zwischen Kind und Vater schlecht geht, dann stehen die Frauen automatisch auf der Seite der Kinder und schützen die Kinder. Und ich würde viel lieber sehen, dass du und deine Tochter hier sitzen und sagen würdet: »Irgendwie ist es uns nicht gelungen, meinen Mann und meinen Vater in einer Art und Weise mit einzubeziehen, dass wir alle miteinander zufrieden sind.« Aber jetzt gibt es nur ein Entweder-Oder. Also, entweder ist es dein Verständnis von der ganzen Situation (*Jesper sieht Anne an*), oder es ist deins (*Jesper schaut Marco an*). Und das ist ja furchtbar, für alle ... nicht in einem moralischen Sinne, sondern: Das muss wirklich furchtbar für euch sein. Und deswegen frage ich, weil wir hier nur so kurze Zeit haben: Wer von euch beiden soll anfangen? Soll Marco die Tür eintreten, oder soll Anne die Tür öffnen? Und sagen: »Ich halte dich für einen guten Menschen, auch für einen guten Vater, und du bist herzlich willkommen, so wie du bist.«

Anne: Ja, ich möchte ihn gern einladen. Ich weiß nicht, wie genau. Also, ich möchte ja, dass er dazugehört und unser Familienleben angenehmer wird für alle, denn momentan herrscht, wenn wir alle zusammen sind, immer nur Streit. Entweder wir streiten, oder die Kinder streiten. Und die Kinder streiten wahrscheinlich, weil wir ständig streiten. Und ich möchte gern, dass du bei uns in der Familie bist.

Jesper: Das glaube ich. Was noch fehlt, ist, dass du zu Marco auch sagst: »Und du kannst genauso Vater sein, wie du es schaffst.« Aber das kommt darauf an, ob du das *meinen* kannst.

Anne: Die Frage ist, wie ich das aushalten kann, ja. Also, wie kann ich, wenn da so ein Konflikt ist ... Da muss ich dann weggehen. Oder was kann ich tun? Ich habe es wirklich probiert, mich nicht einzumischen – ich schaffe es nicht.

Jesper: Das glaube ich. Das ist für die meisten von uns unmöglich, das kann man nicht wirklich. Alle können sagen und schreiben, man solle sich nicht einmischen und so weiter – das macht man ja sowieso. Entweder leise, und dann kommt es nur manchmal, oder jedes Mal. Und dann ist es so ... Aber das meine ich auch nicht. Natürlich sollst du dich einmischen – aber als Partnerin und nicht als Mutter.

Anne: Mhm, ja, das haben wir auch schon mal probiert, dass ich versuche, Marco irgendwie zu helfen. Ein paarmal habe ich gesagt: »Okay, ich mach's, ich übernehme das Problem, wenn du es gerade nicht aushältst«, aber das ...

Jesper: Ja. Das ist Entlastung ...

Anne: ... das hilft nicht wirklich.

Jesper: Nein, Entlastung hilft nie.

Anne: Dann probiere ich schon im Vorfeld dafür zu sorgen, dass gar nicht erst ein Konflikt entsteht, aber das ist ja auch Blödsinn.

Jesper: Genau.

Anne: Ich fühle mich total machtlos und hilflos, und ich weiß gar nicht, wie ...

Jesper: Du musst es aushalten.

Anne: Okay ...

Jesper: Und dann nachher eventuell fragen und sagen: »Jetzt haben wir diesen Sonntagnachmittag überlebt. Wie ist es eigentlich für dich?« Denn er weiß ja, wie es für dich ist. Aber Marcos Stimme hört man nicht so deutlich. Und ich glaube, die hat man nie so deutlich gehört. Ist das richtig?

Marco: *(Er lacht zögernd.)* Ja, das kann durchaus sein.

Anne: Mein Papa scherzt immer und sagt: »Der Marco redet, wenn ich schlafe.« *(Alle lachen.)*

Jesper: Das ist ja schlau. *(Er wendet sich Marco zu.)* Ich mache ja im Moment deine Arbeit sozusagen, und ich weiß nicht, ob ich qualifiziert bin. *(Er lacht.)* Ich möchte gern wissen, wie es *dir* geht, also mit deinem Selbstbild als Vater, den verschiedenen Kindern gegenüber. Fühlst du dich okay, gelingt es? Oder tut es weh, ständig disqualifiziert zu werden?

Marco: Ja, es gab schon viele Konflikte bei uns, weil ich mich zurückgesetzt gefühlt habe. Gerade wenn ich vor den Kindern von meiner Frau gemaßregelt werde: »Dieses Verhalten ist falsch, oder jenes ist falsch.« Wenn ich meiner Tochter etwas sage, zum Beispiel: »Bitte tu das und das nicht«, dann mischt sich meine Frau ein und sagt: »Nein, lass sie doch, das ist in Ordnung, das darf sie.« Ein ganz banales Beispiel ist es, wenn ich koche ... Unsere Küche ist sehr klein, und es gibt auch keine Schutzvorrichtungen um den Herd herum, deshalb sage ich immer: »Wenn ich koche, möchte ich nicht, dass die Kinder in der Küche sind.« Und dann fällt meine Frau mir ins Wort und sagt: »Doch, die Kinder dürfen genauso in die Küche.« Und ich sage: »Ja, aber nicht, wenn ich darin koche«, und sie sagt: »Doch.«

Anne: Ja, aber das habe ich mittlerweile ja akzeptiert.

Marco: Aber das ist ein Beispiel.

Jesper: Das ist ein gutes Beispiel. Da sieht man viel.

Marco: Mhm.

Jesper: Ich glaube, dass es sehr, sehr schwierig wird, einander zu sehen und einander wahrzunehmen, wenn es immer diesen Konflikt gibt. Also, wenn man nicht sagt: »Okay, so einen Vater haben meine Kinder, so einen Mann habe ich. Er will allein in der Küche sein, und es kommt nicht darauf an, *warum* – so ist es.« Oder: »Ich habe so eine Frau, die nimmt meiner Meinung nach ein Risiko in Kauf, das ich nicht in Kauf nehmen würde, aber so eine Mutter haben meine Kinder. Die macht das so.« Und so geht es weiter. Denn dieses ständige von deiner Frau: »Ich wünsche mir, dass mein Mann anders wäre«, und so langsam auch von dir: »... dass meine Frau anders wäre«, das kann nur in einer Tragödie enden. Es geht also nicht darum, wer recht hat und wer nicht – es geht darum, was ich will. Und wenn ich mit meiner Tochter irgendetwas machen will, und es führt jedes Mal zu Streit, dann muss ich mit jemandem reden! Da kann ich natürlich mit einem Fachmenschen reden, ich kann alles Mögliche machen – aber ich möchte eigentlich gern mit meiner *Frau* reden. Und sagen: »Was kann *ich* tun?«, nicht: »Was würdest *du* tun?«, oder: »Wie sollte ich *anders* sein?«, sondern »Was kann ich tun – so, wie ich bin? Das möchte ich gern, denn mir sind die Konflikte auch unangenehm.« Und dann kommt diese Über-Supervisorin und sagt: »*Babababaa!* Mach so!«, und dann sitzt du da und sagst: »Ja, Gott sei Dank kann ich die ganze Nacht allein mit mir selber reden.« (*Jesper lacht.*) Für mich ist eine Frage wichtig ... Dafür, dass es sich so entwickelt hat, dafür seid ihr beide 100 Prozent verantwortlich, aber wie ich das höre, ist es jetzt Zeit – deswegen seid ihr ja wahrscheinlich auch hier –, dass sich etwas ändert. Und deswegen frage ich: Kannst du Marco einladen? Genauso, wie er ist? Und ist er tatsächlich herzlich willkommen?

Anne: Auf jeden Fall.

Jesper: (*Jesper schaut zweifelnd.*) Ja ...

Anne: Ich weiß ja, dass er eigentlich nicht so ist. (*Jesper und Publikum lachen.*) Das, was er sagt, meint er ja nicht so.

Jesper: Ja, das ist ein schöner Traum.

Anne: Na, wieso, er sagt es ja selbst oft: »Ich wollte nicht so reagieren, das war nicht richtig von mir.«

Jesper: Aber du weißt ja auch genau, dass man sein Leben nicht aus dem Kopf leben kann.

Anne: Mhm. Ja. (*Anne lacht.*) Ich versuche, es zu verstehen. Aber ich bin so ein Kontrollfreak.

Jesper: Denn das ist auch ein schöner Traum. Das geht aber nicht. Er kann, so oft er will, sagen: »Ich will ja auch etwas anderes«, oder: »Ich wollte es ja auch nicht«, aber das heißt nicht: Jetzt wird es auch anders. Und vor allem nicht, wenn eure Beziehung so polarisiert ist. Und wie ich das erlebe, haben eure Konflikte überhaupt nichts mit den Kindern zu tun. Also, die Kinder sind Auslöser, aber das könnten auch andere Auslöser sein. Es scheint ein Ungleichgewicht zwischen euch zu geben ... Und ich habe den Eindruck, ihr seid beide wie stigmatisiert in einer Rolle – also, du bist so schnell, lebendig, so viel Feuerwehr; und du bist nachdenklich, freundlich und versuchst, ein bisschen Abstand zu halten, sodass es nicht so schwierig wird oder so dreckig oder was weiß ich. Und das war vielleicht immer schon so, aber jetzt ist es wie karikiert. *(Jesper schaut Marco an.)* Also, was ich in deinem Gesicht lese, dass du offen, freundlich und nicht so moralisch bist – da bin ich mir ganz sicher. Aber ich glaube auch, dass es mittlerweile eine Fassade geworden ist. Etwa so: »Ich bin hier, ich bin freundlich, schieß bitte nicht!« *(Jesper schaut Anne an.)* Und dann sitzt du da mit deinem Maschinengewehr und sagst: »Ich muss ja schießen, weil ich ja meine Kinder habe, ich muss meine Kinder verteidigen.« Ich weiß nicht, wie das zusammenhängt, ich weiß nur, dass es irgendwie für euch *beide* nicht mehr stimmt – diese Rolle, dieses Image stimmt nicht. Und ich sehe ganz, ganz gut, warum ihr beide füreinander sehr wertvoll sein könntet. Denn es ist auch ein wunderschöner Cocktail bei euch. Aber jetzt ist es eher wie Öl und Wasser, das teilt sich. Und das musst *du* ja beantworten, diese Frage: Wie ist es für dich, wenn deine Frau dir gegenüber so kritisch ist oder dich disqualifiziert oder beurteilt oder so etwas? Tut es einfach weh, oder tut es nicht weh? Ich frage deswegen, weil es bei uns Männern oft so ist, dass wir es nicht erleben. Wir erleben diesen Schmerz nicht – er ist nur da. Und dann versuchen wir, den *nächsten* Tag unsere Frauen glücklich und zufrieden zu machen. Und es kommt aber nicht hin. Und dann nach Jahren entdeckt man: »O Gott, was ist denn aus uns geworden!« Also, ich kann mich erinnern, ich war 21 Jahre mit meiner ersten Frau verheiratet, und sie hat sich später als eine Art Körpertherapeutin ausbilden lassen und hat mir eine Behandlung angeboten. Und ich habe Ja gesagt, und nach zehn Sekunden habe ich gewusst: »Nee, nee, das geht nicht – es tut zu weh! 20 Jahre lang hast du mir Schmerzen zugefügt, und ich habe es geschluckt und gesagt: ›Wir machen es‹, oder ›Ich schaffe es‹, oder ›Es kann anders sein.‹« Und das ist meine Frage an dich, Marco, wenn du das beantworten kannst: Ist es so?

Marco: Ich habe sehr lange geschluckt, denke ich, und ich habe immer versucht, auf die Kritik zu reagieren oder mein Verhalten zu ändern, aber mittlerweile ist es so, dass ich dieses Kritisieren nicht mehr akzeptiere – schon vom Prinzip her nicht mehr, auch wenn sie dann im Detail vielleicht mal recht hat. Aber ich finde, sie hat nicht das Recht, mir das so zu sagen, vor allem nicht vor den Kindern, und ich reagiere darauf dann verärgert und wütend. Und dadurch sind wir inzwischen in einem Dauerkonflikt. Für jeden allein mit den Kindern funktioniert es super. Aber wenn wir zu zweit sind mit den Kindern, überträgt sich, glaube ich, unsere schlechte Stimmung auf die Kinder, und dadurch entsteht Streit zwischen allen. Nur wenn Anne und ich das gleiche Ziel haben – wie heute *(beide lachen)* –, funktioniert es auch zu viert. Als wir hergefahren sind, war völliges Chaos, aber wir haben gewusst, dass wir das beide wollen. Und dann haben wir das auch gut hinbekommen, und die Kinder haben auch mitgemacht. Aber sonst schaffen wir es nicht, diese schlechte Stimmung zwischen uns zu überlisten oder auch nur zu überspielen, das schaffen wir einfach nicht mehr.

Jesper: Also kann es denn jetzt weitergehen? Ich denke, es gibt verschiedene Wege. Einer ist eine Fantasie – die ist ja auch nicht so unrealistisch, wenn es um Elternschaft geht. Also man fragt sich: »Wie beurteile ich meine Frau und umgekehrt?« Und man stellt sich vor: »Nächsten Monat trennen wir uns, leben getrennt, die Kinder sind 50 Prozent bei der Mutter und 50 Prozent beim Vater.« Dann ist es so: Die

Kinder sind bei ihrem Vater, und du kannst nichts machen, du bist hilflos. Du kannst dasitzen und sagen: »Lieber Gott, ich habe diesen unmöglichen Mann als Vater für meine Kinder gewählt, schütz bitte meine Kinder!« (*Alle lachen.*) Die Frage ist, muss das passieren, bevor du sagst: »Okay, wir haben sehr verschiedene Meinungen, wir haben sehr verschiedene Erfahrungen – manches, was du mit unseren Kindern machst, mag ich überhaupt nicht. Aber ich mag *dich*. Ich möchte also gern, dass wir beide unser Verhältnis wieder aufbauen ... Und dann sollten wir meiner Meinung nach die ersten drei, vier, acht, zwölf Monate nicht über Kinder reden, weil das nicht geht. Du kannst mit mir also über unsere Kinder reden, wenn du wirklich meinst, dass ich dir helfen kann. Oder ich kann dich fragen, wenn ich meine, dass du mir helfen kannst.« Daneben gibt es ja immer noch diese ganze Infrastruktur, diese Dinge wie Entlastung und so weiter, das bleibt. Aber eure Beziehung braucht einen Neustart, etwa so: »Jetzt fangen wir noch mal bei null an, und dann wollen wir sehen: Wie geht es mir eigentlich?« Wie viele Jahre seid ihr zusammen, habt ihr gesagt?

Marco und Anne: 13.

Jesper: 13. Das heißt, ab welchem Alter?

Anne: Ich war 19 und Marco 20.

Jesper: Ja, das ist sehr jung. Sehr jung. Und das Leben hat irgendwie alle Entscheidungen getroffen, dann kam die Schwangerschaft, dann kam dies, dann kam das ... Und ihr habt beide versucht, euch anzupassen, mitzumachen und so weiter, und jetzt geht es nicht mehr. Und das heißt, jeder muss für sich verantwortlich sein und versuchen zu überlegen – und auch gemeinsam zu überlegen: »Kann ich als Mann, als Vater überhaupt wertvoll sein für dein Leben und für unsere Kinder? Kann ich als Frau, als Mutter überhaupt wertvoll sein für dein Leben? Das war unsere Idee, das war unsere Hoffnung, das war unser Traum. Jetzt sieht es ein bisschen anders aus – aber: Glauben wir, dass das möglich ist?« Das wäre für mich die zentrale Frage. Und dann ist es nicht so wichtig ... es ist *aufregend*, wenn er blöd ist. *(Jesper lacht. Dann schaut er zu Marco.)* Und du musst dir ja irgendwie einen Panzer zulegen oder so etwas, denn es werden ja immer diese Handgranaten kommen ...

Anne: Ja, aber es kommt von seiner Seite auch manchmal.

Jesper: Ja, ja, ja!

Anne: Ja.

Jesper: Ja, ja, ja!

Anne: ... also, das bin nicht nur ich.

Jesper: Ja, ja! Man braucht zwei, um einen Krieg zu führen. *(Jesper lacht.)* Es gibt hier keine Opfer. Ihr müsst beide überlegen: »Will ich das wirklich? Oder wäre es besser für mich ohne den anderen?« Das wären für mich die wichtigsten Fragen ... Man kann es auch so beschreiben und sagen: »Wir haben bis jetzt, die letzten fünf, sechs Jahre überlebt – und zwar auch ganz gut überlebt –, aber jetzt ist es Zeit: Wollen wir wieder nur überleben, oder wollen wir auch leben? Und wie schaffen wir das? Wie schaffe ich das?« Und da ist es sehr, sehr wichtig, nicht egoistisch zu sein, aber für sich selber verantwortlich zu sein und zu sagen: »Kann ich das? Kann ich mit diesem Mann leben in einer Art und Weise, wo ich nicht täglich auf ihn schieße oder mit Kritik komme? Schaffe ich das?« Oder: »Kann ich ein Gegenspieler zu meiner Frau sein? Den sie wirklich braucht, denn je einsamer sie sich fühlt, umso lauter wird sie.«

Anne: Mhm, stimmt.

Jesper: »... und umso kritischer und umso ... *(Jesper macht ein Fauch-Knurr-Geräusch.)* ... aggressiver.«

Anne: Ja, das stimmt. Ich höre auch immer, dass ich schuld bin, dass ich alles falsch gemacht habe, dass die Kinder deshalb so herumschreien. Ich bin jetzt sechs Jahre nur zu Hause gewesen, ich habe auch überhaupt keine berufliche Anerkennung ...

Jesper: Ja.

Anne: Ich habe dann das Gefühl, ich mache *alles* verkehrt.

Wollen wir nur überleben, oder wollen wir auch leben?

Jesper: Ja. So ist das. Und das hat ja niemand verdient, so zu leben! Dass man in sein eigenes Haus kommt und dann sagen die: »Du bist verkehrt. Was machst du überhaupt hier?« Das geht ja nicht. Ich bin mir eigentlich ganz sicher, dass es eine Liebe zwischen euch gibt, aber meine Fantasie sagt mir, dass es von Anfang an zwischen euch beiden eigentlich eine sehr wichtige – vielleicht lebenswichtige – Freundschaft war. Ist das richtig? Oder waren es 200 Prozent Hormone und »wir sind verliebt, und das genügt«?

Anne: Beides, oder? Also, am Anfang ...

Marco: Ja, wir waren immer ein gutes Team eigentlich.

Anne: Ja, ein gutes Team waren wir immer, aber wir waren auch verliebt, oder? Am Anfang ...

Marco: Ja.

Anne: ... also, es war jetzt nicht so, dass wir *nur* Freunde waren.

Marco: Nein.

Jesper: Das meine ich auch nicht so, ich frage nur, weil man sich ja verlieben kann und so weiter, und trotzdem kann man sich unsicher fühlen und fragen: »Geht das auch?«, oder: »Wie wird das?« Aber manchmal passiert es, dass man sich verliebt und dann ganz schnell entdeckt: »Ich habe auch einen besten Freund bekommen. Sodass ich mich jetzt nicht mehr allein fühle.« Und dieses Erlebnis – das sagt meine Fantasie – gab es bei euch. Ich weiß es aber nicht wirklich, deswegen frage ich.

Marco: Würde ich schon sagen.

Anne: Mhm. Ist das gut oder schlecht? *(Alle lachen.)*

Jesper: Da musst du die katholische Kirche fragen, die entscheidet, was gut und was schlecht ist. *(Alle lachen.)* Das ist nicht gut oder schlecht – es ist, was es ist! Und das bedeutet ja, dass es ein Fundament gibt. Zum Beispiel, wenn wir wirklich radikal vorgehen: Wenn ihr beide euch innerhalb von einem Jahr scheiden lasst, dann glaube ich, geht die Kooperation in Bezug auf die Kinder gut. Weil es diese grundlegende Freundschaft gibt. Es kann auch so sein: »Weil es am Anfang so gut gepasst hat, haben sich in den ersten Jahren Erwartungen entwickelt, als ob meine Frau oder mein Mann mein Zwilling wäre oder genau wie ich wäre. Man wird sich manchmal auch ähnlicher, als man eigentlich ist. Und deswegen haben wir normalerweise in fast allen Beziehungen diese Siebenjahres-Krise. Aber die ist bei euch durch das Kinderbekommen unterdrückt worden. Das heißt, jetzt ist es langsam vorbei, jetzt muss ich – und das ist das Wichtigste –, jetzt muss ich anfangen, Nein zu sagen. Es wird von Männern und Frauen unterschiedlich erlebt. Männer erleben oft: »Plötzlich ist mein Verhältnis irgendwie ein Gefängnis, also, ich habe meine Freiheit verloren und so weiter. Und das heißt auch, ich behandle meine Frau jetzt, als wäre sie meine Mutter ...«

Anne: Ja, so ist es bei uns auch, oder?

Jesper: Ja. »... und ich sage immer: Ja, ja«, oder ...

Anne: ... oder: »Nein, nein.«

Jesper: Ja. Es gibt ja dieses wunderschöne »Jein«, das man verwenden kann. Und dann kommt diese Zeit, da hat man viel zu viel Ja gesagt – aus Liebe! Dann muss man lernen: »Okay, ich bin ich – du bist du. Das heißt, ich muss manchmal Nein sagen – das heißt auch Nein zu deinem Verhalten zum Beispiel, nicht nur zu deiner Meinung.« Und wenn man das schafft, dann kann man wieder gemeinsam leben und das auch genießen, ab und zu – oder oft. Aber wenn nicht, dann sitzt man fest mit diesem Wunsch »es sollte eigentlich anders sein«, oder dem Ärger »warum ist die immer so«, oder dem schlechten Gewissen »die hat ja alles gemacht, da muss ich doch Ja sagen«. Dann wird es sehr schwierig. Dann kommt immer dieses »Du bist schuld! Du bist schuld! Ich bin nicht schuld! Nein, du hast dies oder jenes gemacht!«. Und dann sind wir plötzlich komplett unverantwortlich. Und dann kommt dieses alte Spiel, das hat meine Generation erfunden – leider –, das heißt: »*Ich bin unglücklich – und du bist schuld. So einfach ist die Welt. Du musst dich verbessern, dann bin ich nicht mehr unglücklich, dann bist du nicht mehr schuldig. Aber innerhalb der nächsten Woche bitte.*«

Anne: Oder heute. (*Alle lachen.*)

Jesper: Ich würde also darüber nachdenken und auch darüber reden: Wie sieht es mit uns aus ... Und es geht ja auch nicht um Liebe. Liebe ist für Romantiker. Sie ist auch wichtig (*Jesper lacht*), aber es geht nicht um Liebe. Oft fragen sich langjährige

Partner nach wiederholtem Streit: »Sag mal, liebst du mich eigentlich noch?« Das bedeutet meiner Erfahrung nach: »Ich habe jetzt 14 Jahre lang versucht, dein Leben zu bereichern. Ist es mir gelungen? Und wie ist es mit mir? Fühle ich mich durch dein Dasein bereichert oder nur beschwert?« Das ist genauso wie mit den Kindern. Mit drei Kindern ist es immer viel Arbeit! Aber es bereichert auch – hoffentlich. Und genau dasselbe gilt für die Partnerschaft. Man kann sich ja nicht jeden Tag und über alles einig sein. Es muss Streit geben … *(Jesper schaut zu Anne.)* Du willst, glaube ich, immer alles lieber selbst machen. Und hast dafür wohl – ich weiß es natürlich nicht genau – viel gekämpft. Das heißt also, du bist als Einzelkämpferin ausgebildet. Du weißt, wie man das macht. Und du kannst wahrscheinlich alles erreichen – durch Kämpfen. Jetzt ist es Zeit, darüber nachzudenken und auch darüber zu reden: »Geht es auch anders? Also, was kann ich anders machen, mit meinem unmöglichen Mann zum Beispiel, was kann ich anders machen, als immer mit ihm zu kämpfen?«

Anne: Ja, das Witzige ist: Ich mache immer gern alles allein, aber eigentlich hasse ich das Alleinsein. Ich fühle mich oft einsam, will unter Leuten sein, ich *mag* nicht allein sein. Aber, ja, wenn es darum geht, etwas zu machen …

Jesper: Das weiß ich. Aber auf der existenziellen Ebene bist du einsam. Und das hat seine Gründe, und das können wir hier nicht diskutieren. Was jetzt wichtig ist: Das heißt auch, dass es nicht einfach ist, einen Wert als Partner für dich zu haben. Denn du kannst ja eigentlich alles selber schaffen.

Anne: Na ja … Jein. *(Anne lacht.)*

Jesper: Ja, ja. Jein. *(Er lacht auch.)* Mehr oder weniger gut – ich sage nicht, dass alles perfekt ist. Aber du schaffst es selbst und bist, wenn es gelingt, damit auch zufrieden … Es ist aber, glaube ich, sehr wichtig für eure Partnerschaft, darüber zu reden und nachzudenken: »Was will ich eigentlich? Soll es so wie jetzt auch noch in 10, 15 Jahren sein? Denn mein Mann bleibt der, der er jetzt ist. Er bekommt dann vielleicht erste graue Haare, aber er wird ein leiser Typ bleiben.«

Anne: Wenn die Kinder nicht wären, wäre das alles nicht so ein Problem. (*Alle lachen.*)

Jesper: Die sind aber da!

Anne: Ja, ich weiß!

Jesper: Und mehr und mehr und mehr anwesend.

Anne: Ja, aber ich kritisiere nicht nur Marco, ich würde jeden so kritisieren, der mit meinen Kindern so umgehen würde, ich würde dann jedem sagen: »Stopp! So nicht!« Ich finde, gewisse Dinge gehen einfach zu weit! Und ich finde, da hat man als Erwachsener die Pflicht, sich einzumischen ... Das geht nicht nur gegen ihn! Ist das nicht auch die Pflicht von einem Erwachsenen, wenn Kinder ...

Jesper: Jaaaa, das ist ein bisschen zu allgemein für mich. Aber ich kann es hoffentlich auf eine andere Art und Weise beantworten, denn Eltern zu sein müssen die meisten von uns ja langsam lernen, zusammen mit unseren Kindern. Und dann, nach drei, vier Kindern, sind wir irgendwie gut darin, dann sind wir hoch qualifizierte Großeltern. (*Jesper lacht.*) Aber es kostet ein Kind oder drei. Und das ist okay, solange wir uns mit unseren Kindern entwickeln. Denn damit haben wir dafür gesorgt, dass sich die Kinder sowieso wertvoll für unser Leben fühlen – und *das* ist sehr wichtig. Das ist überhaupt das Wichtigste. Aber ich muss sagen, dass ich sehr selten erlebt habe, dass Mütter erfolgreich sind, wenn sie versuchen, mit dem Partner darüber zu reden oder zu diskutieren oder ihn zu überzeugen. Ich habe jedoch sehr oft erlebt, dass Mütter erfolgreich sind, wenn sie drei Wochen weggehen und die Väter allein mit den Kindern sind. Dann sieht es plötzlich anders aus. Das sagt auch die Hirnforschung: Man kann nicht lernen, wenn man sich dumm fühlt. Wenn ich also versuche zu lernen, wie ich Vater für dieses Mädchen oder diesen Jungen sein kann, und immer kritische Bemerkungen kommen, dann kann ich nicht lernen.

Anne: Ja, aber das Gleiche ist es mit den Kindern, die hören diese Dinge ja von ihm. Und genau das ist das, was ich unterbrechen will.

Jesper: Ja. Du kannst es aber nicht unterbrechen.

Anne: Ja. Nicht, indem ich das Gleiche tue. Ja, das verstehe ich schon.

Jesper: Nein. Das ist ja eine Familienkrankheit. Vielleicht hast du nicht damit angefangen, vielleicht hat er damit angefangen – das ist ja nicht wichtig. Was wichtig ist: Jetzt machen alle dasselbe.

Anne: Ja.

Jesper: Gegenseitig. Und das ist ein Teufelskreis. Und ich weiß noch immer nicht, wer hier eigentlich die Power hat, »stopp« zu sagen und: »Jetzt will ich nicht mehr. Jetzt will ich meinen Mund beherrschen«, oder: »Jetzt will ich nicht mehr so etwas hören.« Noch mal: Es ist wie eine Familienkrankheit. Und die älteste Tochter hat es auch schon übernommen, und die anderen kommen langsam nach. Es passiert also genau das, was du *nicht* willst. So ist es oft im Leben, dass, wenn wir wirklich viel investieren und sagen: »Das will ich nicht!«, dann passiert es erst recht. Also: »Meine Eltern haben sich getrennt, das sollen meine Kinder *nie* erleben!« Dann wird man mit großer Sicherheit getrennt. Oder: »Ich habe so viel Gewalt erlebt als Kind, das sollen meine Kinder *nie* erleben!«

Dann passiert es trotzdem. Es gibt viele Beispiele. Aber diese Anti-Dinger funktionieren nur im Kopf – die funktionieren nicht in dem, was wir tun. Man muss es also irgendwie stoppen, man kann auch sagen ... Man kann viele verschiedene Entscheidungen treffen, eine ist, zu sagen:»Okay, wir beide können die nächsten sechs Monate nur über Einzelheiten wie Kinder-Bringen und -Abholen, Einkaufen, Essen und Urlaub reden. Über Kinder und Erziehung – überhaupt nicht. Wer übernimmt die Verantwortung – du oder ich?«

Anne: Na, beide, oder?

Jesper: Nein, das geht nicht. Ihr beide könnt keine Verantwortung teilen, das geht nicht, das kannst du vergessen. Weil gemeinsame Verantwortung für Kinder zu haben heißt, dass beide 100 Prozent haben. Und das hat er sich nicht geschaffen, und du hast es bisher nicht erlaubt. Ihr teilt es also nicht. Du stehst da mit den ganzen fünf Tonnen und der Verantwortung, und er darf ab und zu helfen und dich entlasten. Für diese Rollenverteilung seid ihr beide verantwortlich.

Anne: Ja, aber will er überhaupt mehr Verantwortung haben? Bin ich mir gar nicht sicher.

Jesper: Ja, er will sehr gern mehr Verantwortung, aber auf seine eigene Art und Weise. Und das weiß er ja: Wenn er Ja sagt – »ja, natürlich will ich das« –, dann kommt es von dir wie aus der Pistole geschossen: »Ich habe soundso viele Beweise, dass das nicht wahr ist.«

Anne: Okay.

Jesper: Deswegen musst du dich entscheiden, anders mit ihm zusammen zu sein. Jetzt bist du unverantwortlich – du bist hauptverantwortlich für die Kinder, aber du bist unverantwortlich für dich selbst. Und du sagst: »Ich bin nicht für mein eigenes Tun oder für meinen Mund verantwortlich – er ist es. Wenn er anders wäre, wäre ich auch anders.« Er sagt es nicht so laut wie du, aber er ist genauso unverantwortlich und sagt: »Mein Gott, was kann man machen, mit so einer Frau muss man sich ja verstecken. Das geht ja nicht anders.« Ich sage das laut und klar – so laut und klar, wie ich kann –, aber ich möchte gern sagen: Nicht, weil ich Pessimist bin. Ich sitze nicht hier und denke: »Mein Gott, die beiden haben überhaupt keine Chance.« Ich glaube wirklich, dass ihr beide eine große Chance habt – ihr müsst die Chance nur ergreifen und sagen: »Jetzt haben wir das 13 Jahre gemacht, es war ein wunderschöner Anfang – in der letzten Zeit war es unerträglich. *Wir* müssen etwas ändern. Was kann ich, was kannst du? Und wenigstens sind wir noch Freunde. Und dann wollen wir sehen, was wir daraus bauen können.« Und vielleicht sagst du in zwei Jahren: »Tut mir leid, also, ich erlebe dich mit unseren Kindern, und mein ganzes Sein sagt mir, dass ich immer, immer die Kontrolle haben muss. Weil es sonst schlecht geht.« Dann haben wir eine neue Situation. Oder du sagst: »Puh, das war ja eine Überraschung, es geht ja eigentlich, obwohl du es sehr anders als ich machst.« Das kann man nicht wissen, aber diese *Freiheit* muss da sein oder dieser Abstand, diese Distanz, wo ihr nicht immer so ineinander verschlungen seid wie Spaghetti. Das ist viel Arbeit.

Und man braucht eine ganz hohe Moral, um diese Verantwortlichkeit zu bewahren und zu sagen: »Ich bin für mich und mein Leben verantwortlich – niemand ist schuldig.« Und dann kann man sich natürlich im Bett verkriechen oder in den Wald gehen, und da kann man alles Furchtbare sagen, was man sonst noch denkt. (*Jesper lacht.*) Weil man sich ja nicht über Nacht verändert. Ich glaube, jeder hat das schon mal erlebt: An gewissen Punkten in unserem Leben wollen wir sehr gern anders sein, wir wollen es gern besser haben – wir wollen uns aber nicht ändern. Doch das ist notwendig für euch beide im Moment. Ohne eure Veränderung geht es nicht. Dann können wir uns genauso gut als Freunde trennen und sagen:»Okay, wir haben es versucht, es ist uns nicht gelungen. Wenigstens haben unsere Kinder zwei Eltern, die einander nicht umgebracht haben oder für immer unglücklich gemacht haben.« Dringe ich zu dir durch? *(Jesper schaut zu Anne.)*

Anne: So ganz konkret weiß ich nicht genau, wie das ...

Jesper: *(Er lacht.)* Nein, ich weiß, du magst nicht, was ich sage. Aber das musst du auch nicht.

Anne: Na ja, für mich hört es sich jetzt schon eigentlich so an: Entweder bin ich ruhig und sage nichts mehr, oder wir sollen uns trennen. So dieses Entweder-Oder.

Jesper: Nein, nein, nein.

Anne: Ich habe das Gefühl, ich bin jetzt irgendwie allein ...

Jesper: Du warst ja immer allein.

Anne: ... der Schuldige.

Jesper: Nein!!! Das hat nichts mit Schuld zu tun. Der ist ja unheimlich faul, der hätte dir ja jahrelang sagen können: »Jetzt reicht's mir! Jetzt entscheidest du dich. Ich bin genauso ein Vater, wie ich sein kann. Manchmal brauche ich Hilfe, ich brauche keine Kritik. Hör auf, Frau! Halt den Mund, oder geh in den Wald!« Das hätte er sagen können, das hat er nicht gemacht. Er hat sich versteckt und gesagt: »Hoffentlich geht es vorbei.« *(Jesper lacht.)*

Anne: Ja, weil ich ja die böse Ehefrau bin, oder ...?

Jesper: Ja, ja, ja!

Anne: Ja, aber dann bin doch ich schuld, oder? Weil ich die Böse bin.

Jesper: Schuld gehört in die Kirche. Schuld ist nicht interessant. Interessant ist, wenn beide Partner für ihr eigenes Leben und das Leben der Kinder verantwortlich sind. Und wenn etwas nicht passt, dann muss man versuchen, das zu ändern. Es geht nicht, zu sagen: »Ich bin nicht zufrieden mit *meinem* Leben, deswegen musst *du* dich ändern!« Das funktioniert nicht. Leider. Das wäre wunderbar *(lacht)*, ab und zu, wenn das funktionieren würde. Für mich geht es also überhaupt nicht um Schuld. Wenn ich frage: »Dringe ich zu dir durch?«, ist es nicht, um zu sagen: »Du bist nicht engagiert oder was auch immer.« Dann ist es genau deshalb, weil ich weiß, dass du so lange in deiner eigenen Welt gelebt hast, dass es schwierig ist, wenn jemand kommt und sagt: »Das solltest du ab jetzt anders machen …« Und du trägst schließlich die Verantwortung. Ich treffe dich für eine Stunde – und mache meine Bemerkungen, aber du musst selbst entscheiden, was du damit *machst*. Ich möchte nur gern sicher sein, dass meine Botschaft angekommen ist. Wen siehst du? Du schaust mich ja direkt an. Siehst du einen Freund oder einen Feind?

»Ich bin nicht zufrieden mit meinem Leben, deswegen musst du dich ändern!« Das geht nicht. Leider.

Anne: Also, Feind nicht. Keine Ahnung.
Jesper: Okay. Wollen wir noch etwas zum Schluss sagen, oder können wir …

Anne: Wir hätten eigentlich noch zwei, drei Beispiele gehabt mit Kinder-Konflikten, wie man damit umgehen kann ...

Jesper: Ja, aber das ist nicht so wichtig. Es ist natürlich wichtig, aber das hier ist wichtiger. Vor allem für eure Kinder! Weil, diese Stimmung zwischen euch Eltern ist für sie sehr, sehr schwierig. Und für mich ist es sehr klar, was Kinder brauchen. Die brauchen Eltern, die gut miteinander umgehen können. Ob die getrennt sind oder zusammen leben, ist nicht so wichtig. Aber dass es diese konstruktive Freundschaft gibt – und die ist jetzt zwischen euch beiden vorbei. Das heißt, sie *lebt* nicht – sie ist noch da, soweit ich das sehe. Aber sie lebt nicht. Und das braucht ihr beide, und das brauchen die Kinder.

Anne: Also konkret meinst du, sechs Monate lang einfach nicht über die Kinder reden und dann ...

Jesper: Ja, nicht über Erziehung reden oder über deine Rolle als Mutter oder seine Rolle als Vater oder so etwas. Es muss sich entwickeln. Und vielleicht steht er da in sechs Monaten und sagt: »Ich habe es probiert, ich bin nicht zufrieden. Ich fühle wirklich, dass ich das nicht schaffe, verantwortlich für drei Kinder zu sein – das geht nicht.« Aber dann kann er wenigstens mit dir reden und sagen: »Wie wäre es für dich, wenn wir weitermachen wie früher? Dass du hauptverantwortlich bist. Dann möchte ich dich aber gern in einer anderen Art und Weise unterstützen.« Das ist dann konkret. Aber jetzt sind es nur Vorwürfe, die ihr euch macht. Und das hilft niemandem. Und mit mehr oder weniger Erziehung – im Moment weniger – schaffen es die Kinder auch, kein Problem. Die lernen sowieso nichts durch Erziehung.

Anne: Ja, aber ich will nicht, dass sie sich so anpassen ans Gehorchen.

Jesper: Mhm.

Anne: Ich meine, sie sollen sich schon an Grenzen halten, wenn jemand …

Jesper: Also, Grenzen können in eurer Familie nicht erfolgreich sein. Man kann nicht Grenzen für Kinder setzen …

Anne: Nein, ich meine jetzt, wenn *ich* eine Grenze habe und sage: »Das ist mir zu viel.«

Jesper: Ja …

Anne: Das finde ich schon, dass sie das akzeptieren müssen.

Jesper: Wieso? Du übertrittst jeden Tag die Grenzen deines Mannes, und das erlebt Paula und sagt: »Meine Mutter macht nicht das, was sie sagt.« Aber unglücklicherweise ist es so, dass ich das von vielen, vielen Menschen kenne: Bei bestimmten Themen bist du so überzeugt, dass du recht hast – und meiner Meinung nach hast du in vielen Dingen auch recht –, und dieses Recht ist dein Alibi für Kritik oder Schimpfen oder Grenzenüberschreiten. Aber so funktioniert es nicht. Es funktioniert nicht. Und … Ja, ich habe es gesagt. Wir müssen jetzt zum Schluss kommen, ich danke euch.

Tipps von Jesper Juul für Anne und Marco

- Wer den Partner immer nur kritisiert, fordert ihn stetig zum Streiten heraus. Wenn ein liebevolles Miteinander wieder neu wachsen soll, wirst du, Anne, nicht umhinkommen, deinen Mann so, wie er als Vater ist, zu akzeptieren. Auch wenn du selbst in bestimmten Erziehungssituationen anders handeln würdest.

- Es geht nicht darum, wer von euch beiden richtig erzieht, sondern was du willst, Anne, und was du willst, Marco –

und was funktioniert. Und wenn etwas nicht funktioniert, dann nutzt auch kein Maßregeln. Aber es hilft vielleicht, wenn Marco mit dir über die Situation und wie er sie erlebt hat, sprechen kann und du ihm zuhörst. Oder wenn du, Anne, in einem ruhigen Gespräch ohne Kinder nachfragst, wie es ihm in der Situation ergangen ist und ob und wie du ihm beim nächsten Mal zur Seite stehen kannst.

- Wenn Anne Marco nicht in die Familie integrieren möchte, so wie er ist, bzw. Marco seinen Platz in der Familie nicht einfordert, solltet ihr darüber nachdenken, ob für euch und eure Kinder eine Trennung nicht der bessere Weg ist. Ich traue es euch zu, als getrennte Partner freundschaftlich euer Elternsein zu gestalten.

- Wenn es zwischen den Eltern nicht stimmt und oft zu Streit kommt und auch die Kinder häufig wütend agieren, dann fordere ich zuerst einmal die Eltern auf, ihre Erwartungen und Gefühle offen auf den Tisch zu legen, um sich dann um sich selbst und die eigenen Bedürfnisse und Wünsche zu kümmern. Wenn die Eltern dann auch (wieder) lernen, miteinander voll Respekt umzugehen, dann geht es oft auch den Kindern wieder besser, und auch ihre Wut lässt nach.

- Eine Trennung löst nicht eure Partnerschaftsprobleme. Sie ist aber manchmal die letzte Chance, sich gegenseitig nicht noch mehr zu verletzen und mit Abstand neu auf den Partner und sich selbst blicken zu können. Auch um das Wohl der Kinder zu schützen.

»Unsere Trennung hat unsere Paarkonflikte reduziert, aber wir sind immer noch völlig überlastet«

Nadine und Holger leben seit einem halben Jahr getrennt. Sie sind mit ihrer Tochter Emma zum Gespräch angereist, ihr Sohn Lukas musste krank bei der Oma zu Hause bleiben. Seit das erste Kind kam, hat Nadine die Hauptverantwortung für den Nachwuchs und den Haushalt übernommen, sich aber schon bald überlastet gefühlt. Beide Kinder sind willensstark, Emma war zudem ein Schreikind. Nadine meint, dass sie den Kindern vor lauter Überforderung von Beginn an zu viel hat durchgehen lassen, sodass diese die Führung in der Familie übernommen haben. Nadine verspürt bei Konflikten Wut und wird eher laut. Ihr Mann Holger hat sich während des Zusammenlebens aus dem Familiengeschehen rausgezogen, jetzt als getrennt lebender Elternteil macht er sich Sorgen, weil er, wenn die Kinder bei ihm sind, oft wütend und aggressiv auf das Verhalten der Kinder reagiert. Erst durch die Trennung wurde deutlich, wie machtlos sowohl die Mutter als auch der Vater sich fühlen. Bei diesem Elternpaar stellt sich die Kernfrage: Wie bekommen die Erwachsenen ihre Macht zurück? Im weiteren Gespräch zeigt sich, dass die Trennung die Probleme in der Familie nicht gelöst, sondern ans Tageslicht gebracht hat, sodass sich die Partner nun auch gemeinsam Hilfe in diesem beratenden Gespräch holen konnten.

Das Gespräch

Nadine und Holger
sind die Eltern von Lukas, 7, und Emma, 3

Nadine: Wir sind seit einem halben Jahr eine getrennte Familie. Aber in der Funktion als Eltern kooperieren wir gut, wir übernehmen auch beide die Verantwortung. Doch wir machen uns Sorgen, weil wir nach wie vor mit unseren Kindern heftig an Grenzen stoßen. Vor allem im Kindergarten und in der Schule. Wir vermuten, dass sie durch die Lockerheit, mit der wir sie erzogen haben und auch noch erziehen, draußen in der Gesellschaft Schwierigkeiten bekommen.

Jesper: Hast du ein Beispiel?

Nadine: Konkret hatten wir den Fall mit unserer Tochter Emma, die ihren Kindergarten verlassen musste, weil sie sich von anderen nichts hat sagen lassen. Sie ist sehr selbstbestimmt und weiß immer genau, was sie will. Und sie will meistens nicht das, was die Erwachsenen wollen. Und in der Kindergartengruppe führte das zu Konflikten, bzw. die Erwachsenen hatten dann die Erwartung, sie hätte sich einzufügen, aber sie war damit nicht einverstanden.

Jesper: Und wie sieht das in anderen Arenen aus, also zu Hause ...

Nadine: Zu Hause ist es ähnlich. Es ist auch für uns als Eltern ganz schwierig. mit ihrer Willenskraft umzugehen, weil man eben nie damit rechnen kann, dass etwas so funktioniert, wie man es sich vorgestellt hat. Wenn man zu einem Termin aus dem Haus muss oder eine bestimmte Vorstellung davon hat, was man mit den Kindern unternehmen möchte, dann kann man eigentlich immer schon damit rechnen, dass die erst einmal dagegenarbeiten. Da muss man sehr kreativ werden, was wir zu Hause vielleicht noch können, aber was dann eben schwierig wird, wenn die Kinder im Kindergarten oder in der Schule auf Erwachsene treffen, die sich nicht darauf einstellen wollen. Und das war mit Emma gerade so akut der Fall, dass wir sogar einen anderen Kindergarten suchen mussten. Die neuen Erzieherinnen gehen jetzt anders mit Emma um, aber die Problematik ist immer noch dieselbe. Und man macht sich dann einfach sehr viele Sorgen. Es gab ähnliche Situationen auch schon vorher, und die haben uns sicher auch als Paar belastet … Also, wenn ich es für mich sagen soll, ich war eigentlich immer schon extrem überlastet, und dann kamen auch noch diese ganzen Sorgen dazu. Auch weil man die Vorstellung hat, bei uns muss sich was verändern, damit das Kind in der Gesellschaft gut vorankommt. Das ist ein enormer zusätzlicher Druck.

Holger: Das gilt genauso für unseren Sohn Lukas, bei ihm ist es das Gleiche. Oder er hat damit angefangen, und Emma hat es sich womöglich von ihm abgeschaut. Die sind beide immer gegen alles und sagen zu allem erst einmal: »Nein!« … Man braucht dann selbst Zeit, und wenn man ruhig bleibt, kann man noch relativ gut damit umgehen. Aber so ruhig ist man selbst meistens auch nicht, und dann wird es schwierig. Meine größte Angst ist, dass ich dann Aggressionen rauslasse, die ich eigentlich gar nicht haben will. Und das macht mir Probleme.

Nadine: Geht mir genauso.

Holger: Doch die Einsicht kommt leider immer erst im Nachhinein. Die Situation eskaliert, und fünf Minuten später ist es dann für mich ganz furchtbar, weil ich erst dann sehe, was ich da eigentlich gemacht habe. Für mich ist es mit den Kindern seit der Trennung sehr schwierig.

Jesper: Es ist mir nicht ganz klar, ob das kämpferische Verhalten der Kinder – wie soll ich sagen – ein Erfolg ist. Kommt das von einer Einstellung von euch beiden als Eltern – »das wollen wir, und das wollen wir nicht«? Oder waren die Kinder von Anfang an Kämpfer?

Nadine: Von Anfang an.

Holger: Von Geburt an. Die haben keine Sekunde ausgelassen, beide … Da sind zwei Dickköpfe herangewachsen, das ist schon unglaublich, wenn man die zwei so anschaut.

Nadine: Also, Emma war auch ein Schreibaby, mit ihr war es vom ersten Tag an eine Herausforderung. Und wir haben eigentlich immer nur reagieren können, es war nicht so, dass wir eine Vorstellung hatten, wie die Kinder werden sollten.

Jesper: Und was habt ihr damals darüber gedacht?

Nadine: Am Anfang?

Jesper: Ja.

Nadine: Ich war von der ersten Geburt an schon völlig überlastet. Es hat mich wahnsinnig angestrengt, 24 Stunden pausenlos gefordert zu sein, mit Emma dann erst recht. Ich konnte der ganzen neuen Familiensituation nicht viel Positives abgewinnen. Ich habe schon mal gedacht, für später, wenn sie erwachsen sind, ist das toll, dass sie sich nicht manipulieren lassen, immer wissen, was sie wollen … Nur, *bis dahin* …

Jesper: Ja, dieses »bis dahin« täuscht vor, es gehe nur um die Kinder. Aber es geht ja auch um eure Beziehungen zu den beiden. Und eure Beziehung zueinander.

Holger: Richtig. Ich habe Nadine auch … ich will jetzt nicht sagen, im Stich gelassen, aber ich habe nicht darauf reagiert, dass sie überlastet war.

Jesper: Aha!

Holger: Ja, ja. Ich habe alles, was die Kinder betraf, meiner Frau überlassen und habe mich in meine eigene Welt zurückgezogen. Obwohl ich natürlich auch immer da war. Auch gedanklich. Aber trotzdem hat ihr sicher meine Unterstützung gefehlt.

Jesper: Stell dir mal vor, deine Frau hätte gesagt: »Ich bin jetzt fast am Ende, und ich bräuchte jetzt eine neue Perspektive, was kannst du mir sagen?« Was hättest du dann sagen wollen?

Holger: Mein Gott ... Es hätte wahrscheinlich auch schon gelangt, wenn ich zugehört hätte. Wenn ich das einfach auch, wie gesagt, angenommen hätte, ein Gefühl dafür entwickelt hätte. Aber ich hab das nicht geschafft, ich war irgendwie in diesem Kreislauf drin und konnte selbst auch nicht raus.

Nadine: Wir waren beide völlig entkräftet.

Holger: Ja. Ich hatte nur mehr Möglichkeiten, mich abzugrenzen. Ich bin ja in der Früh fort zur Arbeit und kam erst am späten Nachmittag wieder nach Hause. Und dann hatte ich erst die Kinder um mich. Das ist natürlich eine ganz andere Geschichte. Ich hatte relativ freie Wege, die ich auch genutzt habe.

Jesper: Okay. Meine Frage geht aber mehr dahin, lass es uns untersuchen: Gibt es ziemlich große Unterschiede zwischen euch beiden als Erzieher? Ich habe ja gehört, von Anfang an ist deine Frau hauptsächlich zuständig, und du hast diese Verantwortung deiner Frau überlassen und warst mehr oder weniger zufrieden am Anfang. Oder?

Holger: Ja, ich hab mir selbst auch gesagt: Das wird schon, das schaffen wir irgendwie. Aber ich habe die Lage wohl einfach nicht richtig einschätzen können, so wie ich es jetzt vielleicht kann. Wenn es früher mit Lukas schwierig war und es mir zu viel wurde, nachts etwa, bin ich zum Beispiel einfach auf die Galerie zum Schlafen gegangen. Oder wenn wir Streit hatten. Ich habe schon gesehen, dass das alles problematisch ist und ich etwas dagegen tun müsste. Aber das Ganze war sehr, sehr eingefahren. Einfach schwierig.

Jesper: Okay, danke. Nadine, du hast das jetzt sieben Jahre mitgemacht, so ungefähr. Was denkst du jetzt, heute? Ist dir klar, was passiert ist oder was passieren muss? Oder ist das nicht klar?

Nadine: Doch, das ist mir schon klar. Die Überlastungssituationen, die von Anfang an da waren, die haben einfach dazu geführt, dass sich alles immer negativer entwickelt hat. Weil wir auch nicht damit umgehen konnten. Beide nicht ... Ich habe selbst auch nichts dafür getan, dass ich entlastet werde.

Jesper: Okay, ich möchte jetzt gern ein Beispiel von gestern oder letzter Woche. Was ist passiert, wie fing der Konflikt an?

Nadine: Einen Konflikt, den wir eigentlich täglich haben, ist der, wenn wir aus dem Haus gehen müssen. Das kennen ja alle Familien. Wenn die Kinder trotz mehrfacher Hinweise immer noch nicht angezogen sind und ich versuche Druck zu machen, weil wir es sonst nicht schaffen, dann wird es immer schwieriger, das Ganze überhaupt noch in den Griff zu kriegen. Dann machen Lukas und Emma bewusst langsam, packen ein neues Spiel aus und stellen ihre Ohren auf Durchzug. Und meistens fange ich dann irgendwann an zu schreien, und irgendwann endet es dann in lauten Streitereien.

Jesper: Und sagst was?

Nadine: Was ich dann sage?

Jesper: Ja.

Nadine: Will ich das hier sagen? (*Alle lachen.*)

Jesper: Ich kann mit deiner redigierten Version umgehen.

Nadine: Nein, so schlimm ist es nicht. Das Schlimme ist eigentlich dann, dass ich sehr laut werde. Und dann halt schreie: »Zieht euch endlich an!« Oder ich sage: »Ich gehe jetzt raus und warte draußen auf euch. Ihr kommt dann, wenn ihr fertig seid.« Dann fängt sie aber zum Beispiel an, wie am Spieß zu schreien und gar nichts mehr zu machen. Also, es wird dann einfach … Für alle Beteiligten geht der Stresspegel auf 180. Und das ist so eine klassische Situation, die einfach schwierig ist.

Jesper: Das heißt, entweder entwickelt es sich als ein richtiger Machtkampf, oder ihr beiden Eltern gebt von Anfang an auf und sagt: »Okay, jetzt … Heute nicht, jetzt machen wir das so, wie die Kinder wollen.« Ist es so?

Nadine: Meistens ist es ein Machtkampf. Selbst wenn ich mir mehr Zeit nehme und versuche, erst einmal auf sie einzugehen und einen Konflikt zu vermeiden, dann fällt einem von ihnen noch irgendein neues Ablenkungsmanöver ein, und am Ende eskaliert es doch wieder. Eigentlich ist es immer ein Machtkampf.

Jesper: Ja.

Nadine: Ja. Holger macht das sicher anders.

Holger: Ich merke halt, wenn ich mit den Kindern allein bin: Umso konzentrierter ich im Geschehen dabei bin, wenn ich die Kinder im Auge behalte – also nicht kontrollierend, sondern eher vorausschauend, dann kann ich die Situationen mit ihnen viel, viel besser hinkriegen. Dann weiß ich auch, warum das und das passiert, weil ja vorher das und das los war. Dann kenne ich die Vorgeschichten. Wenn aber der Lukas und die Emma zusammen spielen und ich nicht wenigstens mit einem Auge dabei bin, dann geraten die beiden und am

Ende wir alle drei in einen Streit. Und dann werde ich auch laut und kann meine Aggressionen nicht verstecken – und bin selbst total mit der Situation überfordert. Und da reagieren die Kinder dann natürlich auch drauf. Gewisse Situationen bekomme ich vielleicht eher hin, wie zum Beispiel anziehen und aus dem Haus gehen. Aber ich habe auch schlimme Aggressionen, und das ist furchtbar. Für die Kinder, aber auch für mich selbst.

Jesper: Die Frage ist also eigentlich: Wie bekommt ihr beide als Erwachsene oder Eltern Macht zurück?

Nadine: Oder die Autorität.

Jesper: Ja.

Holger: Ich merke immer, wenn ich eine gute Woche habe und nicht so gestresst oder schlecht drauf bin, funktioniert das mit den Kindern viel, viel leichter. Da finde ich auch meine Wege, ohne dass ich laut werde. Aber wenn es einem selbst schlecht geht, und die Arbeit ist ja auch noch da, und dann kommt vielleicht noch etwas hinzu ... Und Lukas und Emma sind auch kräftig im Austeilen, ich meine auch, sie wissen schon genau, wie sie mich herausfordern können. Wenn das alles zusammenkommt, dann könnte ich manchmal explodieren.

Jesper: Okay. Und wo wohnen die Kinder jetzt meistens? Oder habt ihr eine 50/50-Regelung?

Nadine: 50/50.

Jesper: Also, lasst mich jetzt mal sagen, dass es meiner Meinung nach ernsthaften Grund zum Nachdenken gibt, also nicht nur wegen der Schule, dem Kindergarten usw., sondern auch, weil die Beziehungen zwischen euch beiden als Eltern und zu den Kindern nicht optimal sind. Es ist mehr so ein »Hoffentlich geht es« oder »Heute war es okay. Was ist mit morgen?«. Oft kann ein Statement von den Eltern helfen. Und das muss in diesem Fall – ihr könnt das ja individuell machen oder gemeinsam, wie es jetzt passt – mit einer Entschuldigung anfangen. Ich kann es ja nicht für euch sagen, aber es könnte in diese Richtung gehen: »Von Anfang an haben wir versucht, so und so und so mit euch umzugehen. Und wir haben wirklich geglaubt, das wäre für alle das Beste. Jetzt müssen wir einsehen, dass es das nicht war. Da haben wir einen Fehler gemacht, und wir haben uns jetzt entschieden, es muss anders sein. Das heißt, wir wollen nicht mehr diese Spiele mit euch spielen, wir wollen nicht mehr diesen Machtkampf, ihr dürft gern beide sagen, was ihr wollt oder möchtet oder nicht wollt usw. Aber ab heute treffen wir die Entscheidungen«, oder: »... treffe ich die Entscheidungen.« Ich rate euch zu einem solchen Gespräch, weil man sieht, dass es Emma nicht gut geht. Die fühlt sich nicht wohl. Lukas habe ich nicht gesehen, zu ihm kann ich nichts sagen. Aber in einer gewissen Art und Weise sind die beiden elternlos, denn die Eltern-Autorität ist nicht da. Und meine Frage ist natürlich: Woher kommt dieser Mangel an Autorität? Kommt er aus einer Überzeugung, einer Philosophie, von der Persönlichkeit, aus eurer eigenen Familiengeschichte? Woher kommt das für dich, Nadine?

Nadine: Also, aus Überzeugung nicht.

Jesper: Aus Überzeugung nicht.

Nadine: Ich bin nicht aus Überzeugung autoritätslos, es ist nicht so, dass ich mir vorgenommen habe: So möchte ich als Mutter sein. Ich bin da vielleicht auch ein bisschen planlos. Ich habe kein festes Gefühl: So und so soll es sein. Ich habe schon eine Vorstellung davon, wie ich mit den Kindern umgehen möchte, aber die funktioniert ja meistens nicht. Aber es ist nicht die Überzeugung, die dazu geführt hat ... Denke ich nicht.

Jesper: Okay. Und wenn du auf einer anderen Ebene auf dein Leben schaust – ist das ähnlich, oder geht das mit deiner persönlichen Autorität in anderen Arenen besser als mit den Kindern?

Nadine: Das ist schwer zu sagen, aber ... von meinem Gefühl her, wie ich mich dem gegenüber, was mir begegnet, fühle, ist es ähnlich. Ich würde schon sagen, dass sich das durchzieht. Ein Gefühl der Machtlosigkeit, das besonders stark hochkommt, wenn die Kinder gegen mich ankämpfen. Diese Machtlosigkeit, das ist es auch, glaube ich, was so aggressiv macht, obwohl ...

Jesper: Natürlich, ja, ja. So ist es, ja.

Nadine: ... obwohl es vom Kopf her für mich nicht verständlich ist. Aber da merke ich, dass es das ist, was mich aggressiv macht. Dass ich mich machtlos fühle.

Jesper: Was uns aggressiv macht, ist ja dieses Erlebnis: »Jetzt bin ich kein guter Vater, jetzt bin ich keine gute Mutter.«

Nadine: Ja.

Jesper: Und wenn wir aggressiv werden, ist es natürlich deswegen, weil das wahr ist: »Jetzt bin ich nicht so gut, wie ich sein könnte.« Aber mir ist das wichtig, herauszubekommen, ob viele Gedanken oder eine gewisse Philosophie dahinterstehen, über die wir erst mal reden müssen, oder ob wir direkt diese persönliche Autorität oder Durchsetzungskraft ansprechen können. Also, wenn ich euch richtig verstehe, steht keine starke Philosophie dahinter. Es hat sich so entwickelt. Und das erleben viele Eltern: »Okay, ich wollte eigentlich dies oder jenes ... Das ist mir nicht gelungen ... Aber wie es sich entwickelt hat, geht irgendwie auch.« Es ist sozusagen eine Welt von Kompromissen. Und so zu leben macht niemanden zufrieden, Kinder nicht und Eltern nicht. Dieses Gespräch mit den Kindern ist auch deshalb so wichtig, weil jede Änderung ohne Vorbereitung für die Kinder und euch unheimlich schwierig wird. Das Wichtigste aber ist die Aussage: »Wir haben versucht, so gute Eltern wie möglich zu sein ...« – und dann kommt dieser schwierige Satz: »... und das ist uns nicht gelungen. Wir haben ein paar oder ein paar Tausend Fehler gemacht, das sehen wir erst jetzt. Und jetzt wollen wir das nicht mehr. Jetzt wollen wir etwas anderes. Und wir brauchen eure Hilfe dazu, um nicht immer in Machtkämpfe zu geraten. Stattdessen können wir gern Auseinandersetzungen haben, wir können gern verhandeln, wir können gern so und so ... Aber das hier wollen wir nicht mehr.« Das heißt – und das ist merkwürdigerweise unheimlich schwierig für die meisten Eltern, man muss sich seinen Kindern gegenüber verwundbar machen. Denn das heißt, zu seiner Hilflosigkeit zu stehen und zu sagen: »So ist es. Ich habe wirklich das Beste getan, was ich konnte, und es war nicht gut genug. Jetzt versuche ich, etwas Neues zu lernen, und bei diesem Prozess brauche ich Hilfe.« Dann können die Kinder natürlich sagen, was sie wollen. Meine Empfehlung ist, es sollte kein langes Gespräch sein. Nur dieses Statement, ein paar Fragen oder Kommentare und dann nicht weiterreden. Da kann man sich zurückziehen, kochen oder spazieren gehen oder sonst irgendetwas machen und wissen: »So will ich es.« Und wenn der nächste Konflikt kommt, sollte man vorsichtig sein. Also nicht sagen: »Lieber Lukas, liebe Emma, wir haben ja darüber geredet, könnt ihr euch erinnern? Gestern haben wir ja vereinbart, dass jetzt ...« Das ist gefährlich. Da macht man wieder die

Kinder verantwortlich. Dann sagt ihr indirekt: »Ihr müsst mitmachen, sonst schaffe ich es nicht.« Und das ist eine unangenehme Rolle für Kinder. Was man sagen kann, ist: »Es wird so. Und es kann fünf Minuten dauern oder es kann fünf Stunden dauern, aber es wird so. Warum? Weil ich es so will.« Und dann wieder gehen. Also wieder den Kontakt abbrechen und nicht ins Argumentieren kommen oder so was ... Dann kann man auch in sich selbst spüren: »Ist es wirklich so? Spüre ich jetzt: Ja, das will ich, das ist mir wichtig?« Nicht für meine Kinder, denn es ist immer gefährlich zu sagen: »Ich mache das, weil es das Beste ist, dann wirst du nicht vom nächsten Kindergarten rausgeschmissen. Für dich ist es also auch gut.« Das geht nicht. Es muss einfach so gesagt werden: »Okay, auf diese Art will *ich* mit euch leben. Es kommt nicht auf Schule, Kindergarten usw. an – es kommt auf *mich* an. Ich will das. Und es ist wunderbar, dass ihr beide stark seid, dass ihr beide Nein sagen könnt. Jetzt brauchen wir aber ein paar Jahre, in denen wir miteinander das große ›Ja‹ üben.« Dieses Ja bedeutet: »Es ist so«. Und wenn die Kinder fragen: »Warum gehst du jetzt?« Dann kann man antworten: »Weil ich sonst anfange zu schimpfen, oder ich fange an zu schlagen, oder ich fange an, was Blödes zu sagen. Das will ich nicht. Ich habe gesagt, was ich will, und so wird es.« Und wenn die Kinder sagen: »Und wenn wir nicht mitmachen?«, dann kann man ruhig die Wahrheit sagen: »Dann weiß ich nicht, was ich tun soll. Darüber muss ich nachdenken. Aber ich hoffe, dass ihr beide mitmacht. Es ist ja nichts Gefährliches, es geht nur um Zähneputzen oder Essen oder so etwas. Das haben wir jahrelang gemacht. Nur will ich es jetzt ohne Kampf haben.« Der große Test ist, wenn man in den Augen der Kinder liest: »Und das sollst *du* alles bestimmen?« Wenn man dann mit Ruhe sagen kann: »Ja. So ist es«, dann ist es gelungen.

Holger: Lukas fragt mich sehr oft, ob ich wirklich die Macht habe, über alles zu bestimmen. Und da habe ich gesagt: »Über gewisse Dinge ja.«

Jesper: Ja, und es ist wichtig zu sagen: »Es geht nicht darum, ob ich alles bestimmen soll, das ist nicht unser Projekt. Das ist mir auch zu groß. Das Projekt ist: Wie es zwischen uns ist, das will ich entscheiden. Was du machst oder nicht machst oder wie du das machst oder so, darüber können wir reden. Aber dieser Kampf zwischen dir und mir – den will ich nicht mehr. Der macht mich müde, und er macht mich traurig. Das will ich entscheiden und tue es auch.«

Holger: Richtig, ja.

Jesper: »Diese Kämpfe will ich nicht mehr. Statt zu kämpfen, würde ich lieber nichts tun, also in mein Zimmer gehen oder fernsehen oder was weiß ich, aber diese Kämpfe will ich nicht mehr.« Und dieses Vorbild brauchen die Kinder. Dass es möglich ist, auch wenn man nicht weiß, was man konstruktiv tun kann ... Dass, wenn man etwas nicht weiß, dies nicht bedeutet, dass man unbedingt mit destruktivem Verhalten weitermachen muss. Man kann auch nichts tun und sagen: »Ich weiß, was ich *nicht* will. Und das will ich nicht. Und jetzt höre ich auf. Jetzt gehe ich in mein Zimmer, oder ich gehe spazieren, oder ich rufe deinen Vater an. Und wenn ich mehr weiß, dann komme ich zurück, und dann sage ich dir Bescheid.« Weil, es geht allen Kindern schlecht mit so viel Macht.

Und wir erleben es ja täglich, dass sie diese Macht nicht sehr konstruktiv für ihr eigenes Leben verwenden. Sie bereichert das Leben von Kindern nicht. Doch der Gegensatz dazu ist nicht, dass die beiden Eltern nun *über*mächtig sind und alles entscheiden sollen. Es geht darum, sich selbst wahrzunehmen und zu sagen: »Mir geht es schlecht. Und das zumindest kann ich machen. Ich kann es wenigstens so machen, dass es mir besser geht. Darüber gibt es keine Diskussion, denn mein Sohn oder du oder mein Freund wissen nicht, was gut für mich ist. Das weiß nur ich. Und wir können gern darüber reden – aber wenn jemand kommt und sagt: ›Das ist gut für dich‹, oder ›Völlig falsch, du bist ja doof, Mann!‹, warum sollte ich mit denen reden? Es fällt mir schwer genug, klar zu denken und das hier zu machen ...«

Holger: Ja, immer diese Beurteilungen ...

Jesper: Und ich beobachte jetzt eure Tochter (*Emma sitzt bei ihrer Mutter auf dem Schoß*) – und viel kann man nicht wissen –, aber seit einer Dreiviertelstunde kämpft sie nicht mehr. Und wirkt mehr und mehr entspannt. Das spürst du bestimmt auch körperlich.

Nadine: Ja.

Jesper: Und das ist die beste Supervision für mich: Sie hört zu, und es macht für sie Sinn, worüber wir reden. Und was das heißt, ist, dass wir alle warten müssen. Und mein Vorschlag ist, weil ihr ja getrennt lebt, dass man sich individuell hinsetzt und versucht, sich diese Rede vorzustellen und zu sagen: »Was habe ich eigentlich zu sagen?« Und dann schreibt das auf. Und dann kann man weitermachen – wenn man das liest und weint. Dann ist es richtig. Und dann kann man es sagen. Ob man dann wirklich, wirklich, wirklich weint, sodass alles nass wird, – das kommt ja auf den persönlichen Stil an – oder nur so ein paar Tränen, das ist nicht wichtig. Aber man muss berührt sein, sonst berührt es niemanden. Dann ist es nur so eine leere Deklaration – jetzt versuchen die Erwachsenen, erwachsen zu spielen –, das geht nicht gut. (*Jesper lacht.*) Also es geht nicht darum, erwachsen zu spielen – es geht darum, »genau so zu sein, wie ich bin«: »Jetzt bin ich nicht verantwortlich für euch beide oder für seine Zähne oder ihren Kindergarten – jetzt versuche ich, für mich verantwortlich zu sein.« Und wenn das alles für euch klar geworden ist, dann, glaube ich, sind wir fertig. Wenn es noch viele Fragezeichen in euren Köpfen gibt, können wir natürlich noch einmal gemeinsam draufschauen. Aber ich bin ein bisschen unruhig. Ich will lieber nicht alles so zerreden.

Nadine: Ich glaube, das hat den Kern schon getroffen.

Jesper: Okay.

Nadine: Danke schön.

Holger: Danke schön.

Jesper: Okay, danke euch. Vielen Dank.

Tipps von Jesper Juul an Nadine und Holger

- Eine klare Führung der Erwachsenen ist für die gesunde Entwicklung eurer Kinder wichtig. Wenn Kinder sozusagen elternlos sich selbst überlassen sind, fehlt es ihnen an der Vermittlung von Werten, das ist beinahe so, als ob ihr ihnen die Nahrung versagt.
- Ihr habt eure Führungsrolle als Eltern vernachlässigt, weil ihr handlungsunfähig wart, wie abwesend und zu flexibel. Nehmt euch die Macht, die Eltern haben: Trefft die richtigen Entscheidungen und nehmt eure Kinder ernst. Hört ihnen genau zu, dann erfahrt ihr, was sie brauchen.
- Jedes Elternteil muss sich für sich selbst über seinen Teil der Verantwortung für die Kinder klar werden und diesen

übernehmen. Die persönliche Verantwortung umfasst auch die Qualität der Beziehungen zu den Kindern.

- Ihr habt euch in diesem Gespräch gemeinsam Hilfe geholt. Unterstützt euch als Eltern auch weiterhin. Teilt euch eure Erwartungen, die ihr aneinander habt, mit.
- Wenn Expartner sich trotz der Trennung konstruktiv stützen und für ihre Kinder da sind, lernen diese, dass ein Abschied – und das ist eine Trennung ja –, so schmerzvoll er auch sein mag, gleichzeitig einen Neuanfang bedeutet.

Jesper Juul: Trennungskinder und das Kindeswohl

Dieser kleine Leitfaden zum Thema Trennung und Scheidung nimmt kein Blatt vor den Mund, darum sollten allzu empfindliche Seelen oder Leute mit einem ausgeprägten Hang zu politischer Korrektheit lieber nicht weiterlesen. Vor einigen Jahren wurde ich gebeten, zusammen mit dem Kinderpsychologen Mogens A. Lund, seiner Frau Lis Keiser, Lehrerin und Sozialarbeiterin, sowie anderen Fachleuten den Weg für die Schaffung von Beratungsstellen in Dänemark bei Trennung und Scheidung vorzubereiten. Mittlerweile kann ich feststellen, und mir schließen sich viele Eltern an, dass diese Beratungen angesichts der zum Teil sehr konfliktbeladenen Scheidungen überhaupt nicht wie gewünscht funktionieren. Das liegt zum Großteil daran, dass die Berater es nicht wagen, durchzugreifen und den Paaren ihre Erfahrungen mitzuteilen. Darum tue ich das jetzt.

Das Kindeswohl

Der Ausdruck »Kindeswohl« ist ein alter Begriff aus der Rechtsprechung, und es war von Anbeginn klar definiert, was damit gemeint ist. Heute aber wird er von vielen Eltern gebraucht und missbraucht, die nicht wissen, wovon sie reden, obwohl sie es ab und zu sogar gut meinen. In den meisten Fällen wird der Begriff wie ein Baseballschläger eingesetzt, mit dem sich die Eltern die Köpfe einschlagen und dadurch das Kindeswohl nicht nur aus den Augen verlieren, sondern sogar massiv gefährden.

Genau genommen beschreibt der Begriff »Kindeswohl« die Beziehungen und Umstände, die für das Wohlbefinden des Kindes und seine Entwicklung als Mensch und Mitbürger optimal sind. Und es gibt Hunderte von Gründen, diesem so viel Gewicht und Bedeutung zuzumessen wie möglich.

Was schadet Kindern?

Viele Eltern fragen sich, ob eine Trennung oder Scheidung (friedlich oder im Kriegsmodus) den Kindern schadet. »Schaden« ist noch so ein Wort, das wahllos gebraucht und missbraucht wird. Ich werde gleich aufführen, was meiner Ansicht nach einem Kind schadet. Zunächst aber ist es wichtig, zwischen den folgenden beiden Arten seelischer Schmerzen zu unterscheiden:

- Der **emotionale** Schmerz, der einen Teil unseres Lebens ausmacht und das Leben eines Kindes im Prozess der Scheidung seiner Eltern dominiert. Hier geht es um Trauer, Wut, Schuldgefühle, Scham und Angst. Kinder nehmen keinen Schaden daran, diesen Gefühlen ausgesetzt zu sein, solange es Erwachsene (und andere Kinder) gibt, die den Schmerz mit ihnen teilen und ihnen liebevolle Stütze anbieten. Wenn dem so ist, stärkt das Erlebte das Selbstgefühl und ihr Empathievermögen.
- Der **existenzielle** Schmerz. Damit sind die Erlebnisse und Umstände gemeint, die bleibende Spuren in uns hinterlassen, in unserem Menschsein und Mitmenschsein – in unserem sichtbaren und nach innen gewandten Verhalten. Das kann sich in der Angst äußern, zu anderen Menschen in engen Kontakt zu treten – in Freundschaften und

Liebesbeziehungen; es kann sich in einem anhaltenden Schuldgefühl äußern, wenn Nahestehenden etwas Negatives zustößt; es kann sich in der Überzeugung äußern, dass man selbst nicht geeignet ist, Kinder zu bekommen. Oder es äußert sich als niedriges Selbstgefühl – ein Leben lang; oder als fehlendes Empathievermögen, oder als Neigung, wichtige Gefühle in Form von gewalttätigem oder selbstzerstörerischem Verhalten auszudrücken. Glücklicherweise gibt es auch viele Erlebnisse, die konstruktive existenzielle Spuren hinterlassen.

Ich bin der Ansicht, dass Kindern diese existenziellen Erlebnisse Schaden zufügen, weil sie ihre Lebensenergie und Lebensfreude beschneiden. Sie bringen das Licht in den Augen der Kinder zum Erlöschen und machen sie unfrei. Ähnlich geht es Kindern, die Opfer von gewalttätigen Übergriffen, Krieg, sexuellem und verbalem Missbrauch, mangelnder Fürsorge und Missachtung ihrer Grundbedürfnisse geworden sind. Explosive und hässliche Trennungen oder Scheidungen, die aus einem Machtkampf der Eltern bestehen, haben für die betroffenen Kinder traumatische Auswirkungen. Das gilt auch für jene Kinder, deren Eltern sich um das Sorgerecht streiten, zum Beispiel darüber, wer mehr Zeit mit ihnen verbringen darf. Eltern, die einander kränken und verletzen, weil sie in ihrer Wahrnehmung um das Wohl des Kindes kämpfen, zerstören ebendieses Kindeswohl – ihr Wohlbefinden und ihre Entwicklung. Es ist ganz einfach: Wenn ein Elternteil das andere verletzt oder beide sich gegenseitig kränken, führen sie ihren Kindern dadurch existenzielle Schmerzen zu und schaden ihnen. Aber sie schaden auch ihrem eigenen, zukünftigen Verhältnis zu ihren Kindern – *forever!*

Kinder lieben ihre Eltern bedingungslos, auch wenn einer der beiden – oder auch beide – sich weit unter dem allgemeingültigen moralischen Standard bewegt. Die Liebe des Kindes wird nicht dadurch weniger, dass Mama fremdgegangen ist, dass Papa schlägt und trinkt, dass Mama sich nicht an Absprachen hält und Papa seine Versprechen nicht einlöst. Viele Kinder haben darüber hinaus noch den Hang, dem Elternteil besonders loyal gegenüber zu sein, das Zielscheibe für moralische Kritik und Schuldzuweisung ist.

Hässliche Trennungen oder Scheidungen, die aus einem Machtkampf der Eltern bestehen, haben für die Kinder traumatische Auswirkungen.

Wir können also festhalten, dass Kinder nicht kompetent sind, die Verantwortung für ihr eigenes Wohl zu übernehmen. Ihre Wünsche und Bedürfnisse müssen gesehen und gehört werden, und ihre Eltern tragen die Verantwortung, ihre Lebensqualität zu gewährleisten und zu sichern. Wenn Eltern dazu nicht in der Lage sind, dann übernehmen die Gerichte, Experten und Sozialarbeiter. Aber ihre Entscheidungen sind nicht immer genial und ideal, was nur ein weiterer Grund dafür ist, dass die Eltern die Verantwortung übernehmen müssen. Das ist für alle Parteien das Beste.

Schuld und Verantwortung

Unabhängig davon, was zur Scheidung einer Ehe geführt hat, und unabhängig davon, wie sehr man die moralische Schuld auf der Gegenseite sieht, steht eines auf jeden Fall fest: Beide Partner sind zu gleichen Teilen dafür verantwortlich, dass die Beziehung gescheitert ist. Trennungen und Scheidungen sind nie die Konsequenz einer einzigen Handlung, sondern die Folge davon, wie man seine Beziehung gelebt hat, von Anfang an. Das ist eine wichtige Erkenntnis, die man allerdings nicht sehen und mit der man nicht arbeiten kann, solange man »im Sandkasten« sitzt und sich gegenseitig die Schuld zuweist. Also, hört damit auf und benehmt euch wie Erwachsene. Damit erhöht ihr nicht nur eure eigene Lebensqualität, sondern auch die neue Beziehung, die vielleicht schon dort draußen wartet.

Vielleicht seid ihr gar nicht so erwachsen, wie ihr immer dachtet. Darum habt ihr jetzt die Gelegenheit dazu. Jetzt! Eure Kinder brauchen dringend erwachsene Eltern. Wenn sie die nicht haben, bleiben sie allein mit ihrer Schuld – der Schuld, die sie sich selbst geben, egal was die Eltern und andere Erwachsene sagen. Genau das tun nämlich Kinder, deren Eltern weder für sie noch für sich selbst Verantwortung übernehmen.

Dabei sollten Kinder die Verantwortlichkeit und Kompetenz ihrer Eltern ein Leben lang in Anspruch nehmen können, und das ist so viel wichtiger als ein eigenes Zimmer, Campingurlaub, Spielzeug, Hundewelpen, Pferd und Taschengeld. Niemand von euch kann in einer Woche zum Erwachsenen werden, aber sobald ihr damit anfangt, nehmt ihr den Druck und die Last von euren Kindern – und euch wird es auch besser gehen. Und überlegt mal, was für großartige

Vorbilder ihr sein könnt, wenn sie sich eines Tages scheiden lassen ...

Frag dich selbst!

○ »Ja, ich finde es vertretbar, mich mit meinem/meiner Ex wegen der Kinder zu streiten.«

○ »Ja, mir ist schon klar, dass mein Kampf nicht zum Wohl meiner Kinder ist.«

○ »Ja, ich weiß, dass es nicht gut ist, aber ich weiß nicht, wie ich damit aufhören soll.«

Für alle, die bei der ersten Option ein Kreuz gesetzt haben, gibt es keinen Grund, weiterzulesen. Wer bei den beiden anderen ein Kreuz gesetzt hat, der sollte ...

Hol dir Hilfe!

Wahrscheinlich ist es so, dass ihr euch nicht in einem Zimmer aufhalten könnt, ohne den anderen anzugreifen und zu beschuldigen. Und ihr wisst nicht, wie ihr damit aufhören könnt. Darum wäre der erste, erwachsene Schritt, sich Hilfe zu holen – für die ganze Familie, alle zusammen. Ihr benötigt einen Familientherapeuten, der genug Mut und Erfahrung mitbringt, der dieses Chaos *zusammen* mit euch und euren Kindern aushält und durchsteht. Ein Mal, zwei Mal oder sieben Mal, bis ihr gelernt habt, anständig miteinander umzugehen.

In meiner Zeit als Familientherapeut rief ein Vater plötzlich laut: »Mann, kannst du mich v... noch mal endlich so behandeln wie einen Unbekannten?« Er meinte damit natürlich »*genauso gut, wie* du einen Unbekannten behandelst«. Mutige Familientherapeuten gibt es nicht an jeder Straßenecke, aber man kann sich zum Beispiel in Bürgerämtern oder Bürgerbüros nach Adressen erkundigen oder im Internet recherchieren. Und habt keine Scheu, den Therapeuten wieder zu wechseln, wenn ihr nach ein paar Sitzungen keine spürbare Veränderung bemerkt.

Ihr müsst euch nur in einer Sache einig sein: dass ihr Hilfe in Anspruch nehmt.

Die Wahl des Therapeuten

Welcher Therapeut es wird, entscheidet sich nach folgenden Spielregeln: Wenn sich einer von euch oder ihr beide euch nach zwei Sitzungen nicht wohlfühlt, sagt ihr das dem Therapeuten beim dritten Mal. Wenn sich dieses Gefühl in der dritten Sitzung nicht deutlich ändert, beendet ihr das Therapieverhältnis. Die Chemie zwischen Therapeuten und Klienten passt nicht immer, daran trägt keine Seite Schuld.

Der Therapeut, für den ihr euch entscheidet, muss bereit sein, die Gespräche mit euch zu führen, während eure Kinder mit im Raum sind. Sie müssen nicht still auf dem Stuhl sitzen oder einen Haufen Fragen beantworten, sie können so lange lesen oder spielen. Doch Kinder profitieren ungemein davon, mitzuerleben, wie ihren Eltern geholfen wird. Es nimmt ihnen die schwere Last von den Schultern, und wir erleben häufig, dass sie von einem Tag auf den anderen im Kindergarten oder in der Schule besser zurechtkommen. Wenn die Kinder eine Weile aus der Ferne beobachten dürfen, wie der Therapeut sich verhält, und sie erkennen, dass er ein Erwachsener ist, dem sie vertrauen können, werdet ihr feststellen, dass sie sich wieder nähern und ganz freiwillig zum Prozess beitragen. Wenn sie das aber nicht tun, gibt es zwei Möglichkeiten, damit umzugehen:

- Ihr könnt eure Kinder getrennt voneinander fragen, wenn ihr wieder zu Hause seid, was ihnen nicht gefällt. Fragt sie ganz direkt: »Du sagst nichts in der Therapiesitzung. Liegt es daran, dass du dem Therapeuten nicht vertraust?« Die Antwort darauf nehmt ihr zu eurer nächsten Sitzung mit und gebt sie an den Therapeuten weiter.
- Viel besser wäre es natürlich, wenn der Therapeut die Zurückhaltung der Kinder selbst bemerkt und sich direkt an sie wendet. Aber ihr könnt ihn/sie auch dazu auffordern. Eine therapeutische Sitzung wird von allen Parteien gestaltet – nicht nur vom Therapeuten.

Der Weg in eure Zukunft

Euer aktueller Trennungskrieg hat in Wirklichkeit mit eurer gemeinsamen Vergangenheit zu tun. Ein alter Spruch besagt:

Gib die Hoffnung auf – damit geht es dir besser

Niemandem geht es auf lange Sicht besser, nur weil er »recht« bekommen hat, was das auch immer im Einzelfall bedeuten mag. Aber den Kindern geht es besonders schlecht mit Eltern, die entweder der »Gewinner« oder der »Verlierer« sind. Es gibt keine Gerechtigkeit. Ihr habt euch gegenseitig als Eltern gewählt, und für diese Entscheidung seid ihr euer ganzes Leben lang verantwortlich. Und eure Kinder müssen mit eurer Entscheidung ihr Leben lang leben. Bei diesem Vertrag gibt es kein Widerrufsrecht.

Wenn ihr – jeder für sich – diese Einsicht habt und bereit seid, die Hoffnung aufzugeben, recht oder den eigenen Willen zu bekommen, dann besteht die große Chance, dass es der ganzen Familie besser geht. Wenn nicht, dann wird die Sache bis zur letzten Instanz im Gericht gehen, und dazu kann ich nur zwei Dinge sagen. Zum einen verliert immer die Psychologie, wenn sie sich mit der Rechtsprechung in einem Raum befindet. Zum anderen können weder Anwälte noch Richter für Gerechtigkeit sorgen. Euren Konflikt vor einem Richter auszutragen ist das Schlimmste, was ihr euren Kindern antun könnt – und ich habe eigentlich den Eindruck, dass euch das *Kindeswohl* am Herzen liegt.

Alles Gute!

Hilfen zum Umdenken

Die folgenden Hinweise können beide Partner vielleicht inspirieren, anders über sich und ihre Situation nachzudenken, als sie es bisher getan haben.

Sei gut zu dir selbst! Sei achtsam!

Viele von uns sind in Familien aufgewachsen und in Schulen gegangen, in denen wir nicht gelernt haben, Verantwortung für uns selbst zu übernehmen. Aber das rächt sich, wenn wir in ernste Lebenskrisen geraten. Wenn man nicht gelernt hat, Verantwortung für seine Handlungen, Reaktionen, Gedanken und Gefühle zu übernehmen, endet man als Opfer. Man wird zum Opfer anderer Menschen, und das macht auf lange Sicht krank. Außerdem ist es eine Rolle, die gefährlich wird, wenn man sie in eine neue Beziehung mit hineinträgt.

Dein Partner, dein Kind, deine Eltern oder Freunde sagen oder tun eventuell Dinge, die dich wütend und traurig machen oder dich verletzen. Aber für deine Gefühle und Reaktionen trägst allein du die Verantwortung, daran sind nicht die anderen schuld. Sie wecken diese Gefühle in dir, aber es sind deine Gefühle. Wenn du in einer Beziehung lebst und nicht leiden kannst, wie du reagierst und fühlst, dann liegt die Verantwortung bei dir, dich aus dieser Beziehung zu lösen. Es nutzt nichts, einzufordern oder darauf zu hoffen, dass der andere sich ändert oder dass du dich schuldig fühlst, weil du – in dieser Beziehung – so bist, wie du bist! Das bedeutet Erwachsensein. Als du noch ein Kind warst, waren deine Möglichkeiten, einem schmerzhaften und quälenden Familienleben zu entkommen, äußerst begrenzt. Aber jetzt hast du sowohl das Recht als auch die Möglichkeit, achtsam mit dir umzugehen und gut zu dir zu sein.

In deiner Beziehung, die gerade zu Ende geht, hast du dich vielleicht von einem sehr dominanten Partner unterdrücken lassen. Einem Partner, der alles bestimmen und die Kontrolle haben wollte, der physische oder psychische Gewalt ausgeübt hat oder dir untreu war. Oder aber die Passivität und die fehlende Anwesenheit deines Partners hat dich unglücklich gemacht. Vielleicht hast du dich nur gefügt und dich nicht gewehrt, um des lieben Friedens willen.

Wenn es so gewesen ist, solltest du dir bewusst machen, dass dir auch das genaue Gegenteil widerfahren kann und du auch dort ein Opfer bist. Von einem neuen Partner, der dich immer versteht, immer offen ist, Nähe sucht, anwesend ist, fürsorglich und rücksichtsvoll ist und niemals die Stimme erhebt. Denn auch in dieser Beziehung definiert und bestimmt der andere dein Wohlbefinden und nicht du. Wenn du in deiner Paarbeziehung das Opfer gewesen bist, ist es lebensgefährlich, diese Opfer*rolle* zum nächsten Lebensabschnitt mitzunehmen. Denn sogar deine Kinder und andere Erwachsene, die dich lieben, werden ganz unbewusst den dominanten Part übernehmen.

Für deine weitere Zukunft, für das Zusammenleben mit deinen Kindern, für dein Selbstbild, dein Selbstvertrauen und dein Selbstgefühl ist es wichtig, dass du *jetzt* deine Gefühle kennenlernst, deine wirklichen Bedürfnisse und vor allem deine persönlichen Grenzen:

- Was willst du haben?
- Wofür stehst du nicht mehr zur Verfügung?
- Was magst du gern, und was kannst du nicht leiden?

Wahrscheinlich gehörst du zu der großen Menge von Menschen, denen beigebracht wurde, dass es egoistisch ist, so zu denken – dass es nicht liebevoll ist. Aber das stimmt nicht! Nur wenn du gut zu dir selbst bist und auch im Austausch mit anderen achtsam mit dir handelst, kannst du fruchtbare und liebevolle Beziehungen zu ihnen aufbauen. Es ist wertvoll und liebevoll, seine eigenen Bedürfnisse und Wünsche ab und an beiseitezuschieben. Aber nur, wenn das deine Entscheidung ist. Nicht wenn jemand anderes es einfordert oder von dir erwartet oder dein Schuldgefühl es dir befiehlt – ganz gleich ob es ein altes Schuldgefühl ist oder eines, das durch eure Trennung entstanden ist. Letzteres ist dann besonders gefährlich, wenn es die Beziehung zu deinen Kindern beeinflusst.

Je mehr Verantwortung du für dich selbst übernimmst, desto stärker werden deine Zufriedenheit und deine Rolle als Freund und Partner. Außerdem wirst du zu einer *Leitfigur* für deine Kinder, die nämlich genau das lernen müssen, um später im Leben zurechtzukommen – ganz gleich ob sie 2 oder 15 Jahre alt sind.

Zusammen mit deinem Expartner bist du als Teil dieser Liebesbeziehung gescheitert, die in deiner Vorstellung wahrscheinlich ein Leben lang halten sollte. Wenn du vermeidest, dich als Opfer zu sehen, und nicht in Selbstkritik und Verbitterung versinkst, wird diese Niederlage dich nicht zu einem schlechteren Menschen machen – nur zu einem erfahreneren. Du hast es verdient zu lernen, wie du am besten auf dich achten kannst.

Sei achtsam mit deinem Leid und auch mit dem Leid deiner Kinder

Eine Trennung und Scheidung ist zumindest für einen der Erwachsenen eine sehr traurige und leidvolle Angelegenheit, für Kinder bedeutet sie immer großes Leid. Das gilt auch für große Kinder und Teenager, auch wenn sie vielleicht erleichtert sind, dass die Eltern sich endlich getrennt haben. Leider sind Kinder in allen Altersstufen sehr gut darin, ihre Trauer und ihr Leid vor den Eltern zu verbergen. Darum solltest du wissen, dass Kinder im Durchschnitt drei bis vier Jahre brauchen, um so eine Trennung zu überwinden.

Deine eigene Trauer kann genauso lange anhalten, aber das bedeutet – wie auch bei deinen Kindern – natürlich nicht, dass du sie als tägliche Depression erfährst. Kinder spielen wie früher, und du gehst zur Arbeit wie früher. Aber zwischendurch taucht dieser Schmerz auf und fordert deine

Aufmerksamkeit. Trauer und Leid lassen sich weder wegspielen noch wegarbeiten. Sie lassen sich auch nicht ablenken, und das sollen sie auch nicht. Es braucht Zeit, Gedanken und jemanden, mit dem man das alles teilen kann. Du musst dafür sorgen, dass für diese Gefühle genügend Zeit und Raum da ist – auch wenn du vielleicht schon wieder frisch verliebt bist oder wie die meisten von uns gelernt hast, dass man Kinder schonen und sie nicht mit Trauer und anderen schweren und schmerzvollen Gefühlen belasten soll.

Epilog

Nie zuvor waren unsere Erwartungen an die Paarbeziehung so hoch gesteckt und so sichtbar in den Vordergrund gerückt wie heute. Das ehrgeizige Bestreben, Lebendigkeit und Spannungsreichtum in unseren Liebesbeziehungen zu bewahren, bis Tod oder Scheidung einen Schlussstrich ziehen, ist neu. Es gibt durchaus Paare, denen dieser Kraftakt gelungen ist, aber selbst wenn wir naiv anmutende Begriffe wie die »perfekte« Ehe und ein stets experimentierfreudiges, aufregendes Sexualleben mit multiplen Orgasmen ausklammern, haben die Träume und Debatten der Paare eine völlig neue Dimension angenommen.

Aus der geschichtlichen Perspektive haben Ehe und monogame Partnerbeziehungen in verschiedener Hinsicht Sinn gemacht. Die Fortpflanzung und Betreuung der Nachkommen gehört dazu, ein Grund, der für die Mehrzahl der Erwachsenen noch heute nachvollziehbar ist. Jahrhundertelang stellte die Ehe eine soziale Notwendigkeit dar, ohne die weder Frauen noch Männer (über)leben konnten. In den höheren Schichten der Gesellschaft musste eine Ehe das Kriterium der finanziellen und politischen Zweckmäßigkeit erfüllen. Das Singledasein galt bis vor nicht allzu langer Zeit moralisch und sozial als fragwürdig. Erst meine eigene Generation, in der man heiratete oder auch ohne kirchlichen oder staatlichen Segen zusammenlebte, öffnete die Tür für Partnerschaften, die nach Gleichstellung von Mann und Frau strebten und auf Gefühlen basierten. Partnerschaften mussten seither *emotional* einen Sinn ergeben und unser Bedürfnis nach Nähe, Dialog, Empathie und das tief verwurzelte Verlangen befriedigen, vom anderen wahrgenommen und anerkannt zu werden.

Heute wird ungefähr die Hälfte aller Ehen innerhalb der ersten fünfzehn Jahre aufgelöst. Als Reaktion auf diese deprimierenden Zahlen versuchen viele Männer und Frauen nun, sich gegenseitig zu überzeugen, dass es gilt, durchzuhalten und Schwierigkeiten und emotionalen Schmerz zum Wohl der Kinder zu ertragen. Obwohl das ein überaus zulässiger Grund ist, bezweifle ich, dass sich dadurch die Anzahl der Trennungen verringert. In Verbindung mit einer moralischen Forderung seitens der Gesellschaft werden sie vermutlich nur aufgeschoben.

Im Verlauf meiner beruflichen Tätigkeit bin ich nur wenigen Paaren begegnet, die leichtfertig aufgeben. Nahezu alle erkunden zuvor jeden einzelnen triftigen Grund und jede Präventivmaßnahme, um die emotionalen und existenziellen Belastungen einer Scheidung zu verhindern. Andererseits stellen sie ausnahmslos die gleiche Rechnung auf: Wir bekommen uns kaum noch zu Gesicht; wir sind Zuschauer in unserem eigenen Leben geworden; als Familie funktionieren wir bestens, aber als Paar haben wir Nähe und Leidenschaft eingebüßt; wir streiten uns ständig, geraten bei jeder Kleinigkeit aneinander.

Als Psychotherapeut habe ich stets vermieden, meine professionellen Erfahrungen und Erkenntnisse zu nutzen, um auf den »Sinn des Lebens« hinzuweisen, weil ich nicht glaube, damit einen neuen oder nachhaltigen Beitrag zur ewigen Suche und Sehnsucht nach Sinn und Zweck der menschlichen Existenz leisten zu können. Ich bin jedoch der festen Überzeugung, dass mein Metier einige wichtige Bausteine zur Vervollständigung des Puzzles zu bieten hat, wenn es darum geht, eine zeitgemäße Definition von Liebesbeziehungen zwischen Erwachsenen zu liefern. In der Familientherapie bauen wir auf folgenden Grundsatz, um Paaren das Zusammenbleiben zu erleichtern und sowohl ihre Beziehung als auch ihr Dasein als Individuen zu bereichern:

Die emotional enge Beziehung zu einem anderen Erwachsenen in einem Familiengeflecht ist eine ganz besondere, doppelt wirksame Quelle des psychosozialen Wachstums: Sie fördert die persönliche Entwicklung, was wiederum die Beziehungen innerhalb der Familie bereichert.

Mit persönlicher Entwicklung bzw. Wachstum ist in diesem Zusammenhang gemeint, dass unangemessene, eingeschliffene Verhaltens- und Denkmuster, die wir in unserer Herkunftsfamilie erworben haben, ersetzt werden. Diese Muster haben wir entweder durch Nachahmen unserer Eltern entwickelt oder um uns bestmöglich an die Gepflogenheiten und Werthaltungen in unserem Familienverbund anzupassen. Das ist in meinen Augen eine *Überlebensstrategie*. Wenn wir heranwachsen und neue, enge Beziehungen eingehen, entdecken wir oft, dass ein Teil dieser Verhaltensweisen weder unseren eigenen noch den Bedürfnissen der Menschen dient, die uns im Erwachsenenalter nahestehen. Ich beziehe mich dabei nicht auf die Selbstverwirklichungsprojekte, die heute in Mode sind – ich muss meinen eigenen Träumen folgen, komme, was da wolle! Und es geht auch nicht um ein individuelles, spirituell geprägtes Selbstoptimierungsvorhaben. Gegen beide ist nichts einzuwenden, aber im Kontext einer engen Partnerbeziehung stehen sie selten auf der Agenda.

Wie Sie als Leserinnen und Leser dieses Buches und meiner anderen Bücher bereits wissen, betrachte ich – über die Paarbeziehung hinaus – auch die Beziehung zwischen Eltern und Kindern als eine ungeheuer wertvolle Quelle eines wechselseitigen psychosozialen Wachstums.

Hinter der Idee von Beziehungen als Quelle individuellen Wachstums steht der Gedanke, einen *Reifeprozess* zu durchlaufen, der uns ermöglicht, nach und nach zu dem Menschen zu werden, der in uns angelegt ist, und ein vollkommen eigenverantwortliches Verhalten zu entwickeln, das von den Personen, die uns nahestehen, als liebevoll erfahren wird. Solange wir diesen Weg verfolgen, können wir so authentisch wie möglich sein; auch das ist eine Grundvoraussetzung für die uneingeschränkte persönliche Präsenz, die für emotional enge Beziehungen sowohl mit Erwachsenen als auch mit Kindern unabdingbar ist. Mit ein wenig Glück und viel Liebe von unseren Partnern und Kindern haben wir die Chance, an unseren Aufgaben zu wachsen und den bestmöglichen Beitrag zum Wohl unserer Familie und Freunde, am Arbeitsplatz und in der Gesellschaft zu leisten. Das heißt, dass wir in der Lage sind, unser Potenzial voll auszuschöpfen. Wenn wir das Bedürfnis haben, unsere Grenzen darüber hinaus zu erweitern, liefern uns Kunst, Meditation, Gebet, Engagement für einen sozialen Zweck, Bildungsangebote und Rollenmodelle gute Orientierungshilfen auf unserem Weg.

Eine liebevolle Partnerschaft ist darüber hinaus ein idealer Rahmen, um unsere Kommunikationsfähigkeit zu verbessern. Der Zustand liebevoller Harmonie kann uns in dieser Hinsicht kaum geeignete Lektionen bieten – dafür brauchen wir Konflikte, Krisen und Projekte, die Reibung erzeugen. Wir müssen unsere Grenzen erfahren, um wachsen zu können.

Lernen durch Konflikte, Dialog, Beobachtung und Spiel war unter Paaren seit jeher gang und gäbe; dadurch wurden Veränderungs- und Reifeprozesse angestoßen – selbst in Zeiten, in denen ein gleichbleibendes Persönlichkeitsprofil bis zum Lebensende ein männliches Ideal war. Der Unterschied besteht darin, dass wir diesen Prozess heute gezielt steuern können. Seit den Anfängen der Familientherapie haben die Therapeuten beide Partner ermutigt, sich ihre destruktiven Verhaltensmuster bewusst zu machen, und sie haben den Wandel unterstützt, statt ihn zu fordern oder das bestehende Verhalten zu brandmarken. Wenn eine Beziehung sich anfühlt wie der dritte Weltkrieg, ist es ratsam, die Hilfe eines Therapeuten in Anspruch zu nehmen, doch solange noch eine freundschaftliche, liebevolle Beziehung möglich ist, schaffen es viele Paare auf eigene Faust, einen für alle annehmbaren Weg aus der Krise zu finden.

Es ist interessant, dass dieser Weg einem besonders tief verwurzelten Bedürfnis entspricht: den Menschen, die wir lieben, Gutes zu tun, ihnen von Nutzen zu sein. Solange unsere liebevollen Gefühle sichtbar und hörbar sind, wenn wir uns verbal austauschen oder miteinander arbeiten, macht nur eines Sinn: zu genießen, dass wir uns durch die gegenseitige Liebe komplett im Einklang mit uns selbst fühlen. Vielleicht zum ersten Mal in unserem Leben. Nach schätzungsweise sechs bis acht Jahren bleibt es oft nicht aus, dass beide bis zu einem gewissen Grad frustriert sind über das eigene gewohnheitsmäßige Verhalten oder das des Partners. Für die meisten Paare gipfelt diese Frustration in einer Partnerschaftskrise, und das ist die Zeit, in der sich das »Wir« zum »Du und ich« auseinanderdividiert, und die Zeit, in der wir den anderen klarer sehen und beginnen, uns bewusst zu verändern.

Menschen sind komplizierte Wesen! Wir können uns nicht einfach ändern, weil wir es möchten. Persönliches Wachstum hängt in hohem Maß vom richtigen Zeitpunkt, der aktuellen Qualität unserer Beziehungen und dem Schwerpunkt unserer Interessen ab, der auf anderem Gebiet verortet sein kann. Wo keine Veränderung möglich ist, wird es Zeit zu lernen, einander und uns selbst so zu akzeptieren, wie wir sind, und uns gegenseitig wertzuschätzen. Wir können den anderen nicht ändern, und wir werden es niemals schaffen, perfekt zu sein.

Um Prozesse der Veränderung und Reifung einzuleiten, gilt es, einige Regeln zu beachten:

Regel 1: Wir können von unserem Partner niemals verlangen, sich zu ändern oder auf der persönlichen Ebene zu wachsen. Wenn wir in einer Beziehung unglücklich sind, sollten wir daran arbeiten, unser eigenes Verhalten zu ändern. Damit stoßen wir den Wandel bei anderen an. Vielleicht entspricht die Veränderung nicht ganz unseren Vorstellungen, aber sie trägt zumindest zum Erhalt der Familiendynamik bei.

Regel 2: Wir sollten unsere Partnerin oder unseren Partner fragen, wie wir sie oder ihn im Veränderungs- oder Reifungsprozess unterstützen können, und dabei nach Möglichkeit helfen.

Regel 3: Wir alle können uns nur ändern, wenn wir uns anerkannt und geliebt fühlen, so, wie wir sind. Und wenn wir uns selbst uneingeschränkt akzeptieren. Liebe und Anerkennung sind die Grundvoraussetzung für Veränderung.

Wenn es uns gelingt, diesen Sinn und Zweck einer Familie zu akzeptieren, dann können wir die destruktivsten Elemente unserer Unnachgiebigkeit vermeiden. Und einen großen Teil der Isolation, die zur Erstarrung führt.

Danke

Wir danken Frau Nuka Matthies für die Verschriftlichung der Gespräche sowie für die Übersetzung des Kapitels »Jesper Juul: Mehr als verbunden – wenn ein Elternteil mit dem Kind eine ganz besondere Nähe teilt«.

Kerstin Schöps danken wir für die Übersetzung des Kapitels »Jesper Juul: Trennungskinder und das Kindeswohl« und Ursula Bischoff für die Übersetzung des Epilogs.

Erst durch die Bereitschaft und das Vertrauen der interessierten Eltern ist das Buch in dieser Form möglich geworden, wir danken ihnen dafür ganz besonders. Auch dafür, dass sie der Veröffentlichung zugestimmt haben.

Editorische Notiz

Dieses Buch entstand auf der Grundlage der von Mathias Voelchert und dem familylab herausgegebenen DVD *»Familien mit Vorschulkindern – vom Paar zur Familie. Zehn Familien arbeiten mit Jesper Juul«* (© Mathias Voelchert GmbH) sowie von Band 7 der familylab-Schriftenreihe: *»Die intuitive Verbindung. Wenn ein Elternteil besondere Bedeutung für das Kind hat«* von Jesper Juul.

Bücher & DVDs

Bücher

JUUL, Jesper: *Aggression: Warum sie für uns und unsere Kinder notwendig ist.* Hrsg. v. Ingeborg Szöllösi. Frankfurt: S. Fischer, 2014

JUUL, Jesper: *Aus Erziehung wird Beziehung. Authentische Eltern – kompetente Kinder.* Hrsg. v. Ingeborg Szöllösi. Freiburg: Herder, 2005

JUUL, Jesper: *Aus Stiefeltern werden Bonus-Eltern. Chancen und Herausforderungen für Patchwork-Familien.* Weinheim und Basel: Beltz, 2015

JUUL, Jesper: *Das Familienhaus: Wie Große und Kleine gut miteinander auskommen.* Weinheim und Basel: Beltz, 2015

JUUL, Jesper: *Das Kind in mir ist immer da. Mein Leben für die Gleichwürdigkeit.* Weinheim und Basel: Beltz, 2018

JUUL, Jesper: *Dein kompetentes Kind. Auf dem Weg zu einer neuen Wertegrundlage für die ganze Familie.* Reinbek: Rowohlt, 2009

JUUL, Jesper: *Dein selbstbestimmtes Kind: Unterstützung für Eltern, deren Kinder früh nach Autonomie streben.* München: Kösel, 2020

JUUL, Jesper: *Die kompetente Familie. Neue Wege in der Erziehung.* Weinheim und Basel: Beltz 2014

JUUL, Jesper: *Elterncoaching: Gelassen erziehen.* Weinheim und Basel: Beltz, 2016

JUUL, Jesper: *Essen kommen. Familientisch – Familienglück.* Weinheim und Basel: Beltz, 2017

JUUL, Jesper: *Familienberatung: Worauf es ankommt, wie sie gelingt.* München: Kösel, 2015

JUUL, Jesper: *Fünf Grundsteine für die Familie: Wie Erziehung funktioniert.* München: Kösel, 2015

JUUL, Jesper: *Grenzen, Nähe, Respekt. Auf dem Weg zur kompetenten Eltern-Kind-Beziehung.* Reinbek: Rowohlt, 2009

JUUL, Jesper: *Leitwölfe sein. Liebevolle Führung in der Familie.* Weinheim und Basel: Beltz, 2018

JUUL, Jesper: *Liebende bleiben. Familie braucht Eltern, die mehr an sich denken.* Weinheim und Basel: Beltz, 2017

JUUL, Jesper: *Mann und Vater sein.* Hrsg. v. Ingeborg Szöllösi. Freiburg: Kreuz, 2011

JUUL, Jesper/HØEG, Peter/BERTELSEN, Jes/HILDEBRANDT, Steen/JENSEN, Helle/STUBBERUP, Michael: *Miteinander. Wie Empathie Kinder stark macht.* Weinheim und Basel: Beltz, 2014

JUUL, Jesper: *Nein aus Liebe: Klare Eltern – starke Kinder.* Weinheim und Basel: Beltz, 2014

JUUL, Jesper: *Pubertät – wenn Erziehen nicht mehr geht: Gelassen durch stürmische Zeiten.* München: Kösel, 2010

JUUL, Jesper: *Respekt, Vertrauen & Liebe: Was Kinder von uns brauchen.* Weinheim und Basel: Beltz, 2020

JUUL, Jesper: *Schulinfarkt: Was wir tun können, damit es Kindern, Eltern und Lehrern besser geht.* München: Kösel, 2013

JUUL, Jesper: *Unser Kind ist chronisch krank. Ein Ratgeber für Eltern.* Weinheim und Basel: Beltz, 2014

JUUL, Jesper: *Vier Werte, die Kinder ein Leben lang tragen.* München: Gräfe und Unzer, 2012

JUUL, Jesper: *Vier Werte, die Eltern und Jugendliche durch die Pubertät tragen.* München: Gräfe und Unzer, 2015

JUUL, Jesper/JENSEN, Helle: *Vom Gehorsam zur Verantwortung. Wie Gleichwürdigkeit in der Schule gelingt.* Weinheim und Basel: Beltz, 2019

JUUL, Jesper: *Was Familien trägt. Werte in Erziehung und Partnerschaft. Ein Orientierungsbuch.* Weinheim und Basel: Beltz, 2013

JUUL, Jesper/BOIE, Kirsten/SAALFRANK, Katharina: *Was tun, wenn der Hamster den Löffel abgibt? 60 Elternfragen beantwortet vom Familientrio.* Weinheim und Basel: Beltz, 2016

JUUL, Jesper: *Wem gehören unsere Kinder? Dem Staat, den Eltern oder sich selbst? Ansichten zur Frühbetreuung.* Weinheim und Basel: Beltz, 2012

JUUL, Jesper: *Wir sind für dich da. 10 Tipps für authentische Eltern.* Freiburg: Kreuz, 2014

KÄSTLE, Andrea/VOELCHERT, Mathias: *Ich geh aber nicht mit zum Wandern!: Die 50 häufigsten Familienkonflikte und wie Sie da gut wieder rauskommen.* München: Kösel, 2015

VOELCHERT, Mathias: *Liebevolle elterliche Führung: Das Praxisbuch.* Weinheim und Basel: Beltz, 2017

VOELCHERT, Mathias: *Trennung in Liebe – damit Freundschaft bleibt.* München: Kösel, 2006

VOELCHERT, Mathias: *Zum Frieden braucht es zwei, zum Krieg reicht einer. Wie Paare Konflikte in Liebe lösen.* München: Kösel, 2016

DVDs – eine Auswahl

JUUL, Jesper/JENSEN, Helle: *Die 9. Intelligenz – die Intelligenz des Herzens.* DVD. München: familylab, 2010

JUUL, Jesper: *Was erzieht wirklich? »Die kompetente Familie«: Ein Vortrag von Jesper Juul auf DVD.* Weinheim und Basel: Beltz, 2010

JUUL, Jesper: *Wenn Kinder Jugendliche werden. Ein Vortrag von Jesper Juul auf DVD.* Weinheim und Basel: Beltz, 2010

JUUL, Jesper: *Familien mit Vorschulkindern – vom Paar zur Familie. Zehn Familien arbeiten mit Jesper Juul.* München: famiylab, 2012

Über Jesper Juul

Jesper Juul (1948–2019) war Lehrer, Familientherapeut, Konfliktberater und Autor. Er wurde in Dänemark geboren und lebte dort den größten Teil seines Lebens. Jesper Juul gehörte zu den großen Impulsgebern für eine Pädagogik der Zukunft. Als einer der innovativsten Familientherapeuten Europas unterstützte er mit seinen 2004 gegründeten Familienwerkstätten »familylab international« Eltern dabei, eine authentische und respektvolle Führungsrolle in der Familie einzunehmen.

Seine Biografie ist so vielseitig wie seine Pädagogik. Er ging mit 16 zur See, arbeitete als Koch und Kellner, studierte Religion und europäische Ideengeschichte, wurde Vater und arbeitete mit straffälligen Jugendlichen. In Holland und den USA bei Walter Kempler bildete er sich zum Familientherapeuten weiter. Lange Jahre war er Leiter des von ihm gegründeten »Kempler Instituts Skandinavien«. Kempler gehörte zu denjenigen Mitarbeitern von Fritz Perls, die die Gestalttherapie seit Mitte der 1970er-Jahre nach Europa brachten. Jesper Juul entwickelte daraus eine eigenständige Therapie- und Beratungsform: Kurzzeitinterventionen mit der ganzen Familie und eine spezifische Beratungspraxis, die von einer natürlich vorhandenen sozialen Kompetenz des Kindes und der Gleichwürdigkeit von Kindern und Erwachsenen ausgeht. Jährlich arbeitete er drei Monate unentgeltlich als Betreuer von traumatisierten Kindern, Flüchtlingen und Kriegsveteranen in Kroatien.

Jesper Juul war Autor von über 40 Büchern und DVDs, die in viele Sprachen übersetzt wurden. Er war Vater eines Sohnes und Großvater zweier Enkelsöhne.

Weitere Informationen zu Jesper Juul und familylab unter:
www.jesperjuul.com
www.familylab.de
www.familylab.at
www.familylab.ch
www.familylabassociation.com
www.facebook.com/familylab
www.twitter.com/family_lab
www.ddif.de
www.dfti.dk
www.igfb.org

familylab

familylab bietet Eltern wertvolle Inspiration und Beratung. Wir ermuntern Eltern, gemeinsam zu erforschen, wer sie sind und was sie sich wünschen – bezogen auf ihre Familie im Allgemeinen ebenso wie auf aktuelle Konflikte, die sie erfahren.

familylab gibt es in Dänemark, Norwegen, Schweden, Deutschland, Österreich, der Schweiz, Kroatien, Slowenien, Polen, Bulgarien, Serbien, Italien, Frankreich, Spanien, der Türkei, Luxemburg, Belgien, England, Kanada, Australien, Neuseeland, Südamerika. Weitere Länder werden folgen.

Was Sie als Eltern von familylab erwarten können
Wir bieten Ihnen Beratung, Vorträge und Workshops durch qualifizierte Fachleute in Ihrer Nähe. Im Internet finden Sie umfangreiche Informationen rund um das Zusammenleben in der Familie, dazu kostenlose Videos, Downloads, Interviews, Veranstaltungshinweise, Bücher/DVD-Shop, den Newsletter und vieles mehr.

familylab für Firmen und Schulen
Wir bieten Inspiration, Vorträge und Workshops für Firmen und ihre Mitarbeiter sowie für Schulen, Leitungsteams und Lehrer an. Schreiben Sie uns!

Weiterbildung zur familylab-Seminarleiterin/zum familylab-Seminarleiter

Wenn Sie Eltern mögen und vertrauen und wenn Sie mithelfen wollen, dass die Beziehungen zwischen Eltern und ihren Kindern noch besser werden, dann beachten Sie unser Weiterbildungsangebot zur familylab-Seminarleiterin/zum familylab-Seminarleiter. Wir suchen Fachleute mit mindestens fünf Jahren Berufserfahrung, die sich für ein neues, außergewöhnliches Projekt für Eltern in Deutschland/ Österreich/der Schweiz engagieren wollen. Wir bieten Ihnen ein intensives, achttägiges Training mit einem zertifizierten Abschluss durch familylab an sowie fortlaufende qualifizierte Weiterbildungen. Das Training findet auf Deutsch statt.

Alle Institute von familylab bieten Beratung, Vorträge und Workshops für Eltern wie auch für Firmen und Schulen an sowie Weiterbildungen für Fachleute.

Deutschland
familylab.de – die familienwerkstatt
Mathias Voelchert GmbH
Oberbucha 4
D-94336 Windberg
0049-(0)9962-2035110
www.familylab.de
info@familylab.de

Österreich
familylab.at
Katharina Weiner GmbH
Viktor-Hagl-Gasse 2/1
A-1140 Wien
0043-(0)4807806
info@familylab.at
www.familylab.at

Schweiz
familylab.ch
Family Management GmbH
Caroline Märki-von Zeerleder
Lindenhofrain 6
CH-8708 Männedorf
0041-(0)78-7883879
cmaerki@familylab.ch
www.familylab.ch

Führung schafft Vertrauen

Kindern kann nichts Besseres passieren als Eltern, die liebevoll ihre Führungsrolle in der Familie wahrnehmen. Entscheidungen treffen, Verantwortung übernehmen, dabei auch Unpopuläres durchsetzen und zu einem zeitgemäßen Autoritätsverständnis finden – der erfahrene Familientherapeut ermutigt Mütter und Väter, einen Führungsstil zu entwickeln, an dem alle wachsen: Kleinkind, Teenager und nicht zuletzt die Eltern selbst.

»Der dänische Familienexperte Jesper Juul hilft Erwachsenen, das schwierigste Problem einfacher zu machen: Wie sie mit Kindern umgehen sollen.« DIE ZEIT

»Das Buch ist trotz der eingestreuten Fallbeispiele weniger ein herkömmlicher Erziehungsratgeber als eine Gesellschaftsanalyse. Juul versucht zu ergründen, wo die Probleme heutiger Eltern und ihrer Kinder liegen und woher diese kommen. Auch Lösungen hält der Erziehungsexperte parat, wobei er sich in ›Leitwölfe sein‹ vor allem auf die Haltung der Erwachsenen gegenüber ihren Kindern konzentriert.«
Spiegel online

Jesper Juul
Leitwölfe sein
Liebevolle Führung in der Familiet
gebunden, 216 Seiten
ISBN 978-3-407-86404-8

Gut genug ist perfekt

Kinder brauchen keine perfekten Eltern, aber sie brauchen Eltern, die wie Leuchttürme sind: Mütter und Väter, die ihnen Orientierung bieten und die respektvoll ihre Verantwortung in der Familie ausfüllen.

Ist Gleichberechtigung der Schlüssel zu einem freundlichen Familienklima? Wie viel Freiheit und wie viel Führung brauchen Kinder? Wie finden Paare und Alleinerziehende im täglichen Umgang mit den Kindern ihr Gleichgewicht im Leben? Entscheidend ist nicht nur die liebevolle Beziehung zwischen Eltern und Kindern, sondern auch Raum und Zeit für sich selbst und den Partner zu haben.

»*Elterncoaching macht Lust und Mut, Probleme in der Familie anzupacken und sich auf den eigenen Weg zu begeben.*« Eltern.de

Jesper Juul
Elterncoaching
Gelassen erziehen
gebunden, 336 Seiten
ISBN 978-3-407-86429-1

www.beltz.de

Trennung als Gewinn

Auch wenn die Scheidung der Eltern für Kinder einen Verlust bedeutet: Ein neuer Partner von Vater oder Mutter kann ein wunderbarer Bonus sein. Der berühmte Familientherapeut Jesper Juul führt durch die Höhen und Tiefen des familiären Neuanfangs und zeigt: Wenn Erwachsene und Kinder miteinander im Gespräch bleiben und bestimmte Regeln beachten, dann ist eine Patchwork-Familie ein Gewinn für alle – für die neue Partnerin, den neuen Partner und auch für die Kinder.

»Wenn einem der Teenager entgegenbrüllt: Du bist nicht meine Mutter! – dann kommt der Familientherapeut Juul ins Spiel. (...) Mit praxisnahen Beispielen nicht nur für Patchwork-Familien geeignet.« Focus Schule

Jesper Juul
Aus Stiefeltern werden Bonuseltern
Chancen und Herausforderungen für
Patchwork-Familien
Aus dem dänischen von Knut Krüger
Broschiert, 128 Seiten
ISBN 978-3-407-22941-0

www.beltz.de